I0127204

SOUVENIRS

D'UNE AMBASSADE

EN CHINE ET AU JAPON

EN 1857 ET 1858

PAR

LE Mis DE MOGES

PARIS

LIBRAIRIE DE L. HACHETTE ET Cie

RUE PIERRE-SARRAZIN, N° 14

1860

SOUVENIRS

D'UNE AMBASSADE

EN CHINE ET AU JAPON

PARIS. — IMPRIMERIE DE CH. LAHURE ET Cie

Rues de Fleurus, 9, et de l'Ouest, 21

SOUVENIRS

D'UNE AMBASSADE

EN CHINE ET AU JAPON

EN 1857 ET 1858

PAR

LE Mⁱˢ DE MOGES

PARIS

LIBRAIRIE DE L. HACHETTE ET Cⁱᵉ

RUE PIERRE-SARRAZIN, N° 14

1860

SOUVENIRS

D'UNE AMBASSADE

EN CHINE ET AU JAPON,

EN 1857 ET 1858.

CHAPITRE I.

Décision prise par le gouvernement de l'Empereur d'envoyer une
ambassade en Chine. — Composition de l'ambassade. — Départ
de Toulon. — Le détroit de Gibraltar. — Les Canaries. — Relâche
à Sainte-Croix de Ténériffe. — L'île de l'Ascension. — Traversée
de l'Ascension au Cap.

Les derniers mois de l'année 1856 avaient vu surgir
en Chine les complications les plus graves. La situation de plus en plus tendue entre la Grande-Bretagne
et le Céleste-Empire s'était brusquement dénouée, et
l'affaire de la lorcha *l'Arrow* n'avait été qu'un prétexte

1

entre les mains de sir John Bowring, le gouverneur
de Hong-Kong. L'incendie des factoreries étrangères
par la populace de Canton, le bombardement de la
ville et le blocus de la rivière par les forces insuffi-
santes de sir Michaël Seymour, la tête des Européens
mise à prix, divers assassinats, une grande fer-
mentation dans la population chinoise, en avaient
été les suites. Le ministère de lord Palmerston avait
entièrement approuvé la conduite énergique de ses
agents dans le sud de la Chine, et avait annoncé la
résolution de leur envoyer au plus tôt des forces considérables pour maintenir à sa hauteur, en Asie, le
prestige de la Grande-Bretagne. Une flotte immense
et des régiments de la reine se mettaient en mouvement des ports d'Angleterre et des Indes. En même
temps, lord Elgin, l'habile gouverneur du Canada, était
nommé commissaire extraordinaire de Sa Majesté Britannique dans les mers de la Chine, ayant sous ses
ordres tous les agents anglais dans ces parages. Ces
violents démêlés dont l'Empire du Milieu était le
théâtre, cette annonce d'une nouvelle guerre, avaient
vivement ému l'opinion publique en Europe. La
France ne pouvait rester indifférente à de si grands
événements se passant dans l'extrême Orient. Il fallait
qu'elle y fût présente par ses armes et par sa diplomatie. Elle avait en effet, de son côté, des insultes
personnelles à venger, et de justes griefs dont elle
devait poursuivre le redressement. Le refus constant

de la part des autorités chinoises de lui accorder satisfaction pour le meurtre du P. Chapdelaine, indignement mis à mort par le magistrat de Si-lin-hien, l'attitude d'arrogante insolence prise par le gouverneur général des deux Kwangs vis-à-vis du ministre de France à Macao, la mauvaise foi de ce vice-roi, les graves préjudices éprouvés par quelques-uns de nos nationaux et de nos protégés dans l'incendie des factoreries de Canton, étaient pour la France des raisons suffisantes d'intervenir dans la lutte et de prendre part aux événements.

Lord Elgin s'embarquait pour la Chine dans les premiers jours du mois de mai. Le 7, le *Moniteur* reproduisait la note suivante :

« M. le baron Gros a été désigné par S. M. l'Empereur pour se rendre en Chine en qualité de commissaire extraordinaire. Lord Elgin a reçu du gouvernement de Sa Majesté Britannique une mission analogue avec le même titre, et les deux plénipotentiaires se prêteront un mutuel concours dans les négociations qui leur sont confiées et dont le succès ouvrirait, sans aucun doute, un nouveau champ à la civilisation chrétienne et au commerce de toutes les nations.

« M. le baron Gros prendra très-prochainement passage à bord de la frégate *l'Audacieuse*. Il sera accompagné de M. du Chesne de Bellecourt, secrétaire de première classe, de M. le vicomte de Contades, secrétaire de troisième classe, de M. le marquis de Moges et de M. le comte de La Tour Maubourg, attachés à sa mission extraordinaire. »

Quelques jours plus tard, la nomination de M. le marquis de Trévise et celle de M. le vicomte de Flavigny complétaient la liste des membres de l'ambassade. Enfin, M. de Besplas, lieutenant de vaisseau, qui avait fait la campagne de Crimée et pris part à l'expédition du prince Napoléon au pôle Nord, était, sur la demande particulière du baron Gros, adjoint à l'état-major de la frégate.

Un journal semi-officiel résumait ainsi les services rendus au pays, durant sa longue carrière diplomatique, par le nouvel ambassadeur :

« M. le baron Gros, qui se rend en Chine avec le titre de commissaire extraordinaire, est un des hommes les plus expérimentés de la carrière diplomatique, à laquelle il appartient depuis 1823. Longtemps chargé d'affaires à Bogota, il eut ensuite à remplir plusieurs missions importantes, notamment dans la Plata, et en Angleterre, où il fut envoyé en 1849 à l'occasion de l'expédition de Rome. On se souvient qu'en 1850 il eut pour mission de se rendre à Athènes en qualité de commissaire médiateur et de ministre plénipotentiaire pour contribuer à régler le différend alors existant entre la Grèce et l'Angleterre.

« M. le baron Gros était, en dernier lieu, plénipotentiaire pour la délimitation des frontières entre la

France et l'Espagne : on sait que cette importante négociation a déjà eu pour résultat la conclusion d'un
traité signé à Bayonne, le 2 décembre dernier, en ce
moment soumis à l'approbation des Cortès, et dont
les stipulations mettent fin à des difficultés qui attendaient une solution depuis plusieurs siècles. »

Les deux gouvernements de Russie et des États-
Unis d'Amérique, ayant tous deux de grands intérêts
politiques ou commerciaux dans les mers de l'extrême Orient et des réclamations à y faire valoir,
furent officieusement invités par les cabinets de Paris
et de Londres à unir leur action à celle des puissances maritimes, afin d'ajouter leur poids à la pression
destinée à réduire l'obstination du Fils du Ciel. Mais
ils refusèrent d'entrer dans cette coalition salutaire, et
déclarèrent ne point pouvoir s'associer à des mesures
coercitives contre le gouvernement chinois.

La Russie n'avait alors qu'un seul navire de guerre,
et encore de la plus faible dimension, à l'embouchure
de l'Amour. Sa flotte de Petropawlowski, fatiguée par
les longues chasses de nos croisières, heureuse d'y
avoir échappé, regagnait les côtes de la Baltique,
et trouvait un bienveillant accueil dans nos ports de
l'Océan et de la Manche. La marine russe, épuisée
par la guerre de Crimée, ne pouvait envoyer assez à
temps pour agir dans les eaux de la Chine de nouveaux navires partant de Cronstadt et ayant une si immense distance à parcourir. Le cabinet de Saint-Pé-

tersbourg se bornait donc à nommer le vice-amiral comte Poutiatine son envoyé extraordinaire et ministre plénipotentiaire en Chine, et, tout en lui défendant des mesures coercitives, lui donnait pour instructions de faire, autant que possible, cause commune dans les négociations avec les deux ambassadeurs des puissances alliées.

Le gouvernement des États-Unis n'avait point le même motif de s'abstenir. Le *Mississipi*, *le Powhatan*, *le San Jacinto* étaient de beaux navires de guerre tout portés en Chine. Mais le président Buchanan répondit à la communication des ministres de France et d'Angleterre que c'était un principe de politique invariable pour la jeune république, de ne jamais se lier par un traité avec une puissance européenne, de toujours maintenir son action séparée et distincte; et qu'en conséquence il refusait absolument tout concours; que néanmoins une personne notable de l'Union, chargée d'une mission pacifique près de la cour de Pékin, partirait sous peu pour Hong-Kong. En effet, M. Reed, sénateur de la Virginie, quittait peu après New-York pour le théâtre des événements.

Nous-mêmes, nous ne tardions pas à partir. Le mercredi 27 mai, à sept heures du matin, S. Ex. M. le baron Gros, suivi de tout le personnel de son ambassade, montait à bord de *l'Audacieuse* en rade de Toulon. Deux heures après, la frégate, chauffant à toute vapeur, sortait majestueusement du port. Le soleil resplendissait, la mer était calme, et les côtes de France disparaissaient rapidement de l'horizon. Chacun partait plein d'espoir vers les mers de la Chine, et songeait au plaisir qu'il éprouverait, au retour, à contempler ces mêmes forts, ces mêmes rivages.

L'*Audacieuse*, qui doit être pendant si longtemps notre demeure, est une grande frégate à hélice, œuvre récente de M. Dupuy de Lhôme, le célèbre ingénieur. Elle porte cinquante-six canons, cinq cent cinquante hommes d'équipage, une machine de la force de huit cents chevaux. Son gréement est un modèle de grâce et de légèreté : mais son avant, trop large, pas assez effilé, diminue sensiblement sa vitesse, et arrête sa marche pendant le mauvais temps.

Notre commandant est M. d'Aboville, l'ancien commandant du vaisseau *le Napoléon*, officier du plus grand mérite et du plus aimable caractère. Nous avons à bord un aumônier, M. l'abbé Fournier, longtemps attaché à l'hôpital militaire de Thérapia, et qui, par son dévouement pour ses malades, par la réserve et la distinction de son maintien, a tout de suite conquis tous nos suffrages. Il fait régulièrement deux fois par jour la prière à tout l'équipage réuni sur le pont, la tête découverte. Chaque dimanche, après l'inspection, il y a messe militaire dans la batterie. Un commandant en second, six lieutenants de vaisseau, trois chirurgiens, un commissaire, dix élèves, complètent l'état-major de la frégate. Nous avons en

outre un officier norvégien, le lieutenant Petersen.
C'est l'usage des trois royaumes scandinaves d'envoyer un certain nombre de leurs officiers servir dans
notre marine pour y perfectionner leur éducation
navale et s'y former aux campagnes lointaines.

Notre installation à bord laisse un peu à désirer :
dans la précipitation du départ, l'on n'a point eu le
temps de construire une dunette. Nous sommes deux
par cabine, et encore avons-nous la compagnie d'une
énorme pièce de 30. L'ambassadeur est logé assez à
l'étroit chez le commandant, et, pour nous consoler,
il partage lui aussi sa cabine avec un canon.

Nous franchissons les îles d'Hyères, nous longeons
les Baléares, nous apercevons les côtes d'Espagne,
les montagnes de Grenade et de Malaga, la chaîne de
la Sierra-Nevada, couverte de neige. Il fait froid, il
pleut et vente, la mer se fait grosse. L'ambassade est
légèrement indisposée. Le baron Gros, qui s'embarque pour la trente-sixième fois, domine de sa
haute stature et de son ferme maintien ses attachés,
dont l'œil est un peu abattu. Nous franchissons le détroit de Gibraltar par une brise assez forte, au milieu
d'une foule de bâtiments entrant ou sortant de la Mé-
diterranée. Les uns voguent plein vent arrière, les
autres luttent péniblement contre le vent. Le commandant fait ralentir à chaque instant la marche de
la frégate, de peur d'aborder l'un de ces navires.

Le 3 juin, nous entrons franchement dans les vents

alizés : les nuages cotonneux, les poissons volants,
tout nous l'indique. Nous apercevons, à trente-six
lieues en mer, le fameux pic de Ténériffe, et bientôt,
contournant toute l'ile, nous jetons l'ancre dans la
rade de Santa-Cruz. En attendant que le conseil de
santé nous permette de descendre à terre, nous prenons plaisir à contempler avec nos lunettes cette ville
coquettement située au bord de la mer, ses maisons
peintes en blanc à la chaux, et ses varandas peintes
en vert, l'hôtel du capitaine général des Canaries, le
couvent des Franciscains, la montagne noirâtre sur
laquelle se détache un petit fort, et les dromadaires
qui se dessinent en longues files sur le rivage. A
peine avons-nous mis pied à terre, que nous sommes
entourés par une foule de mendiants drapés dans
leur manteau et fumant la cigarette, trait de mœurs
des colonies espagnoles en décadence. Derrière
chaque jalousie se montrent à demi de charmantes
señoritas en mantille et aux yeux noirs. Des conversa-
tions animées s'établissent bientôt entre nos jeunes
élèves et les belles indigènes. On nous invite à des
bals, à des soirées, et chaque Français de Ténériffe se
croit obligé, durant notre courte relâche, à fêter de
son mieux les nouveaux arrivants de France. Nous
autres, nous voulons, de notre côté, reconnaître tant
de bienveillance, et l'on décide un bal à bord. La
rade de Santa-Cruz est peu sûre et peu fermée; la houle
s'y fait sentir comme en pleine mer. Les musiciens,

retenus d'avance, refusent de s'aventurer dans nos
embarcations et de braver le mauvais temps. Mais
quel obstacle peut arrêter des Espagnoles, lorsqu'il
s'agit d'une partie de plaisir ? Toutes nos belles invi-
tées arrivent à l'heure dite à bord ; et les valses et les
polkas se prolongent jusqu'à la nuit sur le pont.
Parmi les Espagnols, figurent deux MM. de Béthencourt, descendants de Jehan de Béthencourt,
gentilhomme normand, qui conquit ces îles au roi
d'Espagne en 1402, et revint mourir à Granville, sa
patrie. Ses descendants habitent encore Ténériffe.

L'archipel des Canaries comprend sept îles. La plus
grande est Ténériffe, puis la Grande-Canarie. Parmi
elles est l'île de Fer, par laquelle passait autrefois le
méridien de France. Les Espagnols, en conquérant
cet archipel, ont complétement détruit la race indigène, les fameux *Guanches* que la tradition représente
comme les descendants des Carthaginois ou des Phé-
niciens, jadis propriétaires de ces îles. Au reste, les
anciennes *îles Fortunées, Fortunatæ insulæ*, sont bien
déchues de leur antique splendeur. Partout l'oïdium
a envahi le raisin, et l'on arrache les vignes pour les
remplacer par du nopal et l'élève de la cochenille.
Le peu d'activité qui reste à la colonie s'est concentré
dans Santa-Cruz, vers la mer. Laguna, l'ancienne
capitale de l'île, est aujourd'hui déserte et sans vie.
L'herbe, inconnue dans la campagne, pousse avec
vigueur dans ses rues, qu'obstruent des bandes de

chameaux accroupis sur le sol, et, çà et là, sur des maisons en ruine, on aperçoit des écussons noircis par le temps, qui appartenaient aux chevaliers de la conquête.

Trévise, Pétersen et moi, nous allons un jour faire une grande promenade à cheval sur la route du Pic. Nous nous arrêtons pour déjeuner à quatre lieues de Santa-Cruz, à la posada de *Sauzal*. De la petite terrasse où nous nous installons, nous voyons admirablement le pic, le fameux *Puits de l'Enfer* des Guanches, les coulées de lave, le sommet du volcan, encore couvert de neige, et la petite ville de l'Orotava, perdue au milieu des figuiers, des cactus, des bananiers, se déroulant avec élégance au pied de la montagne. Nous étions de retour pour dîner à bord de la frégate, après avoir, dans notre matinée, traversé Ténériffe dans toute sa largeur, et, de la crête de l'île, aperçu au loin la pleine mer et deux Canaries.

Chaque jour, malgré la chaleur, nous allions faire quelque promenade dans les environs de la ville, afin d'oublier un peu le pont du navire. La *funda* Guérin, où nous venions prendre des glaces, faites avec la neige du pic, jouait un grand rôle dans notre vie. Mais, hélas ! il n'y faisait bon que le jour. Quelques-uns d'entre nous, ayant voulu coucher à terre, ont été à la lettre dévorés par les insectes.

Après quatre jours de relâche, nous disons adieu à Santa-Cruz. Le 10 juin, par un ciel sombre, nous traversons, à onze heures du matin, le tropique du Capricorne ; et, le 20 juin, à une heure, nous passons la ligne au milieu de toutes les solennités burlesques que comporte d'ordinaire ce grand événement.

Jeudi, 25 juin.

Des fous, des pétrels, des frégates, une foule de gros oiseaux de mer voltigeant, dès le matin, autour du bâtiment, nous annoncent l'approche de la terre. En effet, vers onze heures, la vigie signale *l'Ascension*, et, à deux heures, après avoir longé toute l'île, nous mouillons en rade de *Sandy-Bay*. Au mouillage se trouvent déjà quatre bâtiments de guerre anglais : parmi eux est un transport à vapeur, *l'Assistance*, qui a fait la guerre de Crimée, et qui porte en Chine le 82ᵉ régiment de la reine, fort de huit cents hommes. Nous mouillons à ses côtés. Sa musique nous salue de l'hymne *Partant pour la Syrie;* et, tout le soir, nous entendons le tambour et le fifre invitant les soldats et les matelots à danser sur le pont la *gigue* nationale.

Bouillet, dans son dictionnaire, qualifie ainsi l'Ascension : « Aspect affreux, sol stérile et volcanique. » En effet, l'on n'y aperçoit point la moindre trace de

végétation ; ce ne sont partout que masses volcaniques
entassées les unes sur les autres , et monticules de
sable.

L'île a deux lieues de long, sur trois de large : il
ne s'y trouve pas un ruisseau ; les seules citernes
fournissent de l'eau aux habitants. Il n'y a point de
population civile, mais seulement des soldats et des
employés du gouvernement anglais. C'est, dans toute
la force du mot, un établissement militaire. En arrivant, le baron Gros et le commandant se rendent à
terre pour visiter le gouverneur : la mer est tellement
forte et le débarcadère tellement détestable, qu'ils reviennent sans avoir pu descendre. Le lendemain, ils
sont plus heureux et peuvent débarquer. Le gouverneur leur fait de son mieux les honneurs de la colonie, considérée par l'amirauté anglaise comme un
vaisseau à l'ancre au milieu de l'Océan. Il offre au
commandant des œufs de pintade et deux tortues
de mer. Il y a en effet, sur les hauteurs, quelques
pintades et quelques chèvres sauvages ; mais ce qu'il
y a de plus curieux dans l'île, c'est le parc aux tortues. Ces tortues de mer sont immenses : elles pèsent
trois cents livres, valent soixante francs sur les lieux,
et suffisent à la nourriture de trente-cinq hommes.
On en tue douze par semaine pour la garnison. Le
gouvernement anglais s'en est réservé le monopole.
Du reste, il n'y a pas un fruit, pas un légume à Sandy-
Bay ; l'œil n'y découvre rien qu'une poussière de lave.

Les malheureux officiers et soldats, obligés à trois ans de résidence sur ce rocher, cherchent dans l'ivrognerie la distraction qui leur manque. Partout, dans les rues, sur les hauteurs, dans le cratère même du pic, l'on rencontre des fragments de bouteilles. L'ivrognerie, à l'Ascension, est un fait légal et reconnu. De petits murs, blanchis à la chaux, sont échelonnés à de courtes distances sur le sentier du fort, pour guider le fantassin aviné, et conduire sa marche vacillante à travers la lave.

L'Ascension est, de ce côté, la première étape de la puissance britannique vers l'Asie centrale. D'un côté, Gibraltar, Malte, les îles Ioniennes, Périm, Aden, Ceylan ; de l'autre, l'Ascension, Sainte-Hélène, le Cap, Maurice, Poulo-Pinang, Singapore, Hong-Kong. Maintenant, partout nous rencontrerons des colonies anglaises sur notre route.

Nous renonçons à faire du charbon ; l'embarcadère est par trop incommode. Il faudrait établir un chaland de la terre au bâtiment, et nous sommes mouillés à plus d'un mille et demi. En allant à terre, nous risquons de briser notre embarcation, qui heurte deux fois violemment contre le rocher. Nous descendons à l'aide de cordes qu'on nous jette. Le canot, qui vient nous rechercher à trois heures, est porté par la houle à une hauteur énorme sur le rocher. Nous croyons nos seize hommes noyés. Heureusement il n'en est rien ; le canot est seulement à moitié défoncé, et chacun revient mouillé jusqu'aux os, mais sain et sauf, à bord, heureux de quitter deux heures après cette terre inhospitalière. On appareille à six heures.

Samedi, 4 juillet.

Nous ne pouvons plus quitter les vents alizés ni trouver les vents variables qui doivent nous mener au Cap.
Nous sommes bien plus près de l'Amérique que du
continent africain. Et cependant, il y a déjà neuf jours
que nous avons quitté l'Ascension ! La mer devient
plus grosse, les lames plus creuses. La vergue du petit hunier se casse. C'est, depuis Toulon, notre premier accident. A la chaleur a succédé une brise très-
fraiche. Nous avons repris nos habits d'hiver, et nous
sommes vêtus comme au mois de janvier à Paris.

Mercredi, 8 juillet.

Enfin, nous avons quitté les vents alizés, et nous sommes entrés dans la sphère des vents variables. Une forte brise de sud-ouest nous pousse vers le Cap. Il pleut, il vente, il grêle, il fait force grains, la mer est très-grosse. *L'Audacieuse* se comporte très-bien par le mauvais temps. C'est plaisir de voir notre belle frégate, chargée seulement de sa voile de misaine et de son grand hunier, monter sur les hauteurs des vagues écumantes et descendre lentement dans l'abîme. Lorsqu'on se promène sur le pont, on voit la mer se dérouler en montagnes immenses ; de tous côtés, c'est une muraille qu'on a devant soi ; l'horizon n'a que quelques pas. Une foule de gros oiseaux de mer, de damiers, d'albatros, suivent le bâtiment.

Nous filons dix nœuds en moyenne, presque sans voiles, et en bonne route. Mais, hélas ! nous regrettons déjà les vents alizés ! Notre ingénieur constate cinquante-sept degrés d'amplitude de roulis, trente-

sept de bâbord, et vingt de tribord. La moyenne est
de trente à trente-cinq degrés. Les fortes lames ont de
six à sept mètres de creux, les petites trois mètres. Un
effroyable roulis nous empêche de travailler et de
nous promener. Nous ne pensons qu'à nous maintenir
en équilibre. Sur le pont, on tend des cordes pour se
tenir. Les chaises tombent, tout tombe; c'est un travail
de déjeuner et de dîner. Un homme de l'équipage,
projeté par le roulis, se casse la clavicule. Toutes les
cloisons craquent nuit et jour. Tous les sabords sont
fermés dans la batterie et sur le pont; ce qui n'empêche pas l'eau de pénétrer dans nos chambres et les
vagues de déferler sur le pont. Partout l'humidité et
l'obscurité la plus complète. Dans la nuit du 6 au 7
où commença le grand roulis, personne n'était sur
ses gardes. Vers deux heures du matin, ce fut un effroyable tumulte de chaises renversées, d'assiettes
cassées, de malles courant en tous sens : chacun s'a-
larmant pour ce qu'il possédait, et s'efforçant d'amar-
rer ce qu'il retrouvait par terre ; le tout dans l'obscurité et avec la plus grande peine de se tenir debout.
Personne de nous, cette nuit-là, ne ferma l'œil. En
résumé, nous avons, pendant deux jours, essuyé un
très-fort coup de vent. Nous faisions, presque sans
voiles, quatre-vingt-deux lieues en vingt-quatre
heures !

Lundi, 13 juillet.

Depuis trois jours, le calme est revenu. Il fait
froid, il pleut souvent, mais il ne vente plus. Notre
équipage, composé de jeunes Bretons, d'abord tristes
et silencieux en quittant Toulon, s'anime peu à
peu. Des groupes se forment sur le pont autour des
conteurs, et le soir la bordée de quart chante en
chœur de joyeuses chansons. Pour encourager cette
bonne humeur, le commandant fait distribuer quelques rations de vin aux principaux virtuoses. Nous
ne sommes plus qu'à deux cent cinquante lieues
du Cap.

On allume les lampes à cinq heures. Les après-di-
nées sont longues. Pour se distraire et charmer la
monotonie des soirées, chacun raconte ses voyages.
M. Riche parle de la Plata et du gouvernement de
Rosas; M. Domzon, de Taïti et de la reine Pomaré;
M. Lespès, des batteries de Sébastopol; M. de Labar-
rière, de la cour de Soulouque, des Antilles, de la dé-

cadence de nos colonies. M. de Vautré nous raconte
son séjour aux îles Sandwich et à Lima; Besplas, son
voyage au pôle Nord ; le docteur, ses longues croisières au Sénégal. Le temps s'écoule ainsi, et, quand
nous pouvons avoir une tasse de thé, assaisonné d'un
peu de rhum et de biscuit de mer, nous nous retirons
contents.

CHAPITRE II.

Arrivée de *l'Audacieuse* à Simon's-Bay. — Départ pour Cape-Town. — La ville de Cape-Town; la rade de Table-Bay. — La montagne de la Table. — Sir George Grey, gouverneur de la colonie. — La colonie anglaise du cap de Bonne-Espérance. — Les Cafres. — Les Boers. — Villages français de l'intérieur. — Petites républiques du fleuve Orange. — Wynberg ou le paradis du Cap. — La montagne de Constance et la famille de M. Cloëte. — La civilisation et la barbarie sans cesse en présence à Cape-Town. — Douceur du climat. — Cherté de toutes choses. — Séjour à Masonic-hotel.

Simon's-Bay, mardi 21 juillet.

Enfin, nous avons doublé, ce matin, le cap de Bonne-Espérance. La première partie de notre voyage est terminée. Nous avons mis cinquante-six jours à faire les deux mille cinq cents lieues marines qui nous séparent de Toulon, et vingt-cinq jours à parcourir le

trajet de l'Ascension à Simon's-Bay. Simon's-Bay,
abritée des vents du nord-ouest, est le mouillage d'hiver dans cette colonie ; tandis que Table-Bay, abritée
des vents du sud-est, est le mouillage d'été. Les deux
rades sont à huit lieues l'une de l'autre. En tout temps,
surtout en hiver, ce n'est point une petite affaire que
de doubler le Cap : pour nous, ce n'a été qu'un jeu.
Au lieu de la brume épaisse dont aime à s'entourer le
cap des Tempêtes, nous avons eu un soleil radieux.
Une foule d'albatros et de cormorans se jouaient sur
les vagues ; la chaleur remplaçait le froid des jours
précédents ; la mer était unie comme un lac ; le ciel
était sans la moindre brise. Nous filions douze nœuds
à toute vapeur. La montagne de la Table, la Tête et la
Croupe du Lion se détachaient admirablement sur
l'horizon sans nuages ; et chacun s'extasiait à contempler ce sommet de montagne qui ne ressemble à
aucun autre.

Nous méritions bien cette heureuse chance : notre
bonne fortune nous avait abandonnés depuis l'Ascension. A ce dernier mouillage, nous n'avions trouvé ni
charbon ni vivres ; et depuis, sauf pendant le coup de
vent du 9, nous avions toujours eu des vents contraires
qui nous avaient fort rapprochés de l'Amérique. Dans
les derniers jours, enfin, contre toute attente, la brise
du sud-est avait tellement fraîchi, tombait tellement
en rafales, qu'en désespoir de cause, la machine et
les voiles étant impuissantes, et le bâtiment fatiguant

beauconp, le commandant s'était décidé à mettre à
la cape. Nous étions donc là, depuis plusieurs jours,
en vue de terre, tanguant, roulant, essuyant des rafales, sans savoir comment cela finirait ; quand le 21,
au matin, la brise ayant molli subitement, le commandant s'est hâté de sortir de, cette situation si fatigante et si fastidieuse, en ordonnant d'allumer nos
six chaudières. Huit heures après, nous jetions l'ancre
en rade de Simon's-Bay. Un transport anglais, couvert
d'habits rouges, se trouve à nos côtés : nous craignons
un instant que ce ne soit *l'Assistance*, notre voisine de
l'Ascension : mais il n'en est rien, c'est *l'Adventure*,
autre vapeur de la reine, qui conduit en Chine le 23ᵉ régiment. Sa musique est silencieuse, on n'entend point
toute la soirée danser la gigue, comme à bord de
l'Assistance. Il est vrai que les nouvelles que nous apprenons de Chine et des Indes sont tristes : la perte
d'une frégate anglaise en rade de Macao, l'insurrection
des Cipayes du Bengale. Une frégate de guerre anglaise
porte le pavillon d'un contre-amiral, sir Frédéric
Grey. Plus loin, nous admirons un charmant petit
yacht à hélice de six canons, *l'Emperor*, que la reine
Victoria envoie comme présent au souverain du Japon. Que de mers orageuses ce frêle bâtiment doit
traverser !.... Un seul navire français est sur rade, *la
Bayadère*, du port de Nantes, qui revient des mers de
l'Inde, et ramène en Europe plusieurs maîtres du *Du-
roc*, naufragé l'an dernier sur l'îlot Mellish. Nous

saluons le fort anglais et le pavillon de l'amiral.
La frégate anglaise, le pavillon français au grand
mât, salue la présence de l'ambassadeur à bord
de *l'Audacieuse*. Puis, après avoir admiré la petite
ville de Simon's-Town, coquettement située au pied
des hautes montagnes qui encadrent la baie, nous
nous retirons dans nos chambres, surpris de ne plus
avoir de roulis, et nous disposant à partir le lendemain matin pour le chef-lieu de la colonie.

Cape-Town, 29 juillet.

Le lendemain, en effet, dès six heures, nous étions
en route pour Cape-Town. Nous avions deux voitures :
dans l'une étaient La Tour Maubourg et Flavigny ;
dans l'autre, Trévise et moi. L'ambassadeur, MM. de
Bellecourt et de Contades, ne devaient nous rejoindre
que le soir. La route, d'abord un peu triste, est néanmoins très-pittoresque : on suit le bord de la mer
sur une belle plage ; on traverse à gué des ruisseaux ;
et souvent la vague vient, en expirant, mouiller les
roues des voitures et les pieds des chevaux. A droite,
la vue s'étend sur la rade de Simon's Bay ; à gauche,
elle est arrêtée par une longue chaîne de montagnes
abruptes. Nous voyons des cormorans plonger à notre
approche ; nous contemplons des hérons occupés à
la pêche, et de jolis oiseaux, au bec d'aigle, au collier blanc, que l'on nous dit être les corbeaux du
Cap. Il vient souvent des baleines dans ces parages :
nous traversons un village de baleiniers ; d'énormes

côtes, enfoncées en terre , servent à délimiter les
champs et à orner les jardins. Ces imposants débris
donnent une idée grandiose des gigantesques cétacés.
A la clarté de la lune, ce village doit avoir une apparence fantastique. Nous nous arrêtons , à moitié
route, pour faire un déjeuner champêtre, réaction
contre le régime culinaire de la frégate : du lait, des
œufs, du pain et du beurre composent ce repas,
qu'une franche gaieté vient animer. Bientôt nous
quittons le bord de la mer et les marécages pour
une plaine bien cultivée. La route, bordée de peu-
pliers d'Australie et de vieux chênes datant des Hollandais, traverse de ravissants villages. De notre au-
berge à Cape-Town, le chemin n'est plus qu'une
longue rue, parsemée de charmants cottages ornés
de varandas. Les murs sont peints en blanc à la
chaux, les persiennes en vert. Les moindres cabanes
sont élégantes. C'est la propreté anglaise entée sur
la propreté hollandaise. Peu de maisons sont couvertes en ardoises, mais leurs couvertures en chaume
excitent notre admiration. Ce n'est pas le chaume
grossier de nos villages, mais un chaume artistement
dressé, soigneusement entretenu ; pas une paille ne
dépasse, pas une mousse ne paraît sur le toit. De
jolis gazons, ombragés de beaux arbres, entourent
les habitations. On y voit presque tous les fruits
d'Europe, sauf les cerises, qui ne viennent point en
ce climat. Tout respire l'aisance dans ces modestes

demeures. Nous rencontrons des moutons à grosse queue, de charmants petits chevaux anglais pleins de sang, et des troupeaux de vaches hollandaises, au pelage blanc et noir. C'est en traversant ainsi Mobury, Wynberg, *le paradis du Cap*, que nous arrivons à la capitale. Cape-Town est une fort jolie ville de trente mille habitants, bâtie au pied de la montagne de la Table, avec Table-Bay pour rade. Toutes les rues sont parallèles ou perpendiculaires à la mer. Il y a un musée où l'on voit toutes les variétés animales de la colonie, des lions, des tigres, des léopards, des hyènes et une foule de serpents venimeux : mais la civilisation a refoulé loin d'elle tous ces hôtes dangereux, et il faut maintenant aller très-loin dans l'intérieur pour les retrouver. En fait de curiosités, nous remarquons une portion de la croix de pierre apportée du Portugal par Barthélemy Diaz, et plantée par lui sur cette terre qu'il découvrit, et qu'il nomma si bien le cap des Tempêtes. De grandes bottes sont exposées dans la même salle avec cette suscription : *Bottes de postillon français*. Est-ce intérêt réel ou plaisanterie ? Nous nous promenons sur le quai. Quatorze bâtiments y furent jetés par le coup de vent du 6 juillet, dont nous avons eu en mer une éclaboussure. Sept carcasses de navires se voient encore contre les maisons. C'étaient tous des bâtiments de commerce anglais. Nous allons au jardin botanique hollandais, où se réunit deux fois par semaine la société élégante

pour entendre la musique du régiment. L'un des
aides de camp du gouverneur, le major Bates, nous
mène voir dans un fort des Cafres prisonniers. Ils
ont tué du bétail, fait la maraude à la frontière, et
sont privés, pour plusieurs années, de leur vie libre
dans le désert. Parmi eux, il y a le proche parent
d'un chef. Ce sont des noirs superbes, aux formes
athlétiques. Ils ont tous des dents d'une admirable
blancheur. On leur donne la nourriture des matelots;
mais ils se plaignent et déclarent qu'ils mangeraient
bien chacun la moitié d'un mouton. L'an dernier,
un faux prophète parcourut la Cafrerie, annonçant
partout que, si les habitants cessaient d'ensemencer
leurs terres et tuaient leurs bestiaux, tous leurs ancêtres ressusciteraient, et qu'eux-mêmes, animés
d'une vigueur nouvelle, ils jetteraient les blancs à la
mer. Ils n'ont point semé de blé, ils ont massacré
leurs bœufs, et aujourd'hui, ils meurent de faim,
tandis que les blancs continuent à régner à Cape-
Town.

Chose singulière, il y a peu de missionnaires anglais
chez les Cafres, mais plusieurs missionnaires protestants français envoyés par l'Église réformée de Paris.
Deux d'entre eux, M. Arbousset et M. Pélissier, se disant
parent du duc de Malakoff, viennent rendre visite à
l'ambassadeur. Ils sont établis depuis vingt-cinq ans
dans le pays, et résident dans ces tribus, qui firent, il y
a quelques années, au général Cathcart une guerre si

meurtrière. L'un des chefs cafres peut armer jusqu'à
six mille cavaliers; et, outre leurs énormes javelots,
qu'ils lancent d'une main si sûre, ils ont en abondance de la poudre qu'ils se procurent on ne sait où.
Dans ce moment, au reste, ils sont tranquilles. Mais,
comme dans notre Algérie, la guerre ici est toujours
imminente, et la métropole est obligée d'entretenir
dix mille hommes de troupes pour garder la colonie.
Dans ce nombre figure la légion anglo-allemande
qui, à la suite de la guerre de Crimée, a été trans-
portée au Cap. Ces Allemands sont casernés à deux
cents lieues dans l'intérieur. Le gouvernement leur
a concédé des terres. Ils sont encore astreints à trois
ans de service militaire : après quoi, ils seront con-
sidérés comme colons.

Les pasteurs protestants ne sont pas les seuls Français établis dans la colonie. A quelques lieues de
Cape-Town se trouvent plusieurs villages, Fransche-
Hoeck, la Paarl, jadis uniquement occupés par des
Français, émigrés à la suite de la révocation de l'édit
de Nantes. Mais ces Français sont devenus complète-
ment Hollandais : au bout de quelques générations,
ils ont oublié leur langue et perdu le souvenir de leur
patrie. Là, on rencontre des Hugo, des Rousseau, des
Malherbe, des de Villiers, un du Plessis-Mornay, auquel l'empereur Napoléon Ier proposa, dit-on, de revenir en France, et qui refusa, préférant sa ferme et
ses habitudes rustiques à sa patrie et au rôle que de-

vait jouer en France le descendant d'un des héros de
la Henriade.

Ce sont ces réfugiés qui ont introduit dans le pays
la culture de la vigne. Presque tous les plants viennent
de France. Le vin du Cap est fort bon, et, ainsi que
celui de Ténériffe, se vend dans le commerce sous le
nom de vin de Madère. Le cru seul de Constance ne
perd point son nom, et jouit dans tout le monde d'une
juste renommée. Nous arrangeons, un matin, la
partie obligée de *Groot Constantia*. M. Cloëte et sa
famille nous font l'accueil le plus gracieux, et nous
offrent un lunch copieux. Pour reconnaître cette
bonne hospitalité, Besplas photographie la villa
de Constance et la famille de M. Cloëte. Il offre
le résultat de son travail au bon vieux père, qui fêta
jadis si bien l'ambassade de M. de Lagrené. Après
une heure passée dans le salon en compagnie de
Mme et de Mlles Cloëte, heure employée à d'agréables
causeries, nous visitons le magnifique cellier ; nous
dégustons les quatre espèces de vin, le frontignac, le
pontac, le constance blanc, le constance rouge ; nous
allons voir les vignes. Il n'y a que trente acres de
terre qui produisent le constance. M. Cloëte n'est point
satisfait des nègres qu'il emploie ; il veut faire venir
des vignerons de France. La maison, à l'extérieur, est
des plus simples. Tout alentour se trouvent de longues rangées de beaux chênes ; par derrière se déroule la montagne de Constance, que l'ambassadeur,

en vrai paysagiste, admire, même après avoir vu la montagne de la Table. De la terrasse, on aperçoit la mer et la rade de Simon's Bay.

M. Cloëte n'est point le seul à cultiver le constance. MM. Van Reynet et Collins partagent avec lui cette bonne fortune. Mais M. Cloëte, par sa grande obligeance et par ses sympathies pour la France, a pour clients tous les marins et les diplomates français. Chacun de nous emporte donc à bord sa petite provision.

De Constance, on peut aller à cheval presque jusqu'au sommet de la montagne de la Table. Contades et Maubourg, ignorant cela, partirent un jour, à pied, de grand matin de Cape-Town, escortés d'un guide malais, pour opérer cette ascension, et tuer, en montant, quelques singes. Mais, après deux heures de marche, ils furent surpris par un brouillard épais et obligés de rétrograder, car le sommet était enveloppé de nuages, ou, comme disent les gens du pays, *la nappe était mise sur la table*. De la pleine mer, cette montagne offre un aspect merveilleux, et étonne par le grandiose de sa masse. La ville s'étage admirablement à ses pieds. Trévise, le plus habile dessinateur d'entre nous, alla un jour en rade pour en faire le croquis.

Nous sommes assez confortablement établis à *Masonic-hotel*, le meilleur hôtel de l'endroit, et point trop écorchés, relativement au pays, par notre propriétaire; car tout, à Cape-Town, est hors de prix. On

demande cent vingt-cinq francs à l'ambassadeur pour
l'avoir amené en calèche de Simon's-Bay ; et l'un de
nous paye deux schellings et demi pour faire donner
un coup de fer à son chapeau. Trente mille livres de
rentes sont à peine suffisantes pour mener au Cap une
bonne existence bourgeoise, tant les denrées de première nécessité sont chères. Le moindre œuf coûte
cinq sous, et ainsi du reste. C'est qu'ici la production
ne suffit point à la consommation. Il y a un trop
grand débouché, et point assez de travailleurs. Le Cap
nourrit Sainte-Hélène, l'Ascension, Maurice, et la station anglaise de la côte occidentale d'Afrique. C'est
un point forcé de ravitaillement pour les nombreux
navires allant ou revenant de l'Inde. Aussi la colonie
s'efforce-t-elle d'attirer vers elle un courant d'émigration européenne, et vote-t-elle des fonds dans ce
but. Chaque année, ses solitudes se peuplent, mais
lentement. La Californie, les États-Unis, l'Australie,
ont plus faveur en ce moment ; et les nombreux navires chargés d'émigrants délaissent Table-Bay pour
faire voile vers Melbourne ou Sydney. Le climat du
Cap est cependant admirable ! toutes les maladies
endémiques, le choléra, la fièvre jaune, y sont incon-
nues. On y voit les arbres et les fruits d'Europe à côté
de toutes les productions des tropiques. L'air y est
d'une pureté si reconnue, que le fameux Herschel vint
d'Angleterre avec ses instruments s'y établir, afin de
poursuivre ses observations astronomiques. Nous

sommes en plein hiver ; et, sauf les feuilles qui manquent aux arbres et la longueur des nuits, nous pourrions nous croire dans un été d'Europe.

Quelques personnes semblent prévoir le jour où la colonie du Cap se séparera de la métropole. Ce jour, je crois, est encore éloigné. La colonie, il est vrai, a des élections, un parlement, une chambre basse et une chambre haute. Elle vote la création de chemins de fer. Mais elle manque de population et de capitaux, elle ne peut se passer encore de la Grande-Bretagne. Privée des régiments anglais, elle deviendrait la proie des noirs de l'intérieur. L'Angleterre y perdrait peu : malgré le commerce des laines, la colonie lui coûte plus qu'elle ne lui rapporte. Ce qu'elle a voulu conquérir, ce qu'elle tient à conserver, c'est Table-Bay et Simon's-Bay, points maritimes de premier ordre, qui, en temps de paix, assurent son commerce, et, en temps de guerre, établissent sa prépondérance écrasante dans cette partie du monde. Que peuvent contre elle les Français, par exemple, qui n'ont plus dans ces mers que Bourbon sans port, sans rade, sans abri pour les vaisseaux ?

Masonic-hotel donne sur le champ de bataille, vaste quadrilatère, entouré d'une triple rangée de pins. Nous nous plaisons à regarder par nos fenêtres le mouvement de la rue. Rien de plus pittoresque et de plus curieux pour un étranger que la population de Cape-Town. On y voit des Hollandais, des

Anglais, des Malais au chapeau pointu, des nègres
indigènes, des Hottentots, des Coolies du Mozambique, et un mélange incroyable de toutes ces races.
Pour un blanc, on voit dix figures noires ou jaunes ;
mais le jaune domine. Les Malaises sont laides; elles
aiment les couleurs voyantes et enduisent d'huile
leurs cheveux. La civilisation la plus raffinée se
montre sans cesse au Cap à côté de la barbarie et
d'une société en enfance. On rencontre de charmantes
misses à cheval, comme à Hyde-Park; et, le matin, on
voit vendre sur le marché des lions à l'encan. Des
cabs stationnent sur les places publiques, comme
dans la Cité, et de lourds chariots ou wagons, venant de l'intérieur, traînés par quatorze, seize,
dix-huit bœufs aux cornes immenses, circulent dans
les rues. Il y a toujours deux cochers ; l'un tient les
rênes, l'autre a dans sa main un énorme fouet de
bambou avec lequel il atteint aussi sûrement le sei-
zième bœuf que le premier. Quelquefois ces chariots
sont traînés par des chevaux ou des mulets, et le
moindre attelage compte au moins six de ces animaux. Quiconque se respecte ne va pas à moins de
quatre chevaux à Cape-Town. Le gouverneur proposa
au baron Gros de le promener dans les environs à la
mode du pays, c'est-à-dire à huit chevaux, ou même
à quatorze, s'il le désirait, dans son wagon de voyage.
Flavigny et moi, plus modestes, nous fîmes un jour,
par un beau soleil, une charmante course à Con-

stance, en calèche découverte, attelée de quatre petits
chevaux anglais pleins de feu. En revanche, La Tour
Maubourg,Trévise et Contades retournèrent à Simon's-
Town dans un fringant équipage à six chevaux.
Le grand genre, à Cape-Town, c'est d'avoir sur son
siége un cocher malais, en costume national : nous
voyons ces étrangers conduire presque'toutes les voitures bourgeoises. Mais ce qui a le plus de couleur
locale, ce qui donne le plus de cachet à la colonie,
ce sont ces lourds wagons dont je parlais tout à
l'heure, que l'on rencontre sur toutes les routes, et
qui, traversant les sables et les rivières à gué, trans-
portent au loin dans l'intérieur les produits de la
Grande-Bretagne. Ces bœufs, opposés en tout aux dur-
hams anglais, sont d'origine hollandaise, et par l'im-
mensité de leurs cornes feraient honte à leurs frères
de la race cotentine.

Nous faisons connaissance avec notre consul au
Cap, M. de Castelnau, le fameux voyageur dans l'A-
mérique du Sud. Parti de Rio, il traversa tout le continent sud américain, et, en deux années, il arriva
à Lima. Il était escorté de matelots français et de
soldats brésiliens. Il repassa ensuite de nouveau les
Cordillères, les plateaux habités par les Indiens, et
revint par le fleuve des Amazones. Dans ce grand
voyage scientifique, il perdit deux de ses compa-
gnons, l'un noyé au passage d'une rivière débordée,
l'autre assassiné par les Indiens, avides de posséder

3

les instruments avec lesquels ils le voyaient regarder
le soleil. Le fils de M. de Castelnau, jaloux de marcher sur ses traces, vient de parcourir en sept mois
les sept cents lieues qui séparent la ville du Cap de
Port-Natal. Escorté d'un guide hottentot, et avec une
petite caravane de trois chevaux, il a traversé le désert, chassant les troupeaux d'antilopes, passant les
rivières à gué, allant d'une ferme de Boers à l'autre.
Les mœurs de ces Boers, revenus de l'état civilisé à
un état presque sauvage, pourraient fournir à un au-
teur romanesque une série de tableaux. Ils vivent
dans de grandes fermes, éloignés les uns des autres
de plusieurs lieues, seuls avec leur famille, leurs
serviteurs et leurs troupeaux. Leurs familles sont
nombreuses : il est de règle chez les Boers d'avoir
quinze ou dix-huit enfants. Leurs troupeaux sont
immenses. Les Cafres viennent-ils leur enlever du
bétail, ils sautent à cheval, armés de leurs fusils, et
poursuivent les ravisseurs. Leur habileté au tir est si
grande, si bien connue des indigènes, que ceux-ci
s'enfuient à leur aspect, abandonnant leur capture.
Chose singulière ! ces gens perdus dans le désert, vivant en dehors de la civilisation, ont tous entendu
parler de la guerre de Crimée, et, chaque soir, aimaient à en écouter la relation de la bouche de
M. Ludovic de Castelnau. Étrangers à la politique, à
tous les événements de ce monde, ils ont au cœur
l'amour de la Bible et la haine des Anglais. Restés

Hollandais dans l'âme, l'aversion pour les Anglais
constitue leur nationalité. C'est ce sentiment qui a
guidé leur fuite aux confins de la colonie, et a inspiré
cet exode de Port-Natal, phénomène plein d'intérêt
dans l'histoire de l'humanité et célébré par l'un d'eux
dans un style biblique.

Un fait analogue assez curieux, c'est la création
récente, au nord de la colonie, de deux petites républiques hollandaises indépendantes. Naguère, la colonie du cap de Bonne-Espérance s'étendait beaucoup
plus au nord. Mais le gouvernement anglais, trouvant
inutile de pénétrer si avant dans l'intérieur, et préférant une limite géographique bien tracée, une
frontière naturelle, à une ligne incertaine, indécise,
toujours exposée aux incursions de l'ennemi, a abandonné toute une région annexée par lui, et a fixé le
fleuve Orange comme la limite de ses possessions.
Sur ce terrain ainsi délaissé et sans maître, se sont
formées deux petites sociétés, ayant leur gouvernement propre et ne relevant que d'elles-mêmes. Le
roi des Pays-Bas s'est mis en rapport avec elles, et
leur a manifesté tout son intérêt. Leur origine est
encore bien récente et leurs ressources bien pré-
caires : établies dans l'intérieur, elles n'ont point de
port, et sont obligées d'écouler leurs produits et de
recevoir les denrées d'Europe par Cape-Town. Mais,
si ces petits États prospèrent, ce sera un fait curieux
dans les annales de la colonie, et l'on ne pourra

manquer de s'intéresser à ces blancs, Hollandais d'origine, placés entre la barbarie africaine et la domination anglaise, et qui, par un dur labeur, cherchent à se reconstruire une ombre de nationalité.

Le gouverneur actuel de la colonie du cap de Bonne-Espérance est sir George Grey, qui passe pour un administrateur habile. Il vient de la Nouvelle-Zélande et souffre encore d'une blessure que, dans une expédition, lui fit un sauvage avec sa zagaie. Toute l'ambassade fut invitée par lui à un grand dîner officiel, où il se plut à nous réunir aux principales notabilités de la colonie. Le palais du gouvernement date du temps des gouverneurs hollandais, et est plutôt une villa qu'un palais. Le jardin renferme des chênes superbes et est peuplé de gazelles, d'antilopes et d'autruches.

Durant notre séjour à Cape-Town, nous avons partout reçu l'accueil le plus bienveillant. Nous avons assisté à un grand bal donné par la colonie dans une des salles de la banque. Des drapeaux français et anglais ornaient les portes. La crinoline n'a point encore envahi Cape-Town; mais, en revanche, le galop y est en faveur. Entre chaque danse, on se promène autour de la salle de bal en causant et en donnant le bras à sa danseuse. Presque chaque jour, nous allions passer nos soirées chez Mme Mosenthal, la femme du consul d'Autriche, qui nous avait fort gracieusement ouvert sa maison. Outre la famille de Mme Mosenthal, il y avait toujours chez elle quelques gens aimables et quelques jeunes beautés anglaises. On causait, on dansait, on faisait de la musique, et l'on parlait de l'Europe absente.

Dans nos promenades aux alentours de la ville, à Constance, à Green-Point, sur la route de l'intérieur, nous avons admiré diverses plantes ou arbustes : les protéas, plus beaux que nos rhododendrons, des arbres aux feuilles argentées, *silver trees*, des géraniums à l'état sauvage, des aloès aux longues tiges, et de belles bruyères d'un rose très-vif. Sauf deux ou trois espèces, toutes les bruyères sont originaires du Cap ; elles y poussent en grand nombre, et y ont un éclat extraordinaire.

La liberté religieuse la plus étendue existe dans la colonie : aussi peut-on compter à Cape-Town dix sectes ou religions différentes, et dix églises ou chapelles. Malheureusement, les Wesleyens dominent, ce qui imprime à la ville un caractère puritain. Ils n'y permettent ni théâtre ni café, et le dimanche y est aussi ennuyeux, sans aucun doute, que nulle part ailleurs dans la mère patrie. Il y a deux mille catholiques et un évêque à Cape-Town. L'église, de style gothique moderne, est fort jolie, quoique un peu nue à l'intérieur. Des prêtres irlandais la desservent. A Simon's-Town, village de cinq cents âmes, il n'y a pas moins de quatre églises, une anglicane, une calviniste hollandaise, une méthodiste, une catholique. Il n'y a que quatre familles catholiques, composant trente personnes, et l'église est toute petite : mais gracieusement située à mi-côte, et peinte en blanc à la chaux, elle domine la rade, et du pont de *l'Audacieuse* fait dans le paysage un fort joli effet.

Tandis que nous passons gaiement notre temps à Cape-Town, nos matelots se livrent en rade à l'exercice de la pêche. Ils rapportent chaque jour à bord un grand nombre de poissons. Parmi ceux-ci se trouve un petit poisson rond, s'enflant à volonté, fort commun dans la baie, et dont le virus est mortel. Les Anglais le nomment *toad-fish*, poisson crapaud. Nous en voyons à chaque instant nager près du bord. Le docteur s'en fait apporter un pour l'examiner et en faire l'objet d'un rapport.

CHAPITRE III.

Départ de Simon's-Bay. — Le banc des Aiguilles. — Traversée du grand océan Austral. — L'îlot Amsterdam. — Nous rentrons dans les vents alizés. — L'île de Java. — Le détroit de la Sonde; le détroit de Banca. — Arrivée à Singapore. — La colonie anglaise de Singapore. — Diversité des races, des religions, des costumes. — Grande liberté commerciale. — La ville européenne, la ville chinoise et hindoue. — Arrivée de l'*Audacieuse* dans la rivière de Canton. — Brillant accueil fait à l'ambassadeur de l'Empereur par l'escadre française et par les autorités anglaises en Chine. — Lord Elgin, sir Michael Seymour, l'amiral Rigault de Genouilly, M. de Bourboulon, le comte Poutiatine et M. Reed, sir John Bowring. — L'île de Hong-Kong et le mouillage de Castle-Peak-Bay.

En mer, 13 août.

Cependant, malgré la houle survenue et l'éloignement de Cape-Town, notre charbon était prêt, nos vivres étaient à bord. Nos douze bœufs, nos cinquante

moutons étaient embarqués. Il était temps de partir,
car, au lieu d'une semaine, nous étions restés dix-
huit jours à Simon's-Bay. Le samedi 8 août, nous
apparcillons donc à quatre heures du soir. L'avant-
veille, nous avions vu entrer en rade le transport de
la Compagnie, *le Madras*, annonçant l'insurrection
générale des Cipayes de l'Inde, le massacre des officiers anglais, et venant à toute vapeur chercher des
secours au Cap. Il n'avait mis que seize jours à venir
de Ceylan. Le gouverneur lui donnera deux régiments
et des artilleurs; il n'ose faire plus, de peur de trop
dégarnir sa frontière. De semblables transports ont
été envoyés à Maurice, à Ceylan, à Singapore et en
Australie. Toutes les troupes dirigées contre la Chine
vont être acheminées sur l'Inde. C'est une circonstance heureuse pour les Anglais que ces immenses
préparatifs de la guerre de Chine. Ils auront des secours tout portés sur les lieux. Nous partons fort
émus de ces nouvelles si inattendues, et qui peuvent exercer sur notre mission une si fâcheuse influence.

Que ferons-nous si les Anglais, occupés chez eux,
remettent à une autre époque la solution de leurs
griefs contre l'Empire du Milieu? La question chinoise ne va-t-elle pas, pour le moment, diminuer singulièrement d'importance? Serons-nous rappelés, ou
notre mission se bornera-t-elle au traité avec le Japon? Telles sont nos réflexions en quittant la colonie

du cap de Bonne-Espérance, et en commençant cette longue navigation à voiles qui doit nous conduire en six semaines à Singapore.

En mer, mardi 18 août.

En partant, le commandant a fait hisser toutes les
embarcations sur le pont, consolider les cordages et
les mâts, fermer tous les sabords, tout disposer en un
mot pour affronter la grosse mer et les violents coups
de vent de ces parages. Nous avons néanmoins longé
sans trop de fatigue le redoutable banc des Aiguilles,
et la houle nous a laissé un peu de loisir pour célébrer à bord la fête du 15 août. En mer, la fête du souverain se passe sans la joyeuse pompe de la rade. Pas
de salves d'artillerie, pas de bâtiments pavoisés depuis le lever jusqu'au coucher du soleil. Le matin, il
y a eu messe dans la batterie; le soir, grand dîner
officiel chez le commandant. On a distribué double
ration à l'équipage, et fait flotter toute la journée sur
chaque mât les couleurs nationales. Le lendemain, la
houle a repris son empire. Depuis trois jours, la mer,
soulevée par une brise très-fraîche, vient battre contre
la frégate; le vent souffle avec violence. *L'Audacieuse*,

qui roule toujours, se livre à de nouvelles excentri-
cités de roulis. On ne peut écrire, on ne peut dormir,
à peine lire ou manger, en s'accrochant à la table.
Ce sont des jours qui ne comptent pas dans l'existence; on ne vit point, on végète. Heureusement,
toute chose a son bon côté; et ces trois journées de
soixante-quatorze lieues en moyenne, en bonne route,
nous éloignent rapidement de l'embouchure du canal de Mozambique et du tempêtueux méridien de
Madagascar.

Samedi, 22 août.

Hier, à midi, nous avions fait le quart de la route. Nous ne sommes plus qu'à quelques centaines de lieues de l'îlot *Amsterdam*. Ces parages en hiver sont décidément inhospitaliers et difficiles. Nous passons, sans intervalle, du calme plat à de violents coups de vent. La brise fraîchit tout à coup, la mer grossit, et il s'élève un vent à tout emporter. L'on est obligé de serrer toutes les voiles : nous ne conservons que le petit foc, la misaine et le grand hunier, avec deux ris dans la misaine et trois ris dans le hunier. Néanmoins, nous filons de neuf à dix nœuds. Puis survient une pluie torrentielle qui fait tomber le vent, et le calme succède. Mais ce calme n'en est point un pour nous. Le bâtiment, n'étant plus *appuyé*, est à la merci de la houle, qui subsiste longtemps après le vent. Il est ballotté de lame en lame, et tout culbute à bord. L'on s'amuse à calculer les roulis de la frégate. On compte treize oscillations par minute, soit quinze mille six

cents oscillations en vingt heures. Le bâtiment et
les passagers fatiguent. Le 29 août, dans la soirée,
après une journée plus mauvaise encore que d'habitude, on entendit tout à coup un craquement effrayant
qui réveilla tout l'équipage, et retentit dans toutes les
parties du bâtiment. On eût dit que la frégate s'en-
tr'ouvrait, ou qu'elle avait touché contre un rocher.
Le commandant fit apporter des lanternes et visiter
tout le bâtiment. On ne trouva rien. C'étaient deux
énormes lames qui avaient *brisé* à la fois contre la
frégate au moment où, projetée par le roulis, elle se
relevait à bâbord. Depuis plusieurs jours nous avons
une voie d'eau, mais de peu de gravité. Un de nos
matelots, malade de la poitrine, est mort hier à l'hôpital. C'est le premier depuis notre départ de France.
On lui faisait espérer son rétablissement au retour de
climats plus chauds ; il a succombé au moment d'y
rentrer. Après les dernières prières de l'aumônier et
les adieux de ses camarades, il a été jeté ce matin à la
mer, enveloppé dans une grosse toile à voile et un
boulet aux pieds. Cette cérémonie, même avec le secours de la religion, a toujours quelque chose de
triste. *Exitio est avidum mare nautis*, la mer avide est
le tombeau du nautonier.

Mardi, 1ᵉʳ septembre.

Nous avons passé, dans la journée d'hier, à cent
lieues au nord de l'îlot Amsterdam. Depuis le banc
des Aiguilles, notre traversée n'est qu'une longue
suite de mauvais temps. Nous essuyons des coups de
vent de tous les points de l'horizon, du nord, du sud,
de l'est, de l'ouest. Le mot tempête n'existe pas dans
la marine. Mais, depuis trois semaines, l'on peut lire
presque chaque jour sur le livre du bord : gros
temps, grosse mer, brise très-fraîche, rafales, houle
énorme, pluie torrentielle, brise très-lourde dégéné-
rant en coups de vent, et autres expressions qui, dans
la langue maritime, sont équivalentes à la dénomination un peu bourgeoise de tempête. Nous sommes
plongés dans l'obscurité et dans l'humidité la plus
complète. L'eau de pluie se mêle à l'eau de mer. La
batterie, où l'équipage couche et mange, est convertie
en un lac. Nous passons nos journées cramponnés à
nos chaises et condamnés à un perpétuel roulis. De

temps à autre, de grosses lames se précipitent avec violence sur le pont et ébranlent tout le bâtiment de leur choc. Une forte houle, venant sans obstacle du pôle, s'oppose à notre marche. Le vent est très-froid. Nous avons hâte de rencontrer les vents alizés, qui doivent nous faire sortir du grand océan Austral et nous mener jusqu'à l'entrée du détroit de la Sonde.

Mercredi, 16 septembre.

Hier, à midi, nous avons traversé le tropique du Capricorne, par cent degrés vingt-sept minutes de longitude. Nous ne sommes plus qu'à trois cent quarante lieues du détroit de la Sonde. Deux cents lieues nous séparent à peine du continent de la Nouvelle-Hollande. La chaleur que nous avions abandonnée à l'Ascension commence à se faire de nouveau sentir. Autant la première partie de notre traversée a été rude et fatigante, autant la seconde est calme et tranquille. Il y a aujourd'hui trente-neuf jours que nous sommes en mer, sans voir le moindre îlot, la moindre terre ; et le temps commence à nous peser un peu. Depuis cinq jours, un bâtiment de commerce, fin voilier, navigue dans nos caux ; et c'est un petit intérêt dans notre vie monotone de voir, chaque matin, si nous l'avons gagné de vitesse ou si nous avons été dépassés par lui durant la nuit. Nous sommes entrés dans les vents alizés, et nous marchons toutes voiles dehors.

Le lundi, 21 septembre, après quarante-cinq jours
de navigation solitaire, nous apercevons l'île de Java,
et nous entrons à toute voile et vapeur dans le détroit
de la Sonde. Au coucher du soleil, nous mouillons
près de l'ilot des Mouettes, et nos avides regards, si
longtemps privés du spectacle de la terre, se dirigent
avec bonheur sur les côtes montagneuses de Java. Le
rivage est couvert de lianes entrelacées et d'arbres
gigantesques qui s'avancent jusqu'à la mer, et une
épaisse fumée, sortie du sein de la forêt, vient seule
y manifester la présence de l'homme. Poussés par
une brise favorable, huit navires de guerre ou de
commerce, portant huit pavillons différents, passent
près de nous, toutes voiles dehors ; et, parmi eux,
nous retrouvons *l'Assistance*, partie une semaine avant
nous de Simon's-Bay. Elle a essuyé de forts coups de
vent, et a eu une partie de sa voilure emportée. Nous
envoyons au commandant et aux officiers nos journaux du Cap, remplis d'émouvants détails sur la
grande insurrection de l'Inde, qu'ils ignorent encore.
Les rouges uniformes des soldats de la reine couvrent
le pont, la musique joue en notre honneur ses airs
les plus gais, et la sombre forêt répète les valses et
les polkas européennes jusqu'à l'entrée de la nuit.
Le lendemain matin, dès l'aube, nous repartons de
nouveau pour mouiller chaque soir à la fin du jour.
La grandeur du bâtiment commande cette prudence,
au milieu des passes étroites où, durant plusieurs

lieues, nous n'avons que deux mètres d'eau sous la
quille. On ne marche que la sonde à la main. La vue
des débris du *Transit*, vaste transport de guerre anglais, chargé de troupes pour la Chine et naufragé,
quelques semaines auparavant, sur un banc de co-
raux auprès duquel nous passons, nous fait encore
plus apprécier la sagesse et l'habileté de notre commandant. Nous ne perdons jamais la terre de vue :
d'un côté Java et ses coteaux domptés par la civilisation, les champs de caféiers, de cannes à sucre, de
poivriers ; de l'autre, les forêts vierges de Sumatra,
baignées par la mer. Ici *Anjer*, petit-port, étape pour
se rendre à Batavia ; puis *Banca*, si célèbre par ses
riches mines d'étain ; *Lucepara* et les îlots *des deux
Frères*, situés au milieu du détroit, et dont une végétation tropicale couvre la nudité primitive. La mer
est unie et transparente ; elle ressemble à une vaste
nappe d'huile. Nous traversons, pendant plusieurs
heures, d'immenses bancs de frai de poissons, destinés à peupler l'Océan : aussi loin que la vue peut
s'étendre, la mer paraît couleur de safran. Les proas
malaises, aux voiles si nouvelles pour nous, sillonnent toutes les criques de la côte. Plusieurs de ces
pirogues accostent la frégate et nous apportent des
cocos, des poulets, des bananes et des patates. L'aspect de ces indigènes a quelque chose de farouche :
on reconnaît en eux les hardis pirates de ces mers. La
chaleur augmente à mesure que nous approchons

de l'équateur. Dès huit heures du matin, il y a
trente et un degrés centigrades à l'ombre : mais au
lever du soleil, lorsqu'on ouvre son sabord, la brise
est fraîche et délicieuse. Nous dépassons peu à peu
Java, puis Sumatra et Banca, ces trois-joyaux de la
puissance hollandaise, et nous rentrons dans la pleine
mer. Java est, après Cuba, la plus belle colonie de
l'univers : les revenus de cette île forment plus de la
moitié du budget de sa mère patrie; et sans l'archipel
malais, la Néerlande ne pourrait vivre. Ayant laissé
la Hollande prendre possession du détroit de la Sonde,
l'Angleterre a voulu tenir en ses mains les clefs du
détroit de Malacca, et elle a créé Poulo-Pinang et
Singapore. Nous arrivons dans cette dernière ville le
lundi 28 septembre, à six heures du soir. A peine
mouillée, la frégate est entourée d'une nuée de pirogues chargées d'œufs, de légumes, de fruits et
d'oiseaux. Toutes les perruches, tous les perroquets,
tous les kakatoès de l'univers semblent s'être donné
rendez-vous autour du bâtiment. Les perroquets
blancs, avec une petite huppe sur la tête, obtiennent
généralement la préférence parmi nous; mais les
autres, pour être rouges ou verts, n'en sont pas moins
criards. Bientôt, tous ces Malais, ces Hindous, ces
Chinois, sous prétexte d'être blanchisseurs, ou marchands, ou fournisseurs, escaladent le bord de tous
côtés : le capitaine d'armes, appelé par le commandant, a peine à venir à bout de cette invasion d'un

nouveau genre, et à faire rentrer toute cette multitude dans ses canots. Maître Salomon, notre *daubachi*, beau musulman en turban et en longue robe de mousseline blanche, grave, sérieux, impassible, demeure seul sur le pont comme notre fournisseur officiel. L'on nous apporte les lettres de nos familles, et nous rentrons en communication avec l'Europe, dont nous sommes séparés depuis quatre mois. Bientôt nous descendons à terre, nous parcourons la ville et nous admirons cette merveilleuse création du génie colonisateur de la Grande-Bretagne. Là, cent mille individus, Chinois, Hindous, Malais, tous émigrants, venus des pays voisins, avec l'espérance de faire fortune, et avec la volonté d'échanger la tyrannie asiatique contre la liberté commerciale et religieuse, vivent en paix à côté les uns des autres, et sous la garde de quelques Cipayes noirs comme eux. Six cents Européens, Anglais pour la plupart, fonctionnaires, négociants, capitalistes, circulent sans crainte au milieu d'eux, et sans avoir l'air de se douter que ces immenses multitudes n'auraient qu'à se concerter un instant pour les exterminer tous. Heureusement pour les Européens, toutes ces races se détestent. Les Chinois méprisent les Hindous, et, par leur industrie, les dépouillent peu à peu de tout leur avoir. Les Hindous ont une haine instinctive pour les Chinois; et les Malais vivent entre eux, sans frayer avec les deux autres peuples. On compte à Singapore quatre-vingt mille habitants du Céleste-Empire, venus pour la plupart des provinces méridionales. Sans doute à eux seuls ils pourraient dominer les autres races, massacrer les Européens, et se rendre maîtres de l'île. Mais, malgré quelques révoltes partielles, l'intérêt bien entendu les a toujours maintenus dans le devoir. Ils se sont demandé, en effet, si le gouvernement anglais ne tirerait pas une prompte vengeance de ce triomphe passager, et s'il n'aurait pas recours au moyen récemment mis en usage par sir James Brooke, rajah de Sarawak, dans l'île voisine de Bornéo. On se rappelle que ce dernier, attaqué par les Chinois qui travaillaient à ses mines, n'avait échappé à la mort qu'en se sauvant à la nage, et avait eu sa nièce faite prisonnière par les insurgés et livrée par eux aux plus odieux outrages. Le rajah avait aussitôt convié les Malais au massacre des Chinois ; ces insulaires étaient accourus en foule, et six mille insurgés avaient péri en un jour.

L'hôtel du gouverneur s'élève sur un mamelon qui domine la rade. Ce fonctionnaire n'y habite que neuf mois de l'année ; le reste du temps, il doit résider à Pinang et à Malacca. La ville européenne de Singapore, séparée de la ville chinoise et hindoue par une petite rivière, est couverte d'élégantes constructions et de délicieuses villas. Chaque maison est entourée d'un jardin, et rien n'est oublié de ce qui peut procurer à ses habitants une agréable fraîcheur. Une

large varanda fait le tour du premier étage, et une
panka, sans cesse agitée par un domestique hindou,
renouvelle l'air des vastes salles, que les arbres à
pain, les bananiers, les palmiers, protégent de leur
ombre. La ville chinoise et hindoue, moins aérée et
moins spacieuse, a le monopole du bruit et de l'activité commerciale. De larges voies macadamisées,
tracées au cordeau, permettent aux policemen de
maintenir dans cette foule un ordre sévère, et aux
petits marchands d'étaler sur les bas côtés leurs
innombrables produits. Quant aux insulaires de
la Malaisie, partout où la mer, en se retirant,
laisse une portion du rivage à sec, partout où une
boue liquide, entremêlée de quelques flaques d'eau,
succède au flot de l'Océan, le Malais vient avec enthousiasme y planter sa hutte, élevée sur de hauts
pilotis. Souvent la cime d'un cocotier ombrage sa
tête, sa fidèle pirogue est abritée sous sa maison,
et sa petite famille barbotte, pleine de joie, dans la
vase.

La plus grande liberté religieuse et commerciale
règne dans la colonie de Singapore. Les pagodes et
les mosquées s'élèvent à côté des chapelles et des
églises; et anglicans et catholiques, bouddhistes et
musulmans, y célèbrent toutes les fêtes de leur culte
avec une égale protection. Grâce au zèle du P. Beurel,
des Missions étrangères, qui habite Singapore depuis
vingt ans, la ville compte trois mille catholiques.

Une belle église a été récemment construite à la place de la chapelle primitive ; et des sœurs de Saint-Maur, des frères de la Doctrine chrétienne élèvent la jeunesse chinoise et hindoue. Accompagnés du P. Beurel, nous visitons ces établissements avec le plus grand intérêt, et nous sommes heureux de retrouver la France à cinq mille lieues de la mère patrie. L'on rencontre des canons sur les quais de Singapore ; l'on y vend des canons au poids, comme toute autre marchandise : et les pirates malais viennent chaque jour acheter aux négociants anglais de la poudre et des munitions de guerre, dont ils font ensuite usage contre les navires britanniques. Personne n'a le droit d'empêcher un négociant anglais de vendre de la poudre ou des canons, s'il y trouve son bénéfice, et de livrer sa marchandise à un homme qui lui en offre un prix rémunérateur. C'est ainsi que nous verrons par la suite tous les pirates de la rivière de Canton venir s'approvisionner à Hong-Kong, et les Anglais fournir eux-mêmes les armes qui seront ensuite tournées contre eux-mêmes. Avec nos idées françaises, cela nous étonne un peu d'abord. Que penserions-nous d'un de nos concitoyens qui vendrait des fusils aux montagnards de la Kabylie? Mais nous sommes encore si enfants en matière d'économie politique!...

Un autre spectacle moins belliqueux, mais tout aussi digne d'intérêt, c'est celui de ce jeune Chi-

nois, débarqué d'hier, avec quelques sapèques pour
tout avoir. Il expose des morceaux de cannes à sucre
aux yeux des passants, et, d'une voix persuasive, il
les sollicite à en acheter pour se rafraîchir. Aujour-
d'hui il a cent sapèques, demain il en aura deux
cents ; et ainsi de suite, jusqu'au jour où, propriétaire
d'une somme un peu ronde, il s'embarquera de nouveau pour la Terre des fleurs. Rarement son habileté
et sa persévérance se seront déployées en vain. Peut-
être même, comme Whampou, le célèbre banquier
chinois, il deviendra un capitaliste et une puissance
dans la colonie. Nous allons rendre visite à ce Cantonnais, jeune encore, et déjà quatre ou cinq fois
millionnaire. Nous le trouvons vêtu comme le plus
simple Chinois du monde, et comptant avec un soin
minutieux des piastres à son comptoir. Mais il a des
commis anglais, des voitures élégantes, et il donne
des bals à la colonie européenne. Son fils aîné est
élevé en Angleterre, et il doit, dans peu d'années,
traverser la France pour venir rechercher à Londres
l'héritier de sa fortune. C'est surtout dans la banque
et le petit commerce qu'excellent les sujets de l'Empire du Milieu ; mais, à Singapore, ce sont eux également qui marchent à la tête des entreprises agri-
coles. Chaque jour, par leurs hardis efforts, les
champs cultivés prennent la place de la forêt primitive ; chaque jour aussi, le terrible habitant des
jungles, le tigre, choisit parmi eux quelque nouvelle

victime. L'on ne peut détruire ces redoutables animaux dans l'île. Ils viennent, sans obstacle, à marée
basse, du continent. Selon le résident anglais, on
peut évaluer à trois cent soixante-cinq, soit un par
jour, le nombre des Chinois ainsi dévorés par année:
et la prédilection du monstre pour l'habitant du
Céleste-Empire est tellement forte, qu'un Européen,
accompagné de deux Chinois, n'a rien à craindre de
ses attaques. Soit que la vue d'un corps nu excite sa
voracité, soit que l'odeur si pénétrante de l'Asiatique
détermine son choix, le tigre, d'un bond, atteindra
sa proie habituelle et dédaignera l'Européen. C'est
un fait que l'expérience a plus d'une fois démontré,
et qui, malgré son étrangeté, est considéré comme
hors de doute dans la colonie.

Sans tenter la fortune et sans aller chasser dans
l'intérieur de l'île, l'on peut faire de charmantes
promenades dans les environs de la ville. Partout,
de belles routes macadamisées, bordées de cocotiers
et serpentant agréablement au milieu des champs
de girofliers, de caféiers, de gambiers, s'ouvrent
devant vous. La route qui conduit à la villa du consul français, M. Lagorce, est verte et ombragée;
mais celle qui, longeant la mer, mène au New-Har-
bourg, le nouvel établissement de la Compagnie péninsulaire et orientale, est encore plus pittoresque.
Là, au milieu d'un jardin anglais, parmi des massifs
de fleurs et de bananiers, s'élève une montagne de

4

charbon., rangée en si bel ordre, qu'on se prend presque à l'admirer. Le capitaine Marshall, le type du *captain* accompli, préside à ces lieux et dirige une nuée de coolis sans cesse occupés à approvisionner les nombreux paquebots. Mais ce qui, à Singapore, provoque surtout l'intérêt de l'étranger, c'est moins l'animation des rues que la nouveauté, la diversité des costumes. C'est l'Asie en miniature, c'est de la couleur locale à la centième puissance. Là, trois races juxtaposées, mais vivant sans jamais se confondre, étalent aux regards du voyageur et les superstitions de l'Inde, et les mœurs sauvages de la Malaisie, et les rites antiques de la Chine. Souvent même, la figure d'un Parsis, descendant des anciens Perses, adorateur du feu et répondant au nom d'Artaxerxès, vient se joindre au tableau. Le noir Hindou, portant fièrement son turban et noblement drapé dans son large vêtement de mousseline blanche, côtoie le jaune Chinois, à la tête rasée, à l'ample robe de soie, tenant d'une main son éventail, de l'autre son parasol. Des bœufs de Calcutta, au pelage grisâtre, petits et avec une bosse, apportent à la ville des charges entières d'ananas. L'Européen passe rapidement dans son palanquin, traîné par un fougueux poney de Java ou de Timor. La bayadère fait entendre ses chants criards et plaintifs, et le Chinois brûle gravement des bâtonnets odoriférants devant l'image de ses ancêtres ou devant l'idole du dieu *Fo*.

Établis à terre, nous jouissions, depuis déjà quelques jours, de cette vie si nouvelle pour nous, lorsque l'ambassadeur, pressé de rejoindre son collègue d'Angleterre, venu par Suez, nous rappela à bord de la frégate. En outre, la mousson du nord-est n'était point encore complétement établie, et nous devions profiter des derniers souffles de la mousson de sud-ouest pour gagner les côtes de Chine. Nous quittons donc Singapore le 3 octobre, et nous saluons en passant Pedra-Branca et Poulo-Condore. Malgré quelques craintes de typhon, nous remontons heureusement cette partie de la mer de Chine, et, le 13 octobre, le Céleste-Empire s'offre à nos yeux. Nous traversons toute une flottille de jonques, rangées en ligne, qui traînent chacune un large filet. L'horizon en est couvert, et c'est par centaines qu'on peut les compter. Rien, sur les côtes de France, ne peut donner l'idée d'un mouvement pareil. Nous passons au milieu d'elles, en prenant garde d'en écraser. Toute une famille, entassée pêle-mêle, se presse sur le frêle esquif. C'est tout leur avoir, c'est leur habitation, leur demeure. La Chine possède dans ces hardis pêcheurs une vaste pépinière d'excellents matelots. Nous mouillons, au coucher du soleil, à l'embouchure de la rivière de Canton, près de l'île de Léma. Le lendemain, nous remontons le fleuve, large, en cet endroit, de près de vingt lieues, et nous naviguons à travers les groupes d'îles qui encombrent son embouchure.

Nous atteignons bientôt Castle-Peak-Bay ; et, après quatre mois et demi de mer et six mille lieues parcourues, *l'Audacieuse* jette l'ancre au milieu de l'escadre française.

Hong-Kong, le 27 octobre.

« La frégate *l'Audacieuse*, qui transporte l'ambassade extraordinaire de France en Chine, est entrée le 14 de ce mois dans la rivière de Canton. Elle est venue mouiller en rade de Castle-Peak-Bay, petit port situé entre Macao et Hong-Kong, au milieu de l'escadre de l'amiral Rigault de Genouilly. L'arrivée de l'ambassadeur extraordinaire de l'Empereur a été saluée de dix-neuf coups de canon par *la Némésis*, frégate amirale. En même temps, les matelots des autres bâtiments, en grande tenue, et debout sur les vergues, l'ont accueillie par le cri cinq fois répété de : *Vive l'Empereur!* Le lendemain, tous les commandants de l'escadre, réunis à bord de *la Némésis*, ont été présentés par l'amiral à l'ambassadeur.

« Le baron Gros, accompagné de l'amiral, s'est rendu, le jour même, à Macao, pour visiter le ministre de France, M. de Bourboulon. La visite de l'ambassadeur à Macao n'avait aucun caractère officiel. Le gouverneur a, néanmoins, voulu que la batterie du fort saluât la descente du représentant extraordinaire de la France sur le territoire portugais. Le soir, M. de Bourboulon a réuni dans un dîner l'ambassade, l'amiral et le commandant de *l'Audacieuse*, au personnel de la légation de France.

« Le lendemain matin, 17 octobre, le baron Gros s'est rendu à Hong-Kong, où il a reçu des diverses autorités anglaises l'accueil le plus cordial et le plus empressé. A peine *l'Audacieuse* avait-elle jeté l'ancre, que l'ambassadeur a été salué de dix-neuf coups de canon par l'amiral Seymour et par une frégate anglaise, une corvette américaine et une corvette hollandaise. Le baron Gros s'est rendu immédiatement à bord de *l'Ava*, sur lequel flotte le pavillon de lord Elgin, et il est resté plusieurs heures en conférence avec son honorable collègue d'Angleterre. Dans la journée, lord Elgin et l'amiral sir Michael Seymour sont venus le visiter à bord, ainsi que tous les commandants des bâtiments de guerre en rade et les consuls étrangers qui résident à Hong-Kong.

« Lorsque le baron Gros est descendu à terre pour rendre visite au gouverneur, il a trouvé au débarcadère sir John Bowring qui l'attendait avec sa voiture.

« Toutes les troupes de la garnison étaient sous les armes, tant sur la route qu'il devait suivre, que dans la cour de l'hôtel du gouvernement. En même temps, l'artillerie du fort saluait de dix-neuf coups de canon l'arrivée de l'ambassadeur. Le lendemain, sir John Bowring et le général Ashburnam sont venus à bord de *l'Audacieuse* rendre officiellement la visite qu'ils avaient reçue la veille.

« Avant de quitter Hong-Kong, le baron Gros a assisté à un banquet donné en son honneur par le gouverneur de la colonie. Parmi les invités, on remarquait le commissaire extraordinaire de Sa Majesté Britannique en Chine et toute son ambassade, le commandant en chef des troupes anglaises, le lieutenant gouverneur, les commandants français, M. Parkes, vice-consul d'Angleterre à Canton, et l'élite de la société de la ville. Sir John a porté un toast à l'Empereur des Français ; le baron Gros y a répondu en buvant à la santé de Sa Majesté Britannique.

« Après cinq jours passés en rade de Hong-Kong, le baron Gros est retourné à Castle-Peak-Bay rejoindre l'escadre française. »   (*Moniteur*.)

Nous venons, de temps à autre, soit seuls, soit avec l'ambassadeur, passer quelques jours à Hong-Kong, et nous parcourons en tous sens cet admirable arsenal de la puissance anglaise dans l'extrême Orient. L'île de Hong-Kong a été cédée à la Grande-Bretagne par le traité de Nankin. Ce n'était, en 1842, qu'un rocher aride, habité par quelques pêcheurs ; aujourd'hui, c'est une grande ville, ornée de somptueux édifices et peuplée de près de soixante-dix mille habitants. Là où quelques misérables jonques échappaient avec peine à la rapacité des pirates, les bâtiments de guerre et de commerce de toutes les nations, pressés les uns contre les autres, viennent chaque jour jeter l'ancre. Là où de pauvres pêcheurs entassaient quelques rares sapèques dans l'année, l'on entend aujourd'hui le bruit incessant des dollars. Quinze années ont suffi au génie colonisateur de la Grande-Bretagne pour opérer cette merveille et pour faire de ce lieu, inconnu jusque-là, le port le plus fréquenté de ces mers. Des docks, des hôpitaux, des magasins pour l'armée et pour la marine ont été établis ; une belle cathédrale gothique a été construite; et chacun des riches négociants européens en Chine a tenu à honneur de fixer son domicile et de se bâtir un palais sur cette terre devenue anglaise. Aujourd'hui, une large rue macadamisée, plantée d'arbres et bordée de trottoirs, longe, durant plus d'une lieue, la rade entre deux lignes non interrompues de maisons européennes ou chinoises; et de vastes capitaux sont chaque jour employés à de nouvelles constructions. Toute la partie qui borde le quai est occupée par les entrepôts et les marchandises, et les nouveaux arrivants sont obligés de gravir la montagne. L'hôtel du gouverneur, *government house*, s'élève au-dessus de la ville. De la promenade qui l'entoure, on domine la rade, sans cesse sillonnée par de légers steamers, ou retentissante du bruit du salut

d'un bâtiment de guerre qui jette l'ancre. Le dîner
que nous y donna sir John Bowring, le lendemain de
notre arrivée, ne manqua pas d'un certain intérêt.

Nous quittons le bord à sept heures, et nous trouvons au débarcadère huit palanquins qui nous attendent. Le baron Gros, porté par quatre Chinois, passe
le premier, puis le commandant d'Aboville et nous
autres. Les coolies du consul, tenant des lanternes
chinoises, éclairent notre marche à travers la montagne. Contades, auquel un malheureux hasard avait
donné des porteurs poussifs, est obligé de les stimu-
ler pour ne pas rester en arrière. Sir John nous reçoit le plus gracieusement du monde, nous présente
à sa famille, aux autorités de la colonie et aux chefs
des principales maisons anglaises. On se met à table,
et nous ne tardons pas à faire une fâcheuse découverte. Il est d'usage à Hong-Kong, lorsque l'on est
invité quelque part, d'amener avec soin son *boy*.
Celui qui, comme nous, n'a pas derrière lui un jeune
Chinois fraîchement rasé, avec une queue élégamment entrelacée et une longue robe blanche, risque
de mourir de soif ou de faim à côté d'une table
somptueusement servie. C'est ce qui nous serait, à la
lettre, arrivé, sans l'obligeance de nos voisins, qui,
voyant notre embarras et souriant à notre inexpé-
rience, s'empressèrent de mettre leurs *boys* à notre
disposition. A minuit l'on se retire, et nous avons
peine à retrouver nos chaises et nos coolies au mi-

lieu de soixante palanquins entremêlés et de cent
cinquante Chinois criant et cherchant à se faire reconnaître. En revenant, nous songions à ce que la
situation avait réellement d'extraordinaire : tous ces
Anglais, servis uniquement par des Chinois et des
Hindous avec qui la Grande-Bretagne est en guerre ;
sir John Bowring, dont la tête est mise à prix, calme
et tranquille, quoique tout environné de Chinois ; lord
Elgin, qui doit décider des grands coups à porter à la
Chine, retournant à son bord, la nuit, sans escorte,
porté par quatre coolies. Ce sont de ces choses, on
en conviendra, que l'on ne voit guère ailleurs que
dans l'extrême Orient, et certainement de nature à
impressionner de nouveaux arrivants de France.

Lord Elgin ne demeure pas à terre ; il habite en
rade un charmant steamer, que lui fournit la Compagnie des Indes. A la nouvelle de l'insurrection, il
a envoyé au gouverneur général sa frégate *le Shannon*,
avec ses artilleurs et ses canons, et la Compagnie lui
a donné en échange un paquebot, *l'Ava*, qu'elle loue
cinq mille francs par jour à Calcutta. C'est assurément un beau loyer ; et, pour ne point abuser du
généreux procédé de la Compagnie, Sa Seigneurie
compte prochainement s'établir avec son ambassade
sur la frégate à vapeur *le Furious*, nouvellement arrivée, que l'on aménage en ce moment pour elle.

Nous faisons connaissance avec nos collègues de
l'ambassade anglaise, MM. Bruce, Cameron, Oliphant,

Fitz-Roy, Locke, Morrison, et des rapports de la plus
cordiale intimité s'établissent promptement entre
nous. Nous allons visiter ensemble les magasins des
marchands de curiosités et les ateliers des principaux
peintres indigènes. Nous assistons à un grand *sing-
song*, ou représentation théâtrale donnée gratuitement
à leurs concitoyens par quelques riches négociants
chinois, qui ont fait les frais d'une troupe de comé-
diens et d'un vaste hangar en bambou. D'une estrade
réservée, nous voyons la foule qui ondule et se renouvelle sans cesse ; car le spectacle commence à
huit heures du matin et dure jusqu'à huit heures du
soir, sans que jamais la scène reste vide un seul instant. Des héros de toutes sortes, des génies, des dieux
y prennent place, et s'y livrent aux combats les plus
fabuleux. Rien n'égale la pantomime des acteurs chinois et le luxe des costumes, tous éclatants d'or et de
soie. Les femmes ne montent jamais sur la scène dans
l'Empire du Milieu; les rites s'y opposent, et leurs rôles
sont joués par de jeunes Chinois. Le ton de ces acteurs
est tellement aigu et criard, la musique est tellement
bruyante, qu'au bout d'une demi-heure, le pauvre
Européen égaré en ces lieux demande grâce et
s'enfuit.

Il y a quatre mille catholiques à Hong-Kong et une
belle église desservie par les pères italiens. Près de
là, se trouve la procure des Missions étrangères en
Chine. C'est toujours avec un vif plaisir et avec un

grand profit pour nous que nous allons y voir le
P. Libois, procureur général, qui habite la Chine depuis vingt-deux ans, et a, depuis quelques années,
quitté Macao pour fixer sa résidence à Hong-Kong;
le P. Rousseille, bien plus récemment arrivé; le
P. Mermet, qui doit nous accompagner au Japon; le
P. Deluc, et tant d'autres, tous éprouvés par de longues années de privations et de souffrances, mais
puisant dans leur zèle la force de voler à de nouveaux
travaux, et dans leurs souvenirs mille faits curieux
qui nous charment et nous initient aux mœurs si bi-
zarres de l'Empire du Milieu.

Nous assistons, à la procure, au départ de trois
courriers chinois se rendant dans les provinces du
Nord, et l'un jusqu'aux frontières du Thibet. Ils seront
trois mois dans leur voyage, naviguant presque toujours sur les fleuves et sur les canaux. A la sortie de
Canton, il y a une énorme montagne à franchir. Tous
les transports s'y font à dos d'homme, et on trouve
des maisons de roulage très-bien organisées pour ce
service. Qu'on juge de l'immense activité de ce transport, en songeant que toutes les matières premières
fabriquées à Canton ou destinées à l'exportation passent par cette route. De l'autre côté de la montagne
coulent des rivières dans tous les directions. Avec
l'argent destiné aux missions, les courriers achètent
à Canton des toiles et autres marchandises indigènes,
dans lesquelles ils enveloppent avec soin les objets

européens et religieux qu'ils portent aux chrétientés. Arrivés à leur destination, ils font le commerce, ils vendent les marchandises achetées à Canton, rendent l'argent aux Pères, et le surplus est pour eux et devient leur profit légitime. C'est ainsi que le P. Libois fait, une fois par année, passer l'argent de France aux diverses chrétientés. Les pauvres missionnaires, perdus dans l'intérieur de l'Asie, ne sont en communication qu'une fois par an avec l'Europe et le monde civilisé. Quelle affreuse séquestration! Mais aussi quelle joie le jour où le commerçant arrive avec ses ballots! On doit dire, à la louange des Chinois, qu'il n'y a presque pas d'exemple d'un courrier disparaissant avec son argent. Et cependant on leur confie quelquefois des sommes assez fortes, vingt ou trente mille francs à la fois.

Nous prenons avec le P. Rousseille un *chinese boat*, et nous allons avec lui, au fond de la baie, visiter le collége des missionnaires. Nous descendons au débarcadère de Jardine, riche négociant, qui tient à Hong-Kong le premier rang. Il a bâti sur un mamelon une charmante villa, puis, à ses pieds, au bord de la mer, les bureaux de sa maison. C'est une construction magnifique, en belles pierres de taille; on dirait un ministère. On entend, à une lieue, remuer les livres sterling, les piastres mexicaines et les lingots. M. Jardine a une garde à lui, ses cipayes qu'il paye et qu'il emprunte au gouvernement; il a son pavillon,

5

le pavillon de la maison Jardine Matheson, et des canons. Nous en voyons un, somptueusement fondu, et
nous reconnaissons avec surprise les fleurs de lis et le
soleil de Louis XIV. Quel caprice du sort a amené le
canon du grand roi chez ce roi de la finance? Il
commerce de tout et remue les millions à la pelle. Il
a tout un arsenal et répare lui-même ses vaisseaux,
qui vont répandre l'opium et échanger le thé et la
soie dans toutes les parties de la Chine. C'est l'opium
qui a fait la fortune de cette maison, comme de toutes
les grandes maisons de Hong-Kong.

Nous nous rendons, en gravissant la colline, au
collége des missionnaires, isolé au milieu de la montagne. Leur pauvreté les sauve de toute visite des
orbans. Ces pirates sont venus, cependant, une fois
au nombre de huit; mais ils n'ont rien trouvé de pré-
cieux à emporter, et ils sont partis, non sans avoir
menacé de leurs sabres l'un des missionnaires. Les
Pères ont maintenant des piques, des fusils et des
gros chiens qui font bonne garde. Nous recevons d'eux
le plus affectueux accueil. Nous revoyons le P. Le-
turdu et le P. Fontaine, venus à bord de la frégate.
Nous prenons avec eux du thé et des gâteaux secs
apportés de Canton. Nous allons ensuite dans la salle
d'études, où de jeunes Chinois, en longue robe bleue,
apprennent le latin et leur langue maternelle. Ils ne
sont point de Hong-Kong, mais de tout le diocèse de
Canton, qui se compose des provinces de Kwang-

long, de Kwang-si, et de l'île d'Hainan, et ils retourneront ensuite dans les missions comme prêtres indigènes ou catéchistes. Mgr Guillemin, évêque de Canton, est, dans ce moment, en Europe pour les intérêts de son diocèse. Nous nous faisons écrire nos noms en chinois, et nous assistons à la classe du maître indigène, où tous les élèves répètent à la fois leur leçon : ce qui produit un bruit assez discordant, mais ordonné par les rites.

Nous redescendons la colline en faisant un détour pour voir *la Vallée heureuse*, où les Anglais ont établi un *turf*, une superbe prairie pour les courses et les promenades à cheval. Un rouleau y vient chaque jour épaissir le gazon comme dans les parcs anglais. Le nom d'*Happy valley* donné à cet endroit vient des cimetières qui l'entourent. On en compte trois, un anglican, un catholique, un zoroastrien, où l'on brûle les corps. De l'autre côté, à même la montagne, sans enclos, et çà et là au milieu des pins et des rochers, on voit une multitude de tombeaux chinois, avec une pierre de granit debout, indiquant le nom du défunt, l'année et le jour de son décès. Tout alentour, les parents ont soin de ménager un banc circulaire pour que l'esprit puisse se reposer ; et le long de la route, nous trouvons des papiers argentés, destinés à retenir le diable et à l'empêcher de dévorer l'âme du défunt que l'on porte à sa dernière demeure. Le diable, croyant voir de l'argent, s'arrête pour le ramasser, et donne à l'esprit le temps d'être installé dans son tombeau. C'est ainsi que les Chinois, non contents d'attraper les Européens, cherchent à duper même le diable, et, en vérité, je me demande si, le plus souvent, ils ne peuvent pas lutter avec avantage !

Nous revenons, à la voile, à l'hôtel du Club, et nous nous arrêtons, à moitié route, pour faire une visite aux sœurs de Saint-Paul de Chartres, envoyées à Hong-Kong pour l'œuvre de la Sainte-Enfance. Ces pauvres sœurs, à force de dévouement et de sacrifices, sont parvenues à éteindre l'infanticide dans la colonie. Chaque jour, on leur apporte des petits Chinois qu'elles recueillent et qu'elles arrachent ainsi à une mort immédiate. Malheureusement, elles ne peuvent tous les conserver; et on les leur amène dans un tel état d'amaigrissement et de souffrance, qu'il en meurt un grand nombre, malgré leurs soins infinis. Nous trouvons chez elles un atelier de petites Chinoises chrétiennes, très-proprement vêtues et parlant bien français, occupées à confectionner des vêtements de flanelle pour les marins de l'escadre.

Sir John Bowring est le troisième gouverneur de Hong-Kong. Sous lui, la colonie a pris une extension rapide; de nouvelles rues se sont ouvertes; de vastes quartiers se sont bâtis, et la population de l'île a presque doublé de nombre. On compte aujourd'hui à Hong-Kong six mille Européens et soixante mille Chinois. Malheureusement, sir John tient plus à la

quantité qu'à la qualité, et la colonie anglaise est
devenue le refuge de tous les bandits de la rivière de
Canton. Ils viennent, sans crainte, s'y approvisionner,
et le gouverneur nous avouait que, dans l'année, il
avait été vendu quatre mille petits canons et pierriers
aux pirates ou autres possesseurs de jonques dans la
rivière. La police blanche et noire de sir John a, nuit
et jour, le mousqueton sur l'épaule, et elle a fort
grand'peine à empêcher les vols. Une aventure arrivée, l'été dernier, au commandant du *Catinat*, est assez caractéristique. Il n'avait point confiance dans
l'honnêteté de la population de Hong-Kong, et ne
descendait jamais à terre qu'avec ses pistolets dans ses
poches. En plein jour, à deux heures de l'après-midi,
à quelques pas de son canot, quatre hommes robustes
le saisissent en arrière par les bras. Puis un petit
Chinois vient tranquillement lui enlever sa bourse et
lui décrocher sa montre. Après quoi, une violente
secousse le jette par terre, et le tour est fait. Tous les
Chinois ébahis regardent, sourient ; aucun ne lui vient
en aide, et les voleurs se perdent dans la foule. Que
faire lorsque l'on a toute une population moralement
contre soi ?

Entre les Européens et les Chinois se groupent, tant
à Hong-Kong qu'à Macao, un assez grand nombre de
Parsis, adorateurs du feu. Ils viennent de l'Inde, la
plupart du temps de Bombay, et sont de très-riches
marchands d'opium. Ils forment une race distincte,

bien supérieure aux Chinois et aux Hindous. Ils ont de
très-belles figures, une grande robe blanche orientale,
un bonnet noir assez singulier, que rappelle celui
des Perses modernes; et ils forment le principal ornement des promenades de Hong-Kong et de Macao.
Généralement, on vante leur munificence et la loyauté
de leurs transactions.

Outre de nombreuses frégates et canonnières portant le pavillon de la Grande-Bretagne, il y a, dans ce
moment, en rade de Hong-Kong, trois vaisseaux de
ligne anglais, *le Calcutta*, *le Belle-Isle*, et *le Sans-pareil*.
Leur triple rangée de canons ne laisse pas de produire
un certain effet dans le paysage; mais ces lourdes
masses sont peu propres à la navigation de ces parages.

Des bâtiments légers, qui entrent partout, rendent bien plus de services en tout temps. *Le Primauguet* et *le Phlégéton*, deux corvettes à vapeur, qui font
partie de notre escadre, semblent à nos officiers le
modèle du genre. A Macao, *l'Audacieuse* est obligée de
mouiller à deux lieues en mer, tandis que les canonnières peuvent approcher à un mille du rivage : on
comprend l'immense supériorité de ces dernières en
temps de guerre, dans un pays où l'on doit sans cesse
opérer dans des rivières. Parmi les navires qui encombrent l'immense rade de Hong-Kong, nous remarquons des bâtiments de guerre appartenant au
premier roi de Siam; ils sont entièrement de construc-

tion européenne, et l'image de l'éléphant blanc leur
sert de pavillon.

Le baron Gros, après avoir sérieusement réfléchi,
et avoir longuement entretenu les autorités françaises
et anglaises en Chine, a résolu la guerre. La mousson
de nord-est et les glaces ne permettant point, à cette
époque de l'année, de porter la guerre dans le Péchéli,
on mettra l'hiver à profit en attaquant Canton et en
vengeant les griefs particuliers de la France contre
l'orgueilleux vice-roi des deux Kwangs. Le printemps
venu, les belligérants remonteront au nord et iront
demander compte au gouvernement chinois des griefs
plus généraux de la France envers le Céleste-Empire.
.Peut-être la prise de Canton suffira-t-elle pour amener la dynastie tartare mandchoue à des sentiments
moins hostiles envers l'Europe, et alors les ambassadeurs consentiraient à traiter; sinon, une pression
plus immédiate sur la cour de Pékin serait tentée, et
nos bâtiments iraient montrer leur pavillon jusque
sur les rives du Peï-Ho. Ce plan de l'ambassadeur
français étant également celui du haut commissaire
britannique, les préparatifs de guerre continuent
avec une nouvelle ardeur à Hong-Kong et à Castle-
Peak-Bay, et les deux amiraux s'efforcent de suppléer
au nombre par l'élan et la solidité des combattants.

Hong-Kong, le 14 novembre.

Cinq cents hommes des *Royal-Marines*, venant de Portsmouth sur *l'Imperador*, sont arrivés à Hong-Kong au commencement de ce mois. *L'Impératrice* est également arrivée quelques jours après, avec cinq cents hommes des mêmes troupes. Enfin l'on attend prochainement un autre navire avec mille hommes. Toutes ces troupes sont successivement dirigées vers le haut de la rivière de Canton; on les y place dans les forts enlevés aux Chinois.

On parle du prochain départ de l'amiral Seymour pour Whampoa. Quarante-cinq navires de guerre anglais bloquent déjà la rivière, et, outre *le Calcutta*, vaisseau de 80 sur lequel flotte son pavillon, l'amiral emmènerait avec lui le reste des canonnières qui sont en rade de Hong-Kong. Deux cents soldats anglais, quelques compagnies de Cipayes et une corvette de guerre resteraient seuls pour garder la ville et maintenir dans le devoir la population chinoise.

Cette concentration rapide des forces anglaises dans la rivière et les préparatifs qui se font à Castle-Peak-Bay commencent à inspirer aux habitants de Canton les plus vives inquiétudes. On assure qu'ils ont déjà matelassé leurs principaux édifices; plusieurs villages ont été évacués, et six cents femmes et enfants sont arrivés à Macao.

Le général Ashburnham, n'ayant point de commandement approprié à son grade par suite du départ pour l'Inde des troupes qui devaient agir en Chine, est appelé à Calcutta. Il partira par le prochain courrier avec son état-major. Le général Straubenzée, qui se trouvait immédiatement sous ses ordres, prendra le commandement des troupes de terre.

Pendant son séjour à Castle-Peak-Bay, le baron Gros reçoit la visite du vice-amiral comte Poutiatine, aide de camp général de Sa Majesté l'empereur de Russie, envoyé extraordinaire et ministre plénipotentiaire en Chine, arrivant du fleuve Amour sur un petit bâtiment à vapeur, l'*America*. Tandis que nous venions par mer, par le cap de Bonne-Espérance et l'océan Indien, l'amiral, parti peu avant nous de Paris, nous rejoignait en Chine, en traversant tout le vaste continent asiatique. Il paraît, du reste, que l'intérêt du voyage n'est point en rapport avec la fatigue. La Sibérie n'est qu'une plaine immense, couverte de neige, et dont, à la longue, la blancheur et la monotonie vous ennuient. Le service des relais est admirablement fait, mais l'on ne trouve rien à manger dans ces sortes d'auberges. On ne vit que de thé et de poisson salé. On voyage nuit et jour, couché dans une large berline; car, assis, l'on ne pourrait supporter la longueur du voyage. Après être resté près d'un mois à Kiachta pour voir cette ville, le principal marché commercial entre la Chine et la Russie, et pour attendre la fonte des neiges, l'amiral a descendu tout le fleuve Amour en canot, suivant le fleuve dans son cours au milieu de forêts immenses, et a rejoint ainsi la ville de Nicolaïef dans la Manche de Tartarie. C'est ce même comte Poutiatine qui, durant toute la guerre de Crimée, a su si habilement éviter nos croisières dans l'extrême Orient, et qui, toujours en mouvement, et toujours invisible, a su déjouer toutes les attaques des Anglo-Français.

Il a attaché son nom à la colonisation russe du fleuve du Dragon noir, de l'Amour, cette magnifique voie de communication pour le commerce de la Sibérie, de la Mongolie, de la Mandchourie, du Japon et de la Chine. L'Amour prend sa source à quarante lieues de Kiachta. En été, c'est un fleuve immense; en hiver, c'est une glace unie où glissent les traîneaux attelés avec des chiens. Le bois, le fer, le charbon de terre abondent sur ces rivages inexplorés. Il n'en fallait pas tant pour exciter les alarmes de toute la presse coloniale de Hong-Kong.

Parmi les personnes attachées à la mission du comte Poutiatine, il s'en trouve deux qui ont fait partie du fameux collège russe de Pékin, et y ont séjourné dix années pour apprendre la langue. L'un est le pope, l'autre le médecin de la mission. Ils ne s'ennuyaient pas : habillés en Chinois, ils allaient se promener dans les montagnes environnantes. L'été, ils habitaient une maison de campagne du côté de la Grande Muraille. Mais, quelque charme que puisse avoir l'étude de la littérature chinoise, quelque intérêt que puisse offrir le spectacle du gouvernement du Fils du Ciel, dix années passées ainsi nous semblent un dur exil de la société européenne.

M. Reed, envoyé extraordinaire et ministre plénipotentiaire des États-Unis en Chine, est arrivé en rade de Hong-Kong sur la frégate à vapeur *le Minnesota*, de la force de mille chevaux, et de cinquante canons. Il a mis cent quinze jours à franchir la distance qui sépare New-York de la rivière de Canton. Dans le sud de la mer de Chine, il a essuyé un violent typhon qui l'a contraint à relâcher à Anjer, dans l'île de Java.

Des rapports de cordiale sympathie s'établissent aussitôt entre l'ambassade française et le ministre américain : le baron Gros ne pouvait rencontrer un collègue animé de plus de loyauté et de courtoisie. Mais là s'arrêtent les relations. Le gouvernement de l'Union ayant prescrit à son envoyé de demeurer simple spectateur de la lutte et d'assister aux événements sans y prendre part, sauf plus tard à en recueillir les bénéfices et à profiter des avantages obtenus par les boulets français et anglais, il ne pouvait exister une grande bienveillance entre les flottes alliées et la marine américaine. Tandis que les marins français et anglais allaient déployer leur bravoure et quelques-uns donner leur vie pour la cause de la civilisation en général, quatre navires de guerre américains, remplis d'hommes et hérissés de canons, demeuraient tranquillement à l'ancre en rade de Hong-Kong.

Notre temps s'écoule à Castle-Peak-Bay au bruit du canon. *L'Audacieuse* tire deux cent cinquante boulets en un jour, et l'amiral, présent à cet exercice, se déclare satisfait de nos chefs de pièces. Les jours suivants, c'est le tour des autres bâtiments, et l'îlot qui sert de but est littéralement criblé de boulets. On fond des balles, on confectionne des cartouches. Chaque jour, les compagnies de débarquement descendent à terre et s'exercent aux longues marches et à la fatigue. A midi, une canonnière *chauffe* pour aller les chercher et remorquer la longue file des canots. En approchant du mouillage, toutes ces petites embarcations se détachent à la fois et luttent de vitesse pour rejoindre leur bord. Les dimanches et les jours de fête, l'amiral reçoit sur *la Némésis*, et la troupe du bord donne une grande représentation théâtrale. La scène, éclairée avec des lanternes chinoises, est ornée de

roseaux et de quelques branches d'arbres. Les couplets
sont bravement attaqués ; la diction ne manque ni de
verve, ni d'entrain ; et les jeunes premières n'ont pas
les mains trop grosses, ni la barbe trop touffue. Les
costumes ont de l'éclat, quoique ayant une certaine
coupe qui trahit l'absence d'une couturière habile, et
les robes étalent de la crinoline, défroque des dames
de Macao. Tout l'équipage, du haut des bastingages
et des haubans, assiste au spectacle, et l'anime par de
gros rires. C'est ainsi que nous voyons jouer tour à
tour *la Perle de la Cannebière*, *la Chambre à deux lits*,
l'Ours et le Pacha, *le Caporal et la Payse*, et que nous
applaudissons tout le répertoire du Levassor de *la
Némésis*. *L'Audacieuse*, éprise d'un beau zèle, veut
avoir aussi son théâtre. Les personnes du sexe chez
nous ne peuvent point encore rivaliser avec celles de
la Némésis pour la toilette, mais elles promettent de
les surpasser bientôt pour la voix.

Nous avions besoin de ces distractions pour prendre
goût à Castle-Peak-Bay, car il est peu d'endroits où
la nature soit plus sombre et le paysage plus sérieux.
De toutes parts la vue est bornée par des rochers
arides, et nul arbre sur la plage ne vient vous ga-
rantir des ardeurs d'un soleil brûlant. Sauf à l'aiguade,
où se trouvent quelques cabanes de pêcheurs, toutes
ces îles sont inhabitées et sont merveilleusement
choisies pour les tirs à la cible ou l'exercice à boulets. Mais l'on ne saurait y trouver aucun autre

agrément; et l'amiral, voulant distraire un peu ses
équipages et laisser reposer ses officiers avant d'en-
treprendre les affaires sérieuses, donna ordre, le
21 novembre, à l'escadre française, de quitter le
mouillage de Castle-Peak-Bay pour venir en rade de
Macao.

CHAPITRE IV.

La colonie portugaise de Macao. — Le jardin de Camoëns, la pagode des Rochers, le cimetière des Parsis. — Décadence de Macao. — Les escadres française et anglaise remontent la rivière de Canton. — Bocca Tigris ou le Bogue. — Mouillage de Whampoa. — Dernière tentative pacifique des ambassadeurs auprès du vice-roi Yeh. — Remise de l'ultimatum du baron Gros. — Refus absolu de Yeh sur tous les points. — Les ambassadeurs délèguent leurs pouvoirs aux amiraux. — Commencement des opérations militaires.

Hong-Kong représente l'avenir et le mouvement commercial; Macao est la ville du calme et du passé. Le temps n'est plus où les intrépides navigateurs portugais étaient les dominateurs de ces mers. Aujourd'hui, leurs descendants dégénérés sont réduits, pour vivre, à chercher un emploi dans les grandes maisons anglaises ou américaines. Le beau moment du Portugal est passé, l'inconstante fortune s'est rangée sous d'autres drapeaux. Si la colonie se trouve

dirigée par un homme de génie, Amaral, il est assassiné par les émissaires des mandarins; et si la cour
de Lisbonne, voulant venger cet outrage, arme à
grands frais et envoie dans les mers de Chine sa plus
belle, peut-être son unique frégate de guerre, elle
saute en rade même de Macao par la fatale résolution
d'un maître canonnier, puni par le commandant, et
qui ne craint point, pour assouvir sa vengeance, de
faire périr trois cents de ses compatriotes! Le voisinage de Hong-Kong ôte à Macao son importance de
port franc, et sa rade s'envase chaque jour davantage,
comme tout le côté droit de la rivière de Canton.
Les gros navires sont obligés de mouiller à une lieue
de terre, et les petites canonnières seules peuvent
approcher du quai de la Praya-Grande. Cependant,
malgré sa décadence, Macao ne manque point d'un
certain charme, le charme des souvenirs. Cette ville
a été longtemps l'unique centre des relations des
Européens avec la Chine. Saint François-Xavier, le
Camoëns, d'autres grands hommes y ont vécu. Ses
églises, ses couvents, ses autres monuments publics,
noircis par le temps, attestent une splendeur dès longtemps évanouie. Macao a, en outre, un autre avantage
sur Hong-Kong, c'est celui du climat. Tandis que
cette dernière ville, adossée contre *Victoria-Hill*, reçoit
difficilement le souffle bienfaisant de la mousson de
nord-est, Macao, ouvert à la brise de mer, livre passage
au vent du nord. Aussi les habitants de Hong-Kong

viennent-ils souvent s'y reposer durant les mois de
grande chaleur, et le gouvernement français y a-t-il
établi son hôpital militaire dès le début de la campagne.

Les préparatifs de guerre donnent en ce moment
à Macao une animation inusitée. Chaque jour de nombreux canots amènent à terre les officiers et les matelots de l'escadre française, ravis de secouer enfin la
poussière de Castle-Peak-Bay et de voir autre chose
qu'un rocher inhabité. Le soir, la gracieuse hospitalité du ministre de France et de Mme de Bourboulon
nous réunit dans les salons de la légation. La promenade dans les rues, à la clarté des lanternes chinoises, a aussi son agrément, et l'on circule au milieu
des maisons de jeu, des fumeries d'opium, des *sing-
song* ou bruyants concerts que les riches marchands
chinois se donnent souvent le plaisir d'entendre.
Macao ne compte d'ordinaire que cinq mille Européens et trente mille Chinois : aujourd'hui, par suite
des événements de Canton, le nombre de ces derniers
est porté à soixante et dix mille.

Si la mer est belle, on peut aller en tanka à la
pagode des Rochers, et revenir à pied par la route.
Ce temple est mal tenu, dégradé ; il n'a pas l'aspect
riche et imposant de la grande pagode de Singapore :
mais sa situation est des plus pittoresques. A ses pieds
se déroule le port intérieur avec sa légion de jonques
et de tankas ; à son sommet s'élèvent de gros blocs de

granit et des arbres séculaires dont les racines vigou-
reuses rampent entre les rochers ; à mi-côte s'étagent
des kiosques et de petits oratoires en l'honneur des
divinités inférieures, car le dieu principal reçoit les
hommages des fidèles dans le sanctuaire de l'entrée.
Ce doit être une divinité protectrice des matelots ; sur
le portique se trouve une vaste jonque peinte en
rouge, avec une inscription chinoise sur le rocher
voisin.

Le jardin de Camoëns est aujourd'hui une propriété
particulière. Il appartient à un Portugais, M. Marquès ;
mais l'entrée en est ouverte à tous les étrangers. Nous
nous promenons longtemps, sous ces frais ombrages,
si rares en Chine. Nous admirons la grotte de Camoëns et l'endroit où ce grand homme aimait à se
retirer, loin du bruit, pour composer ses *Lusiades*.
Nous lisons différentes citations du poëte incrustées
dans le marbre, puis, avec encore plus de plaisir,
des vers français, composés par un admirateur du
poëte et du jardin. Nous nous plaisons, du haut d'une
petite terrasse, à contempler le port intérieur, éclairé
par le soleil couchant. Nous écoutons les cris des
tankadères, le bruit cadencé des avirons et l'affreux
vacarme d'une jonque, prête à partir, qui invoque la
divinité de la pagode, et s'efforce d'éloigner d'elle les
génies malfaisants, en faisant retentir le ciel du bruit
de ses gongs.

Le cimetière des Parsis qui s'élève en gradins au-

dessus de la mer, les petits forts portugais bâtis en
nids d'aigle, l'île Verte, la campagne chinoise, l'é-
troite langue de terre qui réunit Macao au Céleste-
Empire, sont tour à tour visités par nous : ou bien,
du haut du balcon de Duddel-hotel, nous contemplons
le mouvement de la rade, et nous jouissons du plaisir
de respirer enfin la brise fraîche du nord.

Le 11 décembre, toute l'escadre française quitte la
rade de Macao pour remonter la rivière de Canton.
Nous partons dès l'aube, remorquant *la Némésis*, et,
vers deux heures, nous mouillons à Bocca-Tigris, au
milieu du gros de l'escadre anglaise. Jusqu'au Bogue,
le voyage n'offre rien d'intéressant ; la rivière est trop
large, c'est encore la mer ; mais, à cet endroit, elle se
resserre brusquement, et l'on passe entre deux rives
hérissées de petits forts chinois. Jadis, ils se présen-
taient avec orgueil aux navires étrangers ; mais les
canons anglais en ont fait bonne justice, et maintenant
ils jonchent le sol de leurs ruines. Le pavillon britannique flotte au milieu de leurs débris, et l'on voit des
soldats en habits rouges monter la garde sur leurs
remparts écroulés. Toute la journée, les bâtiments
anglais ont conservé le pavillon français au grand
mât ; et nous autres, nous avons arboré jusqu'au
coucher du soleil les couleurs britanniques.

Le lendemain, nous franchissons heureusement la
première barre de la rivière, en profitant de la marée
haute. Il y a eu un moment critique, où nous n'a-

vions juste que notre tirant d'eau sous la quille. Nous
avions porté notre artillerie sur l'avant et déchargé
notre charbon sur des lorchas. Nous sommes venus
mouiller à la pointe de l'île Danoise, en vue de l'île
Française, attendant la grande marée du 19 décembre
pour gagner Whampoa.

Nous sommes environnés de pauvres gens, dans
une foule de mauvais bateaux, remplis de femmes et
d'enfants. Ces derniers, montrant leur ventre, puis
leur bouche, nous font signe qu'ils meurent de faim.
A l'aide d'un filet attaché au bout d'un bambou,
comme pour prendre des papillons, ces pauvres gens
recueillent les morceaux de pain, le biscuit, les peaux
d'oranges qui flottent le long du bord, et s'en repais-
sent. On ne saurait s'imaginer une pareille misère.
Nous voyons, à chaque instant, passer des bandes
d'oies et de canards sauvages. Les canonnières anglaises s'amusent à tirer dessus à mitraille, et en
abattent chaque fois un certain nombre ; mais l'amiral Seymour leur interdit bientôt ce genre d'exercice.
Le pays est riant : des villages entourés d'arbres s'élèvent au milieu des grands champs de riz ; une foule
de canaux aboutissant à la rivière portent des jonques
dont on ne voit que les voiles, et qui semblent naviguer au milieu de la campagne. Les canonnières
anglaises vont et viennent sans cesse de Bocca-Tigris
au fort Macao, devant Canton, pour maintenir libre
le cours de la rivière. Nos compradors circulent

d'une rive à l'autre, achetant sans trop de difficultés des vivres dans les villages.

Le commandant d'un petit bâtiment anglais mouillé près de Blenheim-Reach, ayant voulu par fanfaronnade surprendre le mandarin d'une bourgade voisine, et ne l'ayant point trouvé chez lui, mais seulement son bonnet à globule qu'il rapportait en trophée, s'est vu couper la route, au retour, par un fort parti de soldats chinois. Il n'a pu qu'à grand'peine regagner son canot. Cinq de ses hommes ont été tués, six blessés, et lui a reçu deux balles dans les jambes. Un Chinois était venu l'exciter à surprendre le mandarin, lui disant qu'il était détesté de la population. Les Anglais ont considéré le fait comme un guet-apens. Deux cents hommes du *Nankin*, corvette anglaise mouillée dans la même passe, ont débarqué et ont brûlé le village, après une assez vive fusillade avec les soldats. On a remarqué que les Chinois avaient coupé la tête des matelots tués. La conduite du commandant de la canonnière a été très-vivement blâmée par les autorités anglaises et taxée de haute imprudence. Heureux s'il n'y perd pas son grade avec ses jambes!

Le 19 décembre, nous mettons sous vapeur pour changer de mouillage, ainsi que tous les bâtiments de l'escadre, se remorquant les uns les autres. Nous franchissons la seconde barre sans accident, grâce au célèbre pilote chinois de l'amiral Seymour, que

nous avons à bord. Manœuvrer une masse comme
l'Audacieuse dans un espace si étroit, au milieu d'un
chenal variable et sinueux, n'était point chose facile.
Le pilote s'en est tiré à son grand honneur. Nous
échangeons ainsi le mouillage de Blenheim-Reach
contre celui d'American-Reach. Nous jetons l'ancre à
la pointe Jardine, vis-à-vis l'île Danoise et l'île Française, devant Whampoa. Pour premier plan se
trouvent un village sur pilotis, complétement abandonné de ses habitants, des champs de cannes à sucre,
les deux pagodes de Whampoa-Island, d'où l'on aperçoit les forts de Canton ; à l'horizon, une chaîne de
collines, premiers échelons de la montagne du Nuage
Blanc ; derrière nous, les contours de French-River,
si gracieux qu'on les prendrait pour la conception
d'un paysagiste, et une colline en gradins, peuplée de
tombeaux. Nous sommes à une trentaine de lieues au
nord de Macao, et à environ neuf milles de Canton.

Les populations semblent complétement indifférentes, et ne nous sont nullement hostiles. On nous
reçoit même fort bien dans les villages, et l'on nous
offre des bananes et du thé. Le sentiment général est
celui de la curiosité chez les uns, de la peur chez les
autres. Les enfants s'enfuient en criant à notre approche ; les femmes nous ferment brusquement la
porte au nez ; mais lorsque nous nous promenons
dans Whampoa, toute la population sort dans les
rues pour nous voir. La ville est entourée d'un grand

canal dont on a coupé tous les ponts, sauf un, de peur des barbares. Les mandarins et les soldats se sont retirés à Canton; et un Chinois nous dit que le peuple ne les laissera pas revenir, de peur que leur présence n'attire aux habitants quelques démêlés avec les étrangers.

Malgré les dispositions pacifiques de la population, l'amiral ne permet de descendre à terre que plusieurs à la fois et bien armés. A l'avant de chaque navire, on a placé un grand triangle en bambou, destiné à écarter les brûlots; des embarcations armées sillonnent la rade, à partir du coucher du soleil; enfin des factionnaires sont placés à l'avant, à l'arrière, à droite et à gauche de chaque bâtiment. Leurs cris de *bon quart*, dans le silence de la nuit, ne manquent point d'une certaine solennité. Nous avons des vivres en provision pour un mois, et, dans la batterie, l'on confectionne à la hâte des milliers de cartouches. Pendant ce temps, les ambassadeurs essayaient auprès du vice-roi Yeh une dernière tentative pacifique, et s'efforçaient d'obtenir, sans recourir à une déclaration de guerre, une juste satisfaction aux griefs de la France et de l'Angleterre contre le hautain gouverneur général des deux Kwangs.

« Il est de mon devoir de faire connaître à Votre Excellence, lui écrivait le baron Gros, que le temps des tergiversations est passé. Près de deux années de patience et de modération doivent suffire pour convaincre le peuple chinois qu'il peut compter sur le bon vouloir et sur l'amitié de la France. Cependant, l'honneur de cette puissance exige que l'état actuel des choses cesse immédiatement, et qu'une juste réparation lui soit accordée. Je prie avec instance le noble gouverneur des deux Kwangs de réfléchir mûrement à la situation actuelle des affaires européennes en Chine. Elles entrent aujourd'hui dans une nouvelle phase dont la gravité n'échappera certainement pas à l'esprit pénétrant de Votre Excellence.

« Le gouvernement de l'Empereur a droit à des satisfactions pour les griefs que ses nationaux ont éprouvés en Chine. Celui de Sa Majesté Britannique est dans une position toute semblable. Une réparation est donc légitimement due à ces deux puissances, d'accord entre elles sur les moyens à employer pour l'obtenir.

« La France et l'Angleterre ne demandent rien qui ne soit équitable, rien qui ne soit fondé en droit, et, lorsqu'il en est ainsi, loin d'humilier celui qui la donne, cette réparation, loyalement faite, l'élève au contraire et le grandit aux yeux de ses concitoyens !

« Que le noble gouverneur général se rende à l'évidence, qu'il accorde de bonne grâce à la France et à l'Angleterre ce qu'il faudra bien qu'il leur cède plus tard, et la paix et la prospérité renaîtront bien vite parmi les populations confiées à ses soins. Qu'il méconnaisse au contraire la marche qu'une politique habile devrait lui conseiller, et des malheurs, irréparables peut-être, pourront surgir d'une situation violente qu'il n'aurait tenu qu'à lui de prévenir ou que d'un mot il pourrait faire cesser. »

Puis l'ambassadeur demandait, au nom de son gouvernement :

La dégradation et l'exil du magistrat coupable du meurtre du P. Chapdelaine.

L'insertion dans la Gazette officielle du châtiment subi par ce magistrat et du motif qui le lui avait fait infliger.

L'insertion dans le même journal, et le même jour, d'un article destiné à faire connaître à tous les fonctionnaires publics qu'ils s'exposeraient à subir un châtiment semblable, s'ils étaient assez mal inspirés pour agir comme ce mandarin.

Une indemnité pour les Français et pour les protégés français, équivalente aux pertes éprouvées par eux lors de l'incendie des factoreries de Canton par la populace déchaînée de cette ville.

Enfin, l'exécution pleine et entière de l'article 2 du traité de Whampoa, qui veut que les Français soient admis dans Canton et y soient protégés par les autorités locales, comme ils le sont loyalement dans les quatre autres ports ouverts au commerce étranger ;

6

tandis que les autorités cantonnaises refusaient avec persistance de leur laisser franchir les portes de la ville, et opposaient sans cesse à leurs demandes des délais outrageants.

La remise de l'ultimatum du baron Gros a lieu le 12 décembre, à midi. Au moment où *la Dragonne*, qui porte M. Ribourt, lieutenant de vaisseau, aide de camp de l'amiral, et la canonnière anglaise que monte M. Wade, secrétaire-interprète de lord Elgin, paraissent devant Canton, une immense clameur s'élève du sein de la foule, des milliers de mains leur font signe de s'éloigner. Une jonque mandarine se détache du rivage et vient à toute voile vers eux. La remise des deux notes française et anglaise a lieu sur le pont de la jonque, et le délégué de Yeh se hâte de retourner vers son maître, heureux d'être sorti sain et sauf de cette rencontre avec les barbares. Des deux côtés, il y avait un certain déploiement de forces, de peur de surprise.

La réponse du vice-roi ne se fait point longtemps attendre; elle est adressée, le 14 décembre, au baron Gros. Elle est ambiguë, de mauvaise foi, et d'une légèreté déplorable dans des circonstances aussi graves. Yeh oppose un refus formel, comme en se jouant, à toutes les demandes de l'ambassadeur de France, et sans chercher à opposer des arguments bien concluants à la logique serrée de son adversaire. La réponse faite à lord Elgin est encore plus empreinte d'originalité et d'un dédaigneux persiflage. « La paix est signée pour dix mille ans; pourquoi voulez-vous renouveler le traité? — Vous n'avez pu jusqu'ici établir de magasins dans l'île d'Honan, devant Canton; comment croyez-vous pouvoir y installer des troupes? — Profitez de l'exemple de vos prédécesseurs : l'un, sir John Davis, a été rude envers les Chinois; il est parti disgracié et honni par ses compatriotes; l'autre, sir John Bonham, a été pacifique; il a été comblé d'honneurs par sa souveraine, il a été créé baronnet et a reçu une marque de distinction brillante à contempler. Vous voyez qu'il est de votre intérêt d'imiter Bonham et de négliger l'exemple de Davis, » disait en terminant le facétieux vice-roi. Certes, cette dépêche de Yeh est un singulier document diplomatique.

En réponse à cette communication, le baron Gros passait aussitôt au vice-roi la note suivante : « La réponse du gouverneur général n'étant pas sérieuse et ne contenant que des paroles évasives, sans qu'il soit fait droit aux demandes de la France, équivaut à un refus formel, et, dès lors, le devoir du soussigné est d'informer le gouverneur général des deux Kwangs que désormais la solution de la question actuelle est remise entre les mains des commandants en chef des forces alliées de la France et de l'Angleterre, qui pourront, dès qu'ils le jugeront convenable, employer des mesures de rigueur pour obtenir enfin les justes réparations que, dans son aveuglement, le noble gouverneur général n'a pas voulu donner aux deux puissances, tant qu'elles lui ont fait entendre un langage conciliant et amical. »

Le lundi 21 septembre, un grand conseil de guerre se tient à bord de *l'Audacieuse*. Le baron Gros, lord Elgin, l'amiral Rigault de Genouilly, sir Michaël Seymour, le général Straubenzée, y prennent part. Les plénipotentiaires déclarent que la tentative de négociation avec Yeh a échoué, et qu'ils remettent leurs pouvoirs aux mains des amiraux pour obtenir par la force ce qu'ils n'ont pu obtenir par une négociation pacifique. Il s'agit de prendre Canton et de le garder comme gage jusqu'à ce qu'il plaise au gouvernement chinois de traiter. Le délai de dix jours accordé à Yeh est sur le point d'expirer. Les alliés peuvent attaquer la ville le 23 décembre au matin. Toutefois, dans l'intérêt de l'humanité, un nouveau délai de quarante-huit heures est accordé aux autorités civiles et militaires de Canton. Le général tartare et le général chinois sont sommés d'évacuer la ville, eux et leurs soldats. Si les autorités et les troupes se retirent, on prend tranquillement possession des points évacués, on les occupe, on s'y fortifie, établissant ses communications avec le rivage, sans causer le moindre dommage à la ville et à ses habitants. Sinon, l'on bombarde Canton et l'on prend de vive force les positions que l'on veut occuper.

Les autorités militaires ont répondu par un dédai-

gneux silence à la sommation des commandants en
chef. Dès lors, le bombardement est résolu. L'amiral
Rigault de Genouilly, dans un chaleureux ordre du
jour, annonce aux matelots l'entrée en campagne.
Tous les bâtiments légers remontent jusqu'à Canton
ou ses approches. *L'Audacieuse, la Némésis, la Meurthe, la Capricieuse*, restent seules au mouillage de
Whampoa, mais leurs compagnies de débarquement
les quittent aussitôt. Lorsque *le Marceau* passe, remorquant toutes les embarcations, de bruyants hourras saluent les partants. Nos hommes, avec leurs
guêtres de toile, leur sac sur le dos, portant sur eux
cinq jours de vivres outre leurs armes, se font remarquer par leur air martial. M. Collier, capitaine de
vaisseau, est placé à la tête du corps de débarquement; le commandant d'Aboville a sous ses ordres
les six bâtiments français embossés devant Canton.
L'ambassade se disperse sur *le Primauguet* et sur *la
Durance*, devant Barrier-fort, à deux milles de Canton,
l'Audacieuse étant trop éloignée des événements.

CHAPITRE V.

Bombardement et prise de la cité provinciale de Canton par les alliés. — Visite des deux ambassadeurs au quartier général, le 1er janvier. — Lettre insolente des mandarins. — Descente en ville, et capture de Yeh, Muh et Pih-Kwé. — Yeh, envoyé prisonnier à bord de *l'Inflexible*. — Pih-Kwé, maintenu dans son poste de gouverneur de Canton par les alliés. — Cérémonie du 9 janvier. — La commission européenne. — Le camp anglo-français. — La ville de Canton, ses yamouns et ses pagodes. — Le faubourg de l'ouest. — Le quartier tartare. — Départ de Yeh pour Calcutta.

Le lundi 28 décembre 1857, à six heures et demie du matin, les derniers préparatifs étant terminés, et les mandarins militaires n'ayant point répondu à la sommation d'évacuer la ville, l'ordre de commencer le bombardement est donné. Nos quatre canonnières, *la Dragonne*, *l'Avalanche*, *la Mitraille*, *la Fusée*, la corvette *le Phlégéton* et l'aviso *le Marceau*, sans compter une foule de canonnières et de corvettes anglaises, ouvrent aussitôt leur feu contre la ville. Chaque pièce

doit tirer quarante coups dans les vingt-quatre heures.
La batterie anglaise établie sur Dutch-Folly fait merveille. Une pluie de boulets, de fusées, d'obus tombe
sur Canton durant toute la journée et toute la nuit.
Les boulets ogivaux ou cylindro-coniques des canonnières arrivent jusqu'au fort Gough, à une lieue environ de la rivière. Deux énormes colonnes de fumée
s'élèvent de la ville en flammes. Par moment, le bruit
de la canonnade cesse pour reprendre aussitôt après.
La blanche fumée des canons se mêle dans le ciel à la
noire fumée de l'incendie.

Toute l'activité du tir se concentre sur le côté est de
la ville, où doit avoir lieu l'assaut, dans le double but
de ruiner et de faire évacuer la muraille. Un matelot,
placé dans la hune de chaque bâtiment, indique où
les coups portent, et l'effet produit par les obus. Deux
seuls boulets, envoyés par les artilleurs chinois, arrivent jusqu'à nos canonnières. L'un d'eux tombe près
de *la Fusée*, où est le commandant d'Aboville, et couvre
d'eau tout le bâtiment.

Durant toute la matinée du 28, comme les jours
précédents, une foule ébahie et compacte couvrait le
bord de la rivière, le long de la ligne d'embossage des
bâtiments. Voyant une agitation inusitée à bord des
canonnières, plusieurs Chinois montent sur les toits
pour regarder. On est obligé de leur faire signe, à
grands cris, de s'éloigner ; mais aucun ne bouge.
Ce n'est qu'au premier coup de canon, qui enlève

la tête d'un des curieux, que la foule effrayée se disperse.

Pendant ce temps, le débarquement des matelots et soldats avait lieu, et s'opérait sans difficultés autres que celles du terrain, à une demi-lieue environ de la ville, à moitié chemin entre Barrier-fort et French-Folly. Six cents Anglais avaient, dans la nuit, pris possession de ce point. On s'avance lentement à cause des rizières et des sentiers étroits. Bientôt on rencontre l'armée chinoise, ou plutôt des corps de soldats chinois. On n'aperçoit pas un officier, pas un chef. Cachés dans les halliers, derrière des tombeaux, ces Chinois accueillent nos hommes, surpris, par une vive fusillade, et font pleuvoir sur eux une grêle de balles et de flèches. Plusieurs des nôtres tombent blessés, entre autres un jeune matelot de *l'Audacieuse*, frappé d'une balle en pleine poitrine. On remarque que c'est la première fois que les soldats chinois sortent des murs pour se mesurer en rase campagne avec les Européens : le bombardement en est peut-être la cause. Ils ont une singulière manière de combattre : ils agitent des drapeaux rouges ou jaunes pour défier les ennemis, les provoquer au combat et se donner à eux-mêmes du courage. Ils ont des fusils à mèche et d'énormes carabines ou *gin-ghals* de sept pieds et demi de long, qu'ils mettent en batterie ou qu'ils manœuvrent à deux : l'un soutient le canon sur son épaule, l'autre vise et met le feu. Ils lancent,

en outre, des flèches et des flèches-fusées qui, dans
le début, par leur sifflement insolite, étonnent un peu
nos hommes.

Les troupes sont inquiétées dans un village. L'amiral ordonne d'y mettre le feu ; le général Straubenzée
arrive et s'y oppose. Une heure après, un aide de
camp de ce même général, le lieutenant Hackett, traversant ce village avec une ordonnance pour porter
un ordre au rivage, est assailli par une trentaine de
Chinois. Il en tue deux avec son revolver; un coup
de massue l'étend à terre. Immédiatement un Chinois
ni coupe la tête avec son coutelas. L'ordonnance tue
quatre des assaillants et s'échappe. Les Anglais reviennent sur ce village et le brûlent; le meurtrier est
reconnu : on le traîne par les cheveux jusque devant le front de l'armée chinoise, et on le pend à
un arbre. La figure de cet homme, ainsi traîné par
les cheveux par les soldats anglais furieux, était horrible à voir.

Les troupes impériales reculent toujours. On arrive
devant le fort *Lin*. Les obusiers français et anglais se
mettent en ligne. On voit de loin voler, en dehors du
fort, du petit bois jeté par les Chinois, qui craignent
l'incendie des obus. Au bout de quelque temps, le
sergent d'infanterie de marine Martin des Pallières,
envoyé avec ses hommes en tirailleurs, s'apercevant
qu'on ne lui riposte plus des embrasures du fort, a
l'idée d'y pénétrer. Il trouve la porte ouverte, le fort

abandonné, et plante le premier le drapeau français sur la muraille. Le 59e anglais, qui avait tourné la position, accourt avec des hourras. Le pavillon de *la Durance* salue les vainqueurs. Lord Elgin adresse ses félicitations au baron Gros, alors en visite à bord du *Furious*.

Un détachement anglais est un instant ramené en arrière par un gros de Chinois, qui fait pleuvoir sur lui une grêle de flèches et de feux. Les Anglais reprennent bientôt l'offensive et chargent à la baïonnette ce corps d'armée chinoise, qui est repoussé, se disperse et ne reparaît plus dans la lutte. Quinze mille Chinois, spectateurs du combat, stationnent sur les hauteurs environnantes et tout autour des alliés : inoffensifs, les voyant les plus forts; mais prêts à tomber sur eux en cas d'échec. Les Anglais les fusillent et les dispersent à la baïonnette. Une pluie de flèches-fusées partait d'un bouquet de bois de bambous : l'amiral ordonne d'y jeter quelques obus, et tout cesse. Le programme de la journée était rempli. On s'établit et on bivouaque dans la position conquise du fort *Lin*. Il fait un beau clair de lune, une nuit froide, mais belle. On n'est point inquiété.

Toute la nuit, le bombardement avait redoublé du côté de la porte de l'Est. Dès l'aube, les obusiers des compagnies de débarquement battent en brèche la muraille. Des tirailleurs anglais, apostés derrière les chaussées des rizières, abattent les artilleurs ennemis

dès qu'ils paraissent sur les remparts. Le capitaine
Bates, commandant de *l'Actéon*, faisant une reconnaissance pour placer les échelles, reçoit une balle en
pleine poitrine. Un tout petit élève du vaisseau anglais *le Sans-pareil*, de quatorze à quinze ans à peine,
est frappé mortellement d'une flèche au cœur. M. Ma-
duron, enseigne de *la Durance*, est blessé légèrement
d'une pierre à l'épaule : c'est le seul de nos officiers
ou élèves qui ait été blessé.

Cependant la brèche est faite, le rempart crénelé a
été abattu : on donne l'ordre d'apporter les échelles.
Les colonnes d'assaut se rangent en bataille derrière
le mur d'un petit village, traversent un passage étroit
entre les maisons, franchissent un ruisseau et gagnent
la muraille. Malheureusement un obus français tombe
en cet endroit, il éclate, couvre les hommes de fumée
et coupe en deux un soldat de l'infanterie de marine,
qui est porté derrière un bouquet d'arbres et meurt.
On appose les échelles, elles ne sont point assez
longues, on est obligé d'y ajouter des portions d'é-
chelle. L'une casse, et un officier anglais se brise
les reins. Un quartier maître de *la Capricieuse* arrive
le premier sur la muraille. On poursuit les soldats
chinois au pas de course tout le long des remparts.
Les matelots des deux nations, chassant toujours devant eux les Chinois haletants, pénètrent jusqu'à
la grande pagode rouge à cinq étages qui domine
Canton, et ne s'arrêtent qu'à la porte du Nord.

Le premier bataillon français, sous le commandant Collier, est placé à la porte du Nord : le
commandant Vrignaud, avec le second bataillon, et
les Anglais s'installent dans la grande pagode rouge ;
l'ambulance et les poudres sont logées dans une
charmante petite pagode située à mi-côte. On trouve
le mandarin du lieu pendu à la porte : il n'avait pas
voulu survivre à sa défaite. Les deux amiraux et le
général Straubenzée établissent leur quartier général
au sommet de la crête appelée *City-Hill* par les Anglais, dans un temple bouddhiste flanqué d'un petit
fort. Sur chaque créneau du fort sont peintes des
têtes de tigres et autres figures grimaçantes, destinées
à effrayer les ennemis. La position, au point de vue
militaire, est inexpugnable; au point de vue pittoresque, elle est de toute beauté. Du quartier général
ombragé d'arbres séculaires, on domine toute la ville
qui s'étend jusqu'à la rivière; on aperçoit la longue
ligne des canonnières anglo-françaises, l'île d'Honan
et sa pagode célèbre, et les mille sinuosités de *la
rivière des Perles*. Au bas du quartier général, se
trouve une petite bonzerie un peu endommagée par
les boulets, où un détachement de *marines*[1] s'établit.
Les Anglais occupent en outre la porte de l'Est et celle
du Nord-Est, avec leurs artilleurs, leurs Cipayes et
des *marines*. Vautré, mon voisin de table de *l'Auda-*

---

1. On appelle ainsi l'infanterie de marine anglaise, qui fait le
service à bord des bâtiments.

7

cieuse, envoyé avec vingt-cinq hommes pour faire une reconnaissance en avant, tombe, au détour d'une rue, dans un champ de manœuvre tartare, plein de soldats. Il n'y a pas à reculer, il fait charger à la baïonnette : plusieurs de ses hommes sont blessés ; il enfonce son sabre dans le ventre d'un soldat ; et les cent Tartares lâchent pied, abandonnant le terrain. C'est l'un des épisodes glorieux de la journée.

Les Anglais, de leur côté, suivent la muraille à l'extérieur et gagnent la crête du fort Gough, qu'ils trouvent complétement évacué. A deux heures de l'après-midi, le fort *Gough*, le fort *Blue-Jacket*, le fort des *Marines* sautent en l'air, et les drapeaux des deux nations alliées flottent librement sur leurs remparts ruinés. De tous côtés se trouvent d'énormes dépôts de poudre que les Anglais font sauter. Ces nombreuses explosions, vues des bâtiments, produisent un effet magique.

A deux heures de l'après-midi, le 29, tout était donc fini ; les alliés étaient maîtres de toutes les positions dominant la ville ; aucun corps de soldats chinois ne résistait plus. Du haut des créneaux, on apercevait, au loin dans la plaine les restes dispersés de l'armée chinoise, se composant de dix à quinze mille hommes, campés en longues files le long des chaussées des rivières. Ils étaient hors de la portée du canon, trop loin pour les poursuivre. On les laissa, se contentant d'observer leurs rouges bannières flottant au vent ; et,

le lendemain, personne ne les revit plus ; soit qu'ils
se fussent retirés dans l'intérieur, soit que soldats-
laboureurs, ils eussent abandonné leurs armes pour
retourner à leurs charrues.

Ces fameux braves des quatre-vingt-seize villages,
si longtemps l'effroi de l'Europe et l'espoir de la Chine,
on ne les a point aperçus. Quant aux soldats tartares,
montant à sept ou huit mille hommes, fils de Chinoises,
et depuis six ou sept générations établis à Canton, ils
ont abjuré l'énergie et la vigueur de leurs ancêtres
pour le manque de solidité et la légèreté à la course
des troupes impériales chinoises. Rien, au reste, ne
les distingue des soldats chinois : ils ont les mêmes
armes datant des premiers siècles et vous rappelant le
temps des Gengiskan et des Timour ; ils ont le même
chapeau rond, le même écusson sur la poitrine, une
cartouchière dans le genre circassien à la ceinture,
le long fusil, les flèches, le même drapeau qu'ils
agitent pour se donner du courage ; seulement ils
ont conservé de leurs ancêtres une plus grande
force physique ; ils sont grands, larges d'épaules,
et moins foncés de couleur que les Chinois ordi-
naires.

Le lendemain de la prise, nous allons passer vingt-
quatre heures au camp. Je m'arrête à l'endroit où a eu
lieu l'assaut ; je vois encore les échelles de bambou au
pied du rempart. Çà et là, de la chaux encore blanche
et des briques rajoutées montrent que l'autorité mi-

litaire avait récemment, et avec soin, réparé la mu
raille. On me dit que c'est il y a trois ans, lors de
l'attaque des rebelles. Je longe la salle des Examens,
Examination hall, j'aperçois les loges ou cellules des
lettrés. De larges avenues plantées de beaux arbres
et des portiques élégants donnent à ce monument un
certain air de grandeur. Mais cet établissement, comme
tout ce que nous voyons, atteste une fois de plus la
décadence actuelle de la Chine et son ancienne splendeur. Les lettres ne sont plus certes en honneur et ne
sont plus guère florissantes, si l'on en juge par les
orties et les autres plantes parasites qui poussent de
toutes parts, en pleine liberté, dans ce sanctuaire de
la littérature. On s'est amusé à compter les cellules;
il y avait de la place pour sept mille jeunes lettrés!
O Confucius! que dirait ta grande âme de l'abandon
où la Chine laisse aujourd'hui les nobles doctrines?
Les fils de la Terre des fleurs n'ont plus maintenant
que le culte de l'or, la soif des intérêts matériels, et
délaissent pour la sapèque le livre immortel du *Juste
et de l'invariable Milieu*. En Chine, tout s'en va; cette
grande machine administrative se détraque chaque
jour davantage. Elle subsiste encore par la puissance
des préjugés, par son antiquité même; mais tous ses
rouages sont usés. L'argent, et non plus la science,
vous fait obtenir le diplôme qui ouvre à tous la porte
des honneurs. A quoi bon, après cela, venir se ren-
fermer dans un trou de quatre pieds carrés, pour y

faire sa composition? Mieux vaut donner tout de suite
une somme un peu forte à l'avide et tout-puissant
mandarin.

Le général Straubenzée utilise ces cellules en y
logeant *l'English military train*. Ces coolies de Hong-
Kong pillent les autres Chinois, mais fonctionnent du
reste très-régulièrement. On les rencontre sans cesse
en longues files, de la rivière au camp, portant des
munitions, des vivres, d'énormes quartiers de bœuf
sur leurs épaules. Notre *French military train* n'étant
point encore arrivé, ce sont cent hommes de *la
Némésis* et cent trente de *l'Audacieuse*, sous le commandement de MM. Mallet et Lespès, qui font l'office de coolies dans les premiers jours. Ils logent sur
des *sampans*, au milieu de la rivière, ainsi que
M. Martineau des Chenetz, qui commande la plage.
Les convois ne sont point inquiétés et se font très-
tranquillement par la muraille. On établit une rampe
en terre pour y monter, et l'on jette tous les déblais
des maisons dans la rivière, afin d'avoir un quai où
l'on puisse aborder en tout temps, sans consulter la
marée qui se fait sentir jusqu'à Canton.

Les officiers des divers bâtiments nous font très-
gracieusement les honneurs du camp et nous expli-
quent les principaux incidents de ces deux journées
mémorables. En nous promenant au nord des remparts, en circulant sur cette muraille noircie par le
temps et datant des jours glorieux de la Chine, en

foulant cette herbe qui y pousse, je fais la réflexion qu'avant nous, aucun barbare n'avait foulé ce sol sacré, n'avait marché à cette même place, et, de ce nid d'aigle, souillé de son regard la cité sainte de Canton. J'aperçois encore une douzaine de cadavres tartares, grands, bruns, précipités à la baïonnette du haut des remparts, ou tombés en fuyant. Leurs armes gisent à terre autour d'eux. Ils ont des plaies affreuses, le crâne ouvert; l'un est à moitié brûlé par un obus. Nous nous dispersons dans les diverses pagodes pour y passer la nuit; les uns couchent sur des tables, les autres par terre, enveloppés d'une couverture, tous entourés d'une auréole de moustiques qui prohibe le sommeil. J'admire le silence de la nuit sur cette ville terrifiée, mais non soumise, et, dans son orgueil, n'avouant point encore sa défaite. On entend seulement, de temps à autre, le hurlement lointain des chiens tartares, le pétillement d'un incendie qui se rallume, ou bien le cri des sentinelles et la fusillade des postes avancés sur quelques Chinois maraudeurs. L'aspect du camp est des plus pittoresques, et tel qu'une guerre asiatique seule peut en fournir le spectacle. Ce ne sont partout que lances, flèches, bannières rouges ou jaunes. La garde-robe des mandarins a été largement mise à contribution par nos marins. Les autels sont convertis en alcôves, et les pelisses des dames chinoises en robes de chambre. De tous côtés on voit une foule de bouddhas

dorés mis à la porte de chez eux : ils servent d'oreil-
ler à l'un, de lampadaire à l'autre. Beaucoup ont le
ventre ouvert, ainsi que leurs chevaux, les soldats
anglais se rappelant que, lors de la première guerre,
plusieurs trésors ont été trouvés de cette manière.
Tout le monde mange dans de la porcelaine chinoise ;
mais comme en Chine il y a presque uniquement
des tasses et des soucoupes, la soupe, le bœuf, le
fromage, tout cela se prend dans des tasses. On con-
somme les provisions des mandarins, le dos appuyé
contre un dragon à l'air redoutable, ou bien assis sur
quelque belle maxime chinoise. Le comique partout
se mêle au grotesque.

Près de la grande pagode à cinq étages, qui date,
dit-on, de douze cents ans, se trouve un petit fort intérieur, peint en blanc à la chaux, qui paraît tout
neuf, fait à notre intention, et construit pour dominer la route par laquelle les Anglais débouchèrent au
fort Gough en 1841 : les Chinois ne doutaient pas que
les barbares ne dussent arriver encore cette fois par
le même chemin. Or, ils sont arrivés juste par le côté
opposé. L'artillerie le long de la muraille est pi-
toyable : les affûts ne sont point mobiles, de sorte
qu'il faut avoir la mauvaise chance de passer juste devant la bouche des canons pour être atteint, et les
barbares ont l'infamie de toujours attaquer les forts
par derrière.

En Chine, la profession des armes n'est point

estimée, n'est plus en honneur : personne ne s'occupe de son perfectionnement. Comme a dit un
homme d'esprit, si les Chinois ont inventé la poudre,
ils n'ont point encore appris le moyen de s'en servir.
Ils sont encore loin de la carabine Minié. La guerre,
pour eux, consiste surtout en *fantasia*, en mouvements en avant et en arrière, en cris de défi. Ils
brandissent leurs sabres à deux mains, ils agitent
leurs drapeaux, ils lancent leurs fusées et leurs flèches, mais ils ne s'abordent jamais à l'arme blanche.
Deux régiments de chasseurs à pied et deux régiments
de zouaves, avec quelques escadrons de cavalerie,
suffiraient pour conquérir toute la Chine. Aucun
corps chinois ne tient devant une charge à la baïonnette. La vue de ces hommes qui viennent résolûment
sur eux est si peu dans leurs habitudes qu'elle leur
fait perdre aussitôt contenance : ils seraient cent contre dix qu'ils s'enfuiraient aussi vite. Jadis les Chinois
étaient, jusqu'à un certain point, belliqueux ; le métier de soldat ne répugnait point à leurs mœurs nationales. Mais les Tartares, se voyant si peu nombreux après la conquête (un million de nouveaux
venus perdus dans 360 millions d'habitants), se sont
efforcés avec persévérance d'ôter au peuple chinois
le goût des armes et le sentiment de la guerre. Ils en
ont fait un immense troupeau de travailleurs. La
Chine est devenue une vaste officine où fleurissent
tous les arts de la paix, et toute l'énergie nationale

a été tournée vers une lutte constante avec la matière.
Que craindre d'un homme qui passe douze ou quinze
ans de sa vie à polir un morceau de jade? Mais aussi
qu'attendre de lui le jour où la patrie est en danger
et réclame les bras de ses enfants? La politique de la
dynastie tartare mandchoue a eu pour conséquence
immédiate de permettre à six mille Européens, pleins
d'énergie, de conquérir en deux jours une ville d'un
million et demi d'habitants, ceinte de hautes murailles
et défendue par l'une des plus nombreuses garnisons
de l'Empire.

Les Anglais, dans la prise de Canton, ont eu cent
hommes tant tués que blessés; les Français trente
hommes hors de combat, dont trois morts. En deux
jours, nos hommes ont tiré soixante mille cartouches.
Cent trente bouches à feu, sans compter les obus et
les fusées, ont vomi, durant vingt-quatre heures,
l'incendie dans la ville.

Ainsi a été puni l'orgueilleux aveuglement de la population cantonnaise et de son chef le farouche vice-
roi des deux Kwangs. La veille de l'attaque, les habitants s'arrêtaient encore devant la proclamation des
commandants des forces alliées, en branlant la tête
et en souriant de cette prétention insensée des barbares de prendre Canton, la ville imprenable, qui,
depuis l'avénement de la dynastie mandchoue, n'a-
vait ouvert ses portes à aucun ennemi. Deux jours
après, ces mêmes barbares, maîtres absolus de ses

forts, de ses portes et de ses murailles, plantaient dans *City-Hill* **leur** pavillon vainqueur, et faisaient retentir de **leurs** chants de triomphe les hauteurs de Canton.

1er janvier 1858.

Le jour de l'an, à bord de *la Durance*, en face de
Barrier-Fort et de *Kuper-Island*, n'est point très-gai et
passe un peu inaperçu pour nous. Quelle différence
avec la joie et l'agitation de Paris dans ce jour! Ici,
le service habituel du bord; le blessé de *l'Audacieuse*
qui meurt et que l'on enterre contre le mur du fort;
la messe sur le pont, messe dite par un missionnaire
et servie par un Chinois chrétien. Dans la campagne,
de longues files de Chinois allant vers la ville ou en
sortant, les uns emportant leur fortune, les autres le
produit de leur pillage; des bandes de femmes aux
petits pieds, portées par leurs maris, ou appuyant
l'une sur l'autre leur démarche vacillante; les braves
des quatre-vingt-seize villages hésitant, s'interrogeant
pour voir si, ceignant l'épée, ils ne viendront point
en aide aux cohortes impériales; dans la rivière, de
nombreuses canonnières, montant et descendant à
toute heure, chargées de blessés, de poudre, de provisions de toutes sortes.

A midi, les deux ambassadeurs, précédés de la musique militaire et suivis d'une nombreuse escorte d'officiers et de matelots, se rendent au camp pour conférer avec les amiraux. Au moment où Leurs Excellences posent le pied sur le territoire chinois, tous les bâtiments en rade se pavoisent et font une salve de vingt et un coups de canon. Le quartier général répond à son tour avec des hourras. Les Chinois épouvantés, croyant à un nouveau bombardement, se sauvent éperdus dans toutes les directions. Une explosion colossale, au coucher du soleil, célèbre le retour des ambassadeurs à bord : c'est le fort Gough, déjà démantelé, que les Anglais font sauter en signe de joie et en y entassant des monceaux de poudre chinoise.

Le 2, aucun mandarin n'a encore paru, aucune soumission n'a été faite par le peuple. La ville est morne et silencieuse, mais ne s'avoue point vaincue : le quartier tartare demeure muet et hostile ; Yeh continue à régner, et, pour montrer qu'il conserve encore le pouvoir, il a fait couper, dit-on, quatre cents têtes en un jour. Les amiraux sont d'avis d'un second bombardement de vingt-quatre heures. Lord Elgin s'y oppose par humanité. Les deux amiraux et le général Straubenzée font, avec deux mille hommes, une grande reconnaissance tout le long de la muraille, depuis la porte du Nord jusqu'à la rivière. Ils trouvent la muraille libre et évacuée, et reviennent sans

avoir tiré un seul coup de fusil. La porte de l'Ouest
est occupée par cinq cents Français et des obusiers,
et la communication de la ville avec les faubourgs
est interrompue.

Le 3, les notables et les principaux marchands de
la ville viennent au quartier général faire leur soumission, ayant à leur tête Houqua, le millionnaire,
le fils du fameux marchand Hong. De nombreuses
pétitions sont adressées aux ambassadeurs, sollicitant
un gouvernement qui mette fin au pillage et main-
tienne l'ordre dans la ville. Les habitants sont consternés ; beaucoup meurent de faim ; personne ne
veut plus entendre parler de se battre, au dire de ces
pétitions.

Le 4, les ambassadeurs reçoivent une dépêche du
général tartare et du gouverneur de Canton, qui leur
proposent de traiter avec eux et de résoudre de gré
à gré les difficultés pendantes. Mais cette missive est
encore arrogante, et le style et les formules employés sont ceux d'un supérieur vis-à-vis de fonctionnaires d'un rang inférieur au sien : tant est grand le
ridicule aveuglement de ces despotes de bas étage.
La réponse des hauts commissaires ne se fait pas
longtemps attendre.

Le 5 janvier, au lever du soleil, une colonne de trois
mille hommes avec des canons descend des hauteurs
de *City-Hill* dans les rues de la ville. Pas un coup de
fusil n'est tiré, la population se cache ou demeure im-

mobile. On cerne les palais des mandarins : on les
prend tous en même temps, comme dans une souri-
cière. Le vice-roi Yeh, le général tartare Muh, Pih-
Kwé, gouverneur de Canton, une foule de petits
mandarins, fonctionnaires subalternes, sont amenés
prisonniers au camp dans leurs chaises, au milieu
de la population atterrée. On prend également et l'on
apporte au quartier général les archives de Yeh, la
caisse de l'État et les sceaux des hauts dignitaires.

Yeh était au milieu d'un groupe de mandarins,
lorsqu'on força les portes du yamoun où il s'était
réfugié. Les soldats hésitaient, ne sachant lequel arrêter. M. Parkes, ancien vice-consul d'Angleterre à
Canton, le reconnut à sa corpulence, et le désigna aux
soldats anglais, qui, le faisant monter dans une mauvaise chaise et activant à coups de crosse les coolies,
l'entraînèrent à la hâte au camp. En passant devant
l'*English military train*, ces Chinois de Hong-Kong
le raillent et lui font signe qu'on va lui couper la tête.
Yeh jette sur eux un regard courroucé. Quelle disgrâce
pour un homme, la veille encore au faîte de la puissance et de la fortune, jouissant de toute la faveur de
la cour de Pékin, aujourd'hui le jouet de misérables
coolies! Avec quel plaisir il leur aurait fait couper la
tête, comme naguère à des centaines de rebelles! Le
vice-roi, d'abord effrayé et défait, se montre ensuite
arrogant et hautain vis-à-vis des amiraux, dès qu'il
voit que sa vie n'est point en danger. Comme on lui

demande ce que sont devenus plusieurs notables
Anglais qui ont disparu dans ces dernier temps, il répond, avec un sourire dédaigneux, qu'on soit tranquille, qu'il les a fait enterrer convenablement.
Malgré ses récriminations, on l'envoie prisonnier à
bord de la frégate *l'Inflexible*, qui met aussitôt sous
vapeur pour Bocca-Tigris; et l'orgueilleux vice-roi
disparaît, en frémissant, de la scène politique.

Le général tartare, Muh, est arrêté dans son salon
par un détachement français conduit par M. Collier,
capitaine de vaisseau. C'est un homme magnifique,
de près de six pieds de haut, de soixante ans environ,
mais tellement obèse qu'il peut difficilement se soutenir sur ses jambes. Tout ahuri, il se laisse jeter dans
sa chaise et conduire au quartier général. Au reste,
on dirait qu'on l'a choisi à la taille, car il paraît le
type le plus complet de l'insignifiance et de la nullité
politique. Il n'était à Canton que depuis le mois de
février dernier. Si la cour de Pékin l'a choisi en prévoyance des événements, il faut avouer que Muh a
singulièrement répondu à l'attente de son souverain.
Quelle mesure extraordinaire a-t-il prise pour s'opposer à l'attaque des Européens? Que faisait-il pendant que l'on se battait sur les murailles de Canton?
Sans doute, entouré de ses familiers, il fumait tranquillement sa pipe d'opium, ou prenait sa tasse de
thé, s'en remettant aux génies tutélaires de la Chine
du soin de défendre la cité sainte contre les barbares.

Nous nous repaissons de sa vue, au quartier général,
dans la salle qui lui a été assignée comme demeure.
Il paraît plongé dans de sombres réflexions, il parle
peu aux lettrés qui l'entourent, et remue machinale-
ment de ses longs doigts son élégant collier de mandarin de premier rang.

Quant à Pih-Kwé, c'est un Mongol, de la bannière
jaune, élevé à Pékin et possédant les belles manières
et le beau langage de la cour. C'est un homme très-
intelligent, à l'œil énergique et dur. Les amiraux virent
tout de suite quelle supériorité le séparait du mandarin militaire, et, en l'absence de tout autre haut
dignitaire, résolurent de le faire servir à leurs des-
seins sur Canton. Le 7 janvier, à la suite d'une longue
conférence entre les ambassadeurs et les amiraux,
d'une part, et Pih-Kwé, de l'autre, ce dernier est
conservé dans ses fonctions de gouverneur de Canton :
il se charge de l'administration de la ville chinoise
et du maintien de l'ordre dans cette populeuse cité.
Ç'aurait été un trop lourd fardeau pour les alliés
d'administrer la ville par eux-mêmes, ignorants qu'ils
étaient des mœurs et de la jurisprudence chinoise :
la combinaison adoptée les débarrasse donc d'un
grand poids. Ils déclarent conserver l'action militaire et garder Canton comme gage jusqu'à la conclusion de la paix avec la cour de Pékin, mais laisser
à Pih-Kwé toute latitude en ce qui concernerait l'administration de la ville. Une commission est instituée

pour régler les rapports des Européens avec les Chinois, tribunal seul compétent dès qu'un Européen serait en cause. Le colonel Holloway, le consul Parkes et le commandant Martineau des Chenetz sont nommés membres de cette commission, qui, deux jours après, s'établit dans l'un des yamouns de la vieille ville, et commence à fonctionner sous la garde de quatre cents hommes.

Le 9 janvier, a lieu l'installation solennelle de Pih-Kwé comme gouverneur de Canton par les deux hauts commissaires des puissances alliées. A deux heures de l'après-midi, nous partons sur le vapeur *le Lily*, la canonnière de lord Elgin nous précédant. Nous sommes en grand uniforme ; les deux ambassadeurs sont seulement en habit noir, avec plaque ; nuance délicate qui fut très-appréciée par la colonie anglaise de Hong-Kong. Nous trouvons rangées en bataille au débarcadère les troupes qui doivent nous servir d'escorte. Nous montons dans les chaises qui nous ont été préparées, accompagnés d'une brillante foule d'officiers, précédés de la musique, et éclairés par un soleil étincelant. Nous longeons la muraille. A la porte de l'Est, nous entrons en ville ; nous suivons, entre une haie de marins français et de soldats anglais, toute la rue de l'Est, étroite et sinueuse, encombrée de portes et d'enseignes, et que nos chaises remplissent presque entièrement. La multitude chinoise est morne et ahurie. Nous arrivons

au yamoun, où l'amiral nous reçoit, à la tête des quatre
cents hommes préposés à la garde de la commission
européenne. Les matelots occupent les cours et les
avenues. Nous pénétrons jusqu'au prétoire du gouverneur, où doit avoir lieu la cérémonie. Au bout de
près d'une heure d'attente, l'on s'étonne de ne pas
voir arriver les deux hauts dignitaires : l'on apprend
que la sentinelle anglaise ne veut pas laisser passer
Muh et Pih-Kwé sans un ordre écrit du général Straubenzée, car telle est sa consigne. On envoie aussitôt
la signature demandée, et trois coups de canon,
salut à la chinoise, annoncent bientôt l'arrivée des
captifs, rendus à la liberté et réintégrés dans leurs
honneurs. MM. de Bellecourt et Bruce, les deux premiers secrétaires, vont les recevoir à la porte de la
salle. Ils entrent, escortés d'une suite nombreuse de
serviteurs et de mandarinaux, et nous adressent force
tchin-tchin et force salutations. Les deux ambassadeurs se placent au milieu de l'estrade, et les deux
hauts dignitaires aux extrémités, Pih-Kwé à côté du
baron Gros, Muh à côté de lord Elgin. Sa Seigneurie
énumère, d'un ton sévère, tous les griefs de l'Europe
contre la population cantonnaise et ses chefs, et déclare
qu'un tel état de choses doit désormais cesser. Le baron
Gros rappelle à Pih-Kwé ses engagements d'administrer loyalement la ville et de ne rien faire, de près ou de
loin, qui puisse entraver l'action militaire des alliés,
ajoutant que, par une telle conduite, il aura bien mé-

rité de ses concitoyens eux-mêmes. MM. Wade et Marquès traduisent successivement ces discours et les réponses des hauts dignitaires. Les deux ambassades sont rangées derrière leurs chefs. Le hasard me place tout à côté de Pih-Kwé : j'examine le cygne qui orne son dos, la plume de paon et le globule rouge qui décorent son chapeau violet, et l'habileté artistique avec laquelle on a dissimulé la maigreur de sa queue; toutes choses encore nouvelles pour moi. Une salve de vingt et un coups de canon annonce la fin de la cérémonie et la sortie du cortége. A six heures, nous sommes de retour à bord du *Primauguet* et de *la Durance*.

Le lendemain et les jours suivants, nous parcourons la ville, entrant dans les rares boutiques ouvertes, et examinant les dispositions des habitants à notre égard. La confiance ne renaît point encore; on continue à déménager. Vis-à-vis de la Trésorerie il y a une assez belle rue, remplie d'élégantes boutiques; pas une n'est ouverte. Çà et là, dans cette rue, se trouvent des arcs de triomphe en pierre, ornés de sculptures d'assez bon goût et destinés à conserver la mémoire de citoyens riches ou illustres. Plus loin, nous pénétrons dans un vaste espace entièrement détruit et brûlé. C'est un immense emplacement livré aux ruines. Je vois encore plusieurs Chinois tués par les bombes et gisant à terre. Nous apercevons le baron Gros, avec une escorte d'officiers, sur la muraille.

Nous le rejoignons et nous allons ensemble visiter le palais de Yeh. *Fuit Ilium et ingens gloria Teucrorum....* Du yamoun il ne reste rien : les mâts de mandarin ont été coupés par les boulets, tous les portiques sont rasés, tous les arbres brûlés. On ne peut plus rien distinguer ; c'est un immense amas de briques et de décombres. C'est le 28 au matin que *la Mitraille* et *la Fusée* ont ouvert leur feu sur cette partie de la ville. De six heures à onze heures, la pluie de bombes et de boulets n'a pas un instant cessé. A midi, il ne restait plus vestige de la demeure de l'orgueilleux gouverneur des deux Kwangs. L'Europe avait eu raison de l'insolence chinoise. Yeh était, dans l'origine, moins hostile aux Européens. Mais son père, vieux Chinois superstitieux, toujours entouré de devins, l'a encouragé à la résistance, une foule de présages lui annonçant la victoire. Il avait, certes, bien deviné! et, du pont de *l'Inflexible*, Yeh doit plus d'une fois regretter d'avoir ajouté tant de créance aux aruspices paternels.

Nous rentrons dans la vieille ville par la porte du Sud-Ouest, et nous revenons par la rue de l'Est. Les rues des villes chinoises forment un tel labyrinthe qu'on n'ose point trop sortir d'une ou deux rues principales, et que, dans certains quartiers, le secours d'une boussole est souvent nécessaire.

Nous rencontrons, au détour d'une rue, trois jeunes dames chinoises, fort bien fardées, fort élégantes, mais ayant de si petits pieds qu'elles avancent avec peine. En nous apercevant, elles poussent un cri, se collent contre le mur et mettent leurs mains sur leur figure, en nous tournant le dos de la manière la plus méprisante possible : ce qui fait beaucoup rire les *diables étrangers*.

Nous revenons dîner à bord, en passant devant Dutch-Folly, les anciennes factoreries, et Red-Fort, dans l'île d'Honan. Red-Fort appartient aux alliés. Les factoreries ont été brûlées, il y a un an, par le peuple. Dutch-Folly est un joli petit îlot, ou plutôt un rocher, planté d'arbres, situé au milieu de la rivière, vis-à-vis de la ville. De ce bouquet de verdure sort une batterie anglaise qui a remplacé le fort chinois, et un petit observatoire d'où une vigie attentive suivait, pendant le bombardement, la marche des obus et les ravages causés par les boulets.

Le camp a, presque chaque jour, notre première visite. De la porte du Nord, nous nous rendons un jour en ville avec les commandants Vrignaud, Raynaud et Lévêque. On peut maintenant circuler partout sans danger. Les boutiques ne se rouvrent point encore, beaucoup de rues sont encore désertes, beaucoup de maisons fermées; mais, dans la grande artère qui, traversant toute la ville, aboutit à la porte de l'Ouest, depuis peu rouverte, il y a une assez grande circulation. Les Chinois commencent à se rassurer, et se rassemblent en grand nombre pour voir passer

les diables étrangers. Seulement, au lieu de les bâ-
tonner, comme ils faisaient naguère, ils leur font
place et déroulent silencieusement leur queue sur
leur passage, politesse toute nouvelle et qui date des
obus. Nous ne trouvons encore que peu de choses à
acheter ; aucun magasin élégant n'est rétabli ; les
échoppes seules étalent aux passants leurs innombrables magots.

Nous visitons successivement le palais du général
tartare, celui du gouverneur de Canton, la pagode
des cinq cents divinités, le temple de Confucius, le
palais du juge criminel, la trésorerie, divers autres
établissements publics ou pagodes. Tous ces palais
ont un certain air de grandeur et sont un immense
assemblage de cours, d'avenues, de portiques, de
prétoires, de salles de justice ou d'attente. Devant le
palais, une place ; deux grands mâts rouges, attributs
des mandarins ; un dragon gigantesque, destiné à
inspirer l'effroi, peint en rouge ou en noir sur la
muraille ; sur chaque battant des portes, une énorme
figure de mandarin, avec un cygne sur la poitrine, si c'est un mandarin civil, avec un lion, si
c'est un mandarin militaire. Au-devant une large
avenue dallée, plantée de banyans séculaires ; sur les
côtés, des portiques, des cours intérieures ; par derrière, de grands terrains en herbe où paissent quelques chevaux tartares, ou d'énormes espaces plantés
d'arbres et de bambous. Nulle part la main intelli-

gente d'un jardinier ne se montre ; tout pousse comme il peut et là où il peut. Point de fleurs ; quelques minces grenadiers, orangers, bambous, camélias, voire même des palmiers et des ormeaux dans des vases ; végétation rabougrie, microscopique, si prisée des Chinois ; des poissons rouges ou argentés à deux queues dans les bassins : le tout négligé, dégradé, sans entretien. Il y a toute une portion du yamoun du général tartare abandonnée aux chauves-souris. Elles s'y pressent innombrables et remplissent de leurs cris la salle, où une épaisse couche de guano atteste une habitation continue de plusieurs années : la chauve-souris, comme le crapaud, porte bonheur en Chine.

Le seul endroit vraiment élégant, meublé, confortable, de ces immenses demeures, c'est l'appartement des femmes, situé dans la partie la plus reculée de l'édifice, et aussi la salle qui en est toujours voisine, où le magistrat se montre à ses familiers. Chez Muh, il y avait là un mobilier somptueux, un grand nombre de montres et d'horloges, sans compter les hallebardes, les lances, toutes ces armes de parade que les Chinois, vrais guerriers de paravent, aiment à placer et à reproduire partout, comme pour se faire accroire à eux-mêmes qu'ils sont un peuple conquérant.

De même qu'à Paris tout le mouvement se concentre vers la rive droite de la Seine, de même à

Canton toute la population et toute l'activité commerciale se portent vers le faubourg de l'Ouest. C'est ce faubourg qui pourra seul donner de l'embarras aux alliés; c'est là le centre de la résistance morale. Aussi y fait-on, de temps à autre, circuler des colonnes. Le bruit des obusiers sur les dalles des rues produit un excellent effet. Le faubourg de l'Est est peu peuplé et peu étendu en comparaison. On y trouve le quartier de la petite vérole, les hospices, divers grands établissements de bienfaisance. Le quartier mandchou ou tartare, situé entre la rue du Nord et la muraille, coupé par la rue de l'Est, et sous le feu de la porte de l'Ouest, est peu redoutable. Il en est de même de toute la vieille ville, totalement dominée par les batteries du quartier général, et renfermant des temples, des yamouns, de grands espaces inhabités. La ville neuve contient une population plus agglomérée, mais elle est aussi sous le feu de nos canonnières. Il en est de même du faubourg le long de la rivière. Ni sa porte *de l'Éternelle joie*, ni celle de *l'Éternelle pureté* ne pourraient le sauver au jour de la révolte. Évidemment il n'y a que le faubourg de l'Ouest, regorgeant de population et n'étant point resserré par des murailles, qui doive préoccuper les commandants en chef.

Je vais passer, plusieurs fois, vingt-quatre heures au yamoun du général tartare, chez le commandant Martineau des Chenetz. La commission européenne

fonctionne avec beaucoup d'ordre et de régularité.
Tous les jours, de dix heures à une heure, elle siége
au tribunal, entend les plaintes des Chinois et rend
ses jugements. Elle s'occupe avec beaucoup de soin
de la consolidation de notre occupation et de l'établissement d'une police européenne et chinoise. Je
vois plusieurs mandarins qui viennent rendre visite
aux commissaires. Dix-sept jonques de guerre chinoises, commandées par un mandarin naval, sont
mises à la disposition de l'amiral Seymour pour l'aider à combattre la piraterie dans la rivière. Les soldats tartares ont été désarmés et sont venus déposer
leurs armes chez le lieutenant général. Il y aurait,
de l'aveu de Muh, près de huit mille soldats tartares
en ville, ou, du moins, figurant sur les listes officielles. Mais, comme le général tartare touche les rations
et que, moins il y a d'hommes présents sous les drapeaux, plus ses revenus augmentent, il est permis de
supposer que ce chiffre n'est que fictif. Aucun Européen n'a été jusqu'ici mieux placé que nous pour étu-
dier de près, pour sonder à fond les mœurs et les
ressorts de la vieille société chinoise. Elle se découvre
à nu sous nos yeux. C'est une chose curieuse que
d'entendre, le soir, les sonneries anglaises et françaises au milieu de la grande cité. Les Chinois s'é-
tonnent beaucoup de voir nos soldats marcher au pas ;
ils n'avaient point l'idée d'une régularité pareille ;
un corps de troupes chez eux est un troupeau mar-

8

chant sans ordre et pêle-mêle. La familiarité et la
simplicité de nos autorités, qui se promènent à pied
dans les rues et entrent dans les boutiques, les étonnent encore davantage, eux qui ne voient jamais
passer leurs mandarins que portés en chaises magnifiques, précédés de satellites, de musiciens, de bourreaux, et escortés d'une suite nombreuse. Jamais, depuis quatre mille ans, un mandarin chinois n'a été
vu se promenant à pied dans la rue.

Yeh est toujours à Bocca-Tigris sur *l'Inflexible*. Son
orgueil froissé s'irrite de n'avoir point encore reçu
la visite de lord Elgin et du baron Gros. Il est question de l'envoyer prochainement à Calcutta. Ses amis
ont fait une tentative pour suborner les matelots anglais au poids de l'or, et obtenir qu'on le laisse
échapper. En outre, il est trop près de Canton. Plusieurs notables et petits mandarins, le sachant dans
le voisinage et redoutant sa colère, n'osent point encore se rallier et reconnaître l'ordre de choses actuel. On a parlé de lui assigner le Cap, où Maurice,
ou Singapore, comme résidence; mais Calcutta a été
choisi de préférence.

CHAPITRE VI.

Curieux document trouvé dans les archives de Yeh. — Le jour de l'an chinois. — Attaque de trois attachés de l'ambassade par des pirates dans la rivière. — Arrivée de deux régiments de Cipayes à Canton. — Levée du blocus. — Installation des consuls européens à Whampoa. — Visite de MM. Reed et Poutiatine aux ambassadeurs. — Entente des quatre plénipotentiaires, et envoi d'une note collective à la cour de Pékin. — Mission confiée à M. de Contades. — Retour du baron Gros à bord de *l'Audacieuse*. — Faible garnison laissée à Canton. — Les compagnies de débarquement rentrent à bord, et les bâtiments redescendent la rivière. — L'ambassade française quitte Hong-Kong pour se rendre à Shanghaï. — Espérances de paix bientôt démenties. — Navigation de la mer de Chine à contre-mousson. — Amoy, le canal de Formose, les îles Saddle, le Yang-tzé-Kiang ou fleuve Bleu. — Arrivée du baron Gros à Shanghaï.

On se rappelle que les alliés, peu de jours après la prise de Canton, s'étaient emparés, par un hasard heureux, des archives de Yeh, cachées dans un yamoun voisin du sien. Ces volumineux documents, transportés dans un sempan mouillé à égale distance entre *le Furious* et *le Primauguet*, et pompeusement

surnommé *Foreign Office*, devinrent l'objet des arden-
tes investigations de MM. Wade et Màrquès, les interprètes des deux ambassades. Peu de papiers concer-
naient les *barbarian affairs*, Yeh ayant sans doute eu
le temps de les faire disparaître ; la plupart des dépêches avaient rapport à l'administration de la province. C'est parmi elles, cependant, que l'on découvrit les cinq traités conclus par les puissances de
l'Occident avec la Chine. M. Marquès nous apporte les
ratifications du traité conclu par M. de Lagrené, sous
le règne de l'empereur Tao-Kouang. Nous revoyons
le sceau du roi Louis-Philippe et la signature de
M. Guizot. Seulement, le titre de roi impliquant en
Chine l'idée de vassalité, de souverain tributaire,
Louis-Philippe avait pris, dans cette occasion, le titre
d'empereur des Français. Plusieurs personnes ont
regardé comme une conséquence de cette découverte
que notre traité n'avait jamais été connu à Pékin : il
n'en est rien, et encore aujourd'hui, nos missionnaires, arrêtés dans l'intérieur de l'Empire, sont recon-
duits avec égards au port le plus voisin, en vertu des
stipulations de M. de Lagrené. Seulement, le vice-
roi des deux Kwangs étant chargé de centraliser les
affaires des barbares, et tous les rapports entre les
étrangers et la cour de Pékin ayant eu lieu jusqu'ici
par Canton, il était naturel que les pactes qui réglaient
ces rapports fussent réunis dans cette cité. Un curieux
document découvert parmi ces pièces diplomatiques

mérite de trouver place ici. C'est un mémoire adressé,
en 1845, à l'empereur Tao-Kouang par Ky-Ing,
vice-roi de Canton, le signataire des cinq traités. Il
est intitulé : *Mémoire supplémentaire, détaillant les par-*
ticularités relatives à la réception des envoyés barbares de
différentes nations; il est revêtu de l'approbation autographe, en vermillon, donnée par l'empereur.

« Votre esclave Ky-Ing, humblement agenouillé,
dépose ce mémoire supplémentaire aux pieds de Votre
Majesté.

« Les détails de l'administration dont votre esclave
a été chargé pour traiter les affaires avec les nations
barbares, et les rapports qu'il a eus avec leurs envoyés, lors de leur réception dans ce pays, ont été
l'objet de plusieurs mémoires rédigés par votre esclave ; mais ayant négocié aussi avec les barbares des
conditions supplémentaires de commerce, il a eu
l'honneur de mettre les articles qui les contiennent
sous les yeux sacrés de Votre Majesté, qui a chargé
le comité des finances d'examiner ces articles et de
lui en faire un rapport.

« Il a l'honneur, toutefois, de faire remarquer à
Votre Majesté que c'est dans la 27ᵉ lune de la 22ᵉ année (août 1842), que les barbares anglais ont été pa-
cifiés. Les Américains et les Français sont venus successivement pendant l'été et pendant l'automne de
cette année (1845); et, durant cette période de trois

années, la situation vis-à-vis des barbares a bien changé de face ; à mesure que le caractère de cette situation a varié, il est devenu nécessaire de modifier notre conduite envers eux, ainsi que les moyens à employer pour les maintenir en paix et les tenir en respect.

« Bien qu'il puisse être utile sans doute d'agir envers eux en employant de bons procédés, il est beaucoup plus prudent de les mener par la ruse. Dans quelques occasions, il faut leur faire connaître les motifs qui dirigent notre conduite ; dans d'autres, au contraire, leur susceptibilité ne peut être adoucie que par des démonstrations de nature à faire évanouir leurs soupçons.

« Quelquefois il est bon de chercher à leur plaire et à exciter leur reconnaissance, en les traitant sur le pied d'une égalité parfaite ; et, dans quelques cas, avant d'arriver aux résultats qu'il est possible d'obtenir, il faut faire semblant de ne pas apercevoir leur fourberie, et il est utile de ne pas pousser trop loin la juste appréciation de leurs actes.

« Nés et élevés dans les limites de leurs contrées lointaines, il y a beaucoup de choses dans les mœurs et dans les coutumes du Céleste-Empire que les barbares ne peuvent pas comprendre parfaitement, et ils font de continuelles observations sur des choses dont il est difficile de leur expliquer la véritable portée. Ainsi, par exemple, c'est aux membres du Grand Conseil qu'il appartient de rendre des décrets.

Eh bien, ils respectent ces décrets comme s'ils éma-
naient de la main même de l'empereur; et si on leur
donne à entendre que ces décrets ne sont pas l'œuvre de
Votre Majesté, alors, au lieu de les respecter, ils n'y
attachent plus la moindre importance.

« Le repas que les barbares font en commun s'appelle le *ta-tsan*, le dîner; ils aiment, à ce moment-là,
à se réunir en grand nombre pour manger et boire
ensemble.

« Lorsque votre esclave leur a fait l'honneur de les
inviter à dîner au Bogue ou à Macao, leurs chefs et
les notables parmi eux sont venus au nombre de dix,
de vingt ou de trente; et quand, plus tard, votre esclave a eu l'occasion d'aller dans leurs résidences ou
sur leurs navires, les barbares se sont assis autour de
lui, et c'était à qui lui offrirait le premier des viandes
et des vins. Pour gagner leurs bonnes grâces, votre
esclave n'a pu faire autrement que de se servir avec
eux de leurs verres et de leurs cuillers.

« Autre chose! C'est l'usage chez les barbares d'être
fiers de leurs femmes. Si la personne qui leur fait
une visite appartient aux classes élevées de la société,
la femme de celui qui reçoit cette visite ne manque
jamais de venir au-devant de celui qui la fait. Lorsque
le barbare américain Parker et le barbare français
Lagrené étaient ici, par exemple, ils avaient amené
leurs femmes avec eux; et lorsque votre esclave s'est
rendu dans leur demeure pour y traiter les affaires,

les femmes étrangères ont soudainement apparu et l'ont salué. Votre esclave en a été confondu, et s'est senti assurément bien mal à l'aise, tandis qu'elles, au contraire, étaient charmées de l'honneur que votre esclave leur faisait.

« Tous ces faits prouvent, en vérité, qu'il n'est pas possible de régler les coutumes des nations occidentales d'après les usages de la Chine ; et, si l'on voulait contraindre les barbares à s'y soumettre, on n'y gagnerait rien pour leur instruction, et on courrait grand risque, au contraire, d'éveiller leurs soupçons et de faire naître leur mauvais vouloir.

« Dans le temps où des relations amicales existaient entre les étrangers et la Chine, plusieurs barbares ont été reçus par nous sur le pied d'une certaine égalité ; mais, du moment où ces rapports ont cessé d'exister, c'est plus que jamais un devoir pour nous de repousser les barbares et de les tenir éloignés. Dans cette intention, toutes les fois que votre esclave a eu un traité à négocier avec un État barbare, il a envoyé Kwang-Hang-Tung, le commissaire des finances, pour prévenir l'envoyé barbare qu'un haut dignitaire chinois, chargé de l'administration des relations extérieures, n'était jamais libre de rien donner ni de rien recevoir pour son compte particulier, et que, si on lui offrait des présents, il serait forcé de les refuser péremptoirement ; que d'ailleurs, s'il en acceptait secrètement, les ordonnances de la Céleste Dynastie à ce sujet étaient fort sévères; et que, sans parler de l'affront que subirait la dignité du fonctionnaire qui en agirait ainsi, le coupable ne pourrait pas échapper aux peines prononcées par la loi. Les envoyés barbares ont eu le bon esprit de se conformer à cet usage; mais, dans leurs entrevues avec votre esclave, ils lui ont souvent offert des vins étrangers, des parfumeries et autres objets du même genre et de peu de valeur. Que leurs intentions fussent bonnes ou mauvaises en agissant ainsi, votre esclave n'a pu, en face d'eux, rejeter leurs présents, et il s'est borné à leur donner en échange des tabatières, des bourses parfumées, et de ces petits objets que l'on porte sur soi, mettant toujours en pratique le principe chinois, qui veut que l'on donne beaucoup et que l'on ne reçoive que peu de chose. En outre, en ce qui concerne les Italiens (les Portugais), les Anglais, les Américains et les Français, votre esclave leur a offert une copie de son insignifiant portrait.

« Quant à leur gouvernement, ils ont à leur tête tantôt des hommes, tantôt des femmes, qui conservent le pouvoir, les uns pendant leur vie, les autres pendant un temps déterminé. Chez les barbares anglais, par exemple, le souverain est une femme; chez les Français et les Américains, c'est un homme; chez les Anglais et les Français, le chef de l'État est à vie; chez les Américains, il est élu par ses concitoyens et seulement pour quatre années, à l'expiration desquelles

il descend du trône et redevient un simple citoyen
(dans les classes non officielles). Chacune de ces nations a une manière différente de désigner ses chefs.
En général, ils empruntent (littéralement, ils *volent*) des
dénominations chinoises. Ils affectent avec orgueil
d'employer un style qu'ils n'ont aucun droit de parler, et semblent vouloir se donner des airs de grande
puissance. Qu'en cela ils cherchent à honorer leurs
propres chefs, nous n'avons rien à y voir. Mais je crois
que, si l'on exigeait d'eux de se soumettre aux règles
observées par les pays tributaires de la Chine, ils re-
fuseraient certainement d'obéir, car ils n'ont même
pas adopté la manière dont nous comptons le temps,
et ils ne veulent pas reconnaître l'investiture royale
que Votre Majesté leur a donnée pour les placer au
même rang que les îles Liou-Tchou et la Cochinchine.

« Avec des gens aussi peu civilisés qu'ils le sont, aussi
stupides et inintelligents dans leur style et dans leur
langage, et assez obstinément attachés à leurs formules, dans leur correspondance officielle, pour placer le
supérieur au-dessus et l'inférieur au-dessous, ce qu'il
y a de mieux à faire, c'est de ne donner aucune attention à leurs usages, de ne pas s'apercevoir de tout
cela (littéralement, de se fendre la langue et de se cau-
tériser les lèvres); car alors, non-seulement tout rapport personnel cesserait, mais toute relation officielle
devrait cesser, au grand détriment de l'importante
question de la paix. Au lieu donc de discuter sur

l'emploi des termes qui, au fond, n'ont aucune valeur pratique, nous avons préféré négliger d'insignifiants détails pour suivre une grande et utile politique.

« Tels sont les expédients qu'après une sérieuse attention donnée aux affaires des barbares, après un mûr examen des exigences du moment et de la gravité de la question, soit qu'il faille en ajourner la solution ou la résoudre, il nous a paru indispensable d'adopter.

« Votre esclave n'a point voulu soumettre ces détails, les uns après les autres, à la divine appréciation de Votre Majesté, d'abord parce qu'ils n'ont en eux-mêmes aucune importance, et qu'ensuite le temps a manqué. Nos affaires avec les barbares étant aujourd'hui complétement terminées, votre esclave a consigné tous ces renseignements dans une dépêche détaillée qu'il présente respectueusement avec celle-ci à Votre Majesté. »

Les actes de petite piraterie deviennent plus fréquents, depuis quelques jours, dans la rivière : les jonques dévalisent les sempans, les sempans pillent les tankas, et les tankas les simples bateaux. C'est, nous assure-t-on, l'annonce de l'approche du jour de l'an chinois. Il en est de même chaque année à pareille époque. C'est le moment où chacun règle ses affaires, fait son bilan, exige le payement de ses créances ou se libère de ses dettes. Celui qui trouve un passif plus considérable que l'actif, au bout de son année commerciale, prend dans la poche de son voisin pour payer ses dettes. Il ne cesse point d'être honnête homme en prenant dans la poche de son voisin ; il cesserait de l'être s'il ne soldait point ses dettes. A Hong-Kong, plusieurs chiens de garde sont empoisonnés pour faciliter les vols ; huit maisons sont enfoncées en une seule nuit. On peut donc dire, sans trop d'exagération, qu'à cette époque de l'année la société chinoise se divise en deux grandes catégories, les dévaliseurs et les dévalisés.

Dès la matinée du 13 février, les pétards, les sing-song, les bateaux-fleurs, tout nous annonce la veille du jour de l'an chinois et le commencement de divertissements qui devront se prolonger plus de quinze jours. C'est le premier jour de la première lune de la huitième année de Hien-Foung qui s'ouvre pour la Chine. Il pleut, il fait un temps affreux : la terre des fleurs est devenue la terre des brouillards. Il a tonné le matin, ce qui, aux yeux des Chinois superstitieux, est de mauvais augure et ne présage rien de bon pour l'empire du Fils du Ciel. Les boutiques sont presque toutes fermées, ou enguirlandées de fleurs artificielles. De nombreuses chaises de mandarins sillonnent la foule ; c'est aussi en Chine le jour des visites officielles. Tout bon Chinois se livre chez lui aux douceurs du sam-chou, de l'opium, du sing-song et des pétards.

Tandis que la joie règne sans partage dans la ville

chinoise, le camp français est plongé dans le deuil, par
suite de la mort du bon et excellent commandant Collier, victime de la dyssenterie, après trois semaines de
maladie. C'est une grande perte pour la marine, en
général, et pour le corps d'occupation, en particulier.
L'amiral décide que *le Marceau* le transportera à Hong-
Kong, et qu'il sera inhumé dans le cimetière catholique de cette ville. Nous sommes convoqués à une
heure au débarcadère. Nous voyons arriver le cortége,
et nous accompagnons en canot le corps jusqu'au
Marceau. L'Avalanche tire sept coups de canon; toutes
les embarcations françaises et anglaises, rangées autour du *Marceau*, font *lève-rames;* puis le corps est
hissé à bord, et chacun se retire. Toute la journée,
les bâtiments français ont leur pavillon en berne et
leurs vergues en pantène. Quand le corps passe, à
Barrier-Fort, devant la corvette *la Capricieuse*, bâtiment du commandant, qui a fait avec lui les campagnes de Siam, de Cochinchine et celle de Chine, la
corvette fait à son chef un dernier salut de sept coups
de canon.

Un autre événement, qui aurait pu avoir les suites
les plus tragiques, cause un certain émoi dans l'ambassade et au camp. Trévise, Maubourg et Flavigny,
accompagnés de leur domestique, partent une après-
midi, dans deux tankas, de Barrier-Fort pour American-Reach, afin de passer la soirée à bord de *l'Audacieuse*. Ils n'ont pas bien calculé le courant, ils sont

9

surpris en route par la nuit. À la hauteur de la grande
pagode de Whampoa, ils aperçoivent trois larges bateaux qui, se détachant de terre, se précipitent à toute
vitesse sur eux. Les tankadères épouvantés laissent
tomber leurs rames et poussent des cris de terreur.
Maubourg, le plus en avant, sort de dessous la tanka
avec son revolver et fait feu sur les bateaux qui déjà
touchent son embarcation. Trévise et Flavigny, plus
éloignés et distinguant à peine les bateaux, ajustent également les pirates. Ceux-ci, qui croyaient avoir affaire
à des gens désarmés ou endormis, s'enfuient à cette
chaude réception, laissant trois des leurs sur la place.
Ils pouvaient bien être cinq ou six par bateau, ce qui
ferait en tout de quinze à dix-huit pirates. Le lendemain, un officier anglais, se rendant en plein jour de
son bâtiment au camp et s'étant endormi dans sa
tanka, se réveille au moment où l'on s'apprête à lui
lier les mains et à le jeter dans la rivière. À la suite
de ces deux faits, un ordre du jour des amiraux défend expressément aux officiers des deux nations de
se servir à l'avenir de bateaux chinois.

Les canonnières anglaises ont transporté cette semaine à Canton deux régiments de Cipayes récemment arrivés de l'Inde. On les a casernés dans le
temple de Confucius, ce qui a excité dans la ville une
assez vive rumeur. On sait l'inimitié profonde qui
sépare les soldats noirs des jaunes sujets du Fils du
Ciel : les Cipayes abhorrent les Chinois, et sont abhor-

rés par eux à leur tour. Cela tient, pour Canton, à
certains souvenirs de la guerre de 1841, où les Cipayes ont été très-pillards et cruels, et, d'une manière
plus générale, à ce que partout où les Hindous et les
Chinois sont en présence, à Pinang, à Singapore, par
exemple, les Hindous sont toujours et inévitablement
grugés par les Chinois, plus fins et plus avides. La
grande différence des caractères y est aussi pour
quelque chose : la gravité et la dignité hindoues s'ir-
ritent de la criaillerie et de l'obséquiosité chinoises.
Ces régiments avaient commencé à se mutiner et
avaient été désarmés par prudence. C'est un acte de
sage politique de les envoyer en Chine, où ils ne
peuvent nuire et où ils peuvent, au contraire, en sa-
tisfaisant leur antipathie, rendre de grands services
aux alliés. En tenue, ils sont superbes et d'une mise
irréprochable : le reste du temps, enveloppés dans
une couverture de mousseline blanche, ils étalent au
soleil leurs longs corps maigres et noirs. Ils sont de
plusieurs castes différentes, et chacun se fait sa cuisine
à part. Si, par malheur, l'un de nous touche à leur
repas, ils le jettent au loin et brisent le vase souillé
par notre contact.

Notre occupation militaire paraissant parfaitement
consolidée dans Canton, et le nouveau gouvernement
étant accepté par la nombreuse population de la ville
et des faubourgs, le blocus est levé dans la rivière.
Les jonques recommencent à circuler, et les premiers

steamers européens arrivent. La question des factoreries est résolue. Elles seront, comme par le passé,
dans le faubourg, le long de la rivière, mais un peu
plus à l'est, vis-à-vis de Dutch-Folly. Pour bien constater le droit d'habiter la ville même de Canton et
battre en brèche des préjugés séculaires, les ambassadeurs auraient désiré que les Européens se fixas-
sent dans l'intérieur de la ville ; mais les négociants étrangers ont tenu, par-dessus tout, à ne pas
être renfermés en ville et à avoir leurs établissements sur le bord du fleuve, le plus près possible de
leurs navires. La question politique a dû céder le
pas à l'intérêt commercial. Dans l'emplacement de la
factorerie française il sera élevé un consulat et une
église, au moyen d'une somme que l'on se propose
de prélever sur les frais de guerre à exiger de la
Chine.

M. de Trenqualye est nommé consul de France à
Canton, et il est solennellement installé le 17 février
à Whampoa, où il établira provisoirement sa résidence, ainsi que les autres agents des puissances
étrangères. Les compagnies de débarquement rentrent à bord. Outre les Anglais, on laisse à Canton
cinq cents matelots français sous le commandement
de M. d'Aboville, qui est remplacé à bord de l'Audacieuse par le commandant Vrignaud. La Capricieuse,
le Marceau, le Catinat, restent également devant Canton ; tous les autres navires commencent leur mou-

vement de descente vers la mer. D'importants événements politiques se sont en effet passés dans ces derniers jours. A la suite d'une visite de M. Reed et du comte Poutiatine au baron Gros et à lord Elgin, les quatre plénipotentiaires sont tombés d'accord d'adresser une note collective à la cour de Pékin pour lui demander d'envoyer à Shang-haï le 31 mars au plus tard, des commissaires impériaux dûment autorisés à traiter avec les ambassadeurs des puissances alliées toutes les difficultés pendantes ; faute de quoi ces ambassadeurs remonteront au nord et se rapprocheront encore plus de la capitale avec toutes leurs forces, pour peser d'un plus grand poids sur les résolutions de la cour de Pékin. Afin de démontrer au gouvernement chinois l'insigne mauvaise foi du vice-roi des deux Kwangs, et de lui permettre de rejeter sur son obstination tout l'odieux de la guerre, une copie de la correspondance des plénipotentiaires avec Yeh est également envoyée dans la capitale. MM. de Contades et Oliphant partent aussitôt pour Shang-haï sur le paquebot, afin de remettre au tao-taï de cette ville ces documents diplomatiques. Un duplicata est confié à Pih-Kwé, qui se charge de le faire parvenir, de son côté, à Pékin, par la route de terre. C'est donc une phase pacifique et toute de négociation qui commence.

Le baron Gros quitte *le Primauguet* et revient s'établir, le 20 février, sur *l'Audacieuse*. A notre retour à bord, nous sommes salués d'une triste nouvelle. Un affreux accident est venu, dans la journée, consterner le commandant et tout l'équipage. On avait ramassé dans Canton un certain nombre de nos obus qui n'avaient point éclaté. L'amiral avait ordonné de les décharger pour les utiliser de nouveau. Cette opération, très-délicate, exige de grandes précautions : on avait donné aux hommes des outils en cuivre, pour éviter autant que possible toute chance d'accident. Le travail avait lieu à terre, à la pointe Jardine, en vue du bâtiment. Déjà cent obus avaient été déchargés ; à une heure de l'après-midi, après le dîner de l'équipage, ces hommes retournaient à terre en chantant. Tout à coup on entend une effroyable détonation ; au seul contact de l'air la poudre a pris feu, et un obus a éclaté entre les jambes d'un des matelots. De neuf travailleurs, tous hommes de choix, tous chefs de pièce, sept sont hors de combat ; la tente a pris feu, et les autres obus menacent d'éclater. Le commandant, l'aumônier, Combe, notre chirurgien, accourent. On noie les obus ; on trouve l'infortuné qui tenait l'obus en pièces, celui qui travaillait devant lui sans bras ni pieds, la figure horriblement brûlée ; il est mort en montant à bord. Les cinq autres ont d'affreuses blessures et brûlures. Par terre, dans la boue, gisent des mains et des lambeaux de chair. C'était une journée qui nous coûtait plus d'hommes que la prise de Canton. Nous allons, deux jours de suite, à l'enterrement

de ces malheureux. Tous les commandants des bâtiments de guerre mouillés dans American-Reach ont
été convoqués avec une partie de leur état-major, et
un long cortége de canots rend un dernier hommage à ces hommes, morts victimes du devoir accompli.

Le mouvement de retour des bâtiments commence
dans la rivière. Nous quittons le voisinage de Whampoa et nous nous dirigeons vers Bocca-Tigris, suivis
du *Phlégéton*, de *la Némésis* et de *la Meurthe*. Nous
franchissons très-heureusement les deux barres,
grâce aux bateaux chinois échelonnés la veille pour
marquer les passes, et nous traversons le Bogue solitaire cette fois. Dans la nuit, *l'Audacieuse* mouille en
rade de Hong-Kong.

A bord de *l'Audacieuse*, 12 mars 1858.

Notre court séjour à Hong-Kong est terminé. Nous avons échangé les splendeurs de l'hôtel du Club contre nos petites cabines du bord. Il pleut, il vente, il fait grosse mer; c'est le coup de vent de l'équinoxe. Le baron Gros a néanmoins donné le signal du départ pour le Nord, car les trois autres plénipotentiaires ont déjà quitté la rivière de Canton depuis une semaine. Il est vrai que M. Reed se rend d'abord à Manille, et que lord Elgin s'arrête aux ports intermédiaires d'Amoy, Ning-po, Fou-tchou-fou, tandis que nous comptons aller directement à Shang-haï. Nous remorquons la canonnière *la Fusée*, qui est mise à la disposition de l'ambassadeur. Nous partons pleins d'espoir de voir se terminer promptement et d'une manière pacifique le différend qui existe entre la Chine et les puissances de l'Occident. Plusieurs faits récents semblent attester un retour de la cour de Pékin vers des idées de conciliation et de paix. C'est d'abord la nouvelle de la dégradation de Yeh, et le maintien de Pih-Kwé en son lieu et place jusqu'à l'arrivée de Houang-tzung-han, le nouveau vice-roi; puis l'envoi du vieux Ky-lng, si longtemps disgracié, comme plénipotentiaire à Shang-haï, rumeur qui circule parmi la population chinoise; enfin, l'accueil favorable fait à M. de Contades et aux autres envoyés européens par les grands mandarins de Sou-tchou-fou.

Voici les deux édits impériaux apportés en vingt-neuf jours à Canton par un courrier parti de Pékin.

Iᵉʳ ÉDIT IMPÉRIAL.

« Une dépêche ci-jointe, qui nous a été adressée par Muh-Kih-Tih-Na et Pih-Kwé, nous a annoncé la prise de la cité provinciale de Canton par les barbares.

« Yeh-Ming-Ching, en tant que commissaire impérial, chargé de la direction des affaires étrangères de l'Empire, aurait évidemment dû trouver quelque moyen d'éluder les demandes des barbares, si elles étaient tellement déraisonnables, qu'il ne pût y faire droit; il aurait dû, en même temps, se concerter avec le général tartare, avec le gouverneur et les autres officiers, et prendre les mesures nécessaires au maintien de la tranquillité.

« Les barbares ont transmis par deux fois des communications au général tartare, au gouverneur général, au lieutenant général, etc. Yeh n'a point fait connaître à ses collègues le contenu de ces communications; il a refusé de s'entendre avec eux sur ce qu'il y avait à faire, et il a continué à remettre de jour en jour toute solution. Si bien qu'à la fin il a exaspéré les barbares, qui ont subitement fait irruption dans la cité provinciale, et s'en sont emparés.

« Par cette opiniâtreté déplorable et par cette mauvaise administration, Yeh-Ming-Ching s'est montré tout à fait indigne des hautes fonctions dont il était revêtu. En conséquence, nous ordonnons qu'il soit immédiatement privé de sa charge.

« Muh-Kih-Tih-Na, le général tartare, Pih-Kwé, le gouverneur, les lieutenants généraux Shwang-Hi et Shwang-Ling, Hang-Ke, le commissaire des douanes, Kiang-Kwo-Lin, le commissaire des finances, et Chow-Ya-Ping, le juge provincial, sont tous coupables de mollesse dans la défense de la ville. Cependant, comme le gouverneur général ne les avait point admis dans ses conseils, on peut jusqu'à un certain point les excuser. Prenant donc en considération leur demande d'être sévèrement punis, il nous a plu de leur montrer notre indulgence, et d'ordonner que le Bureau des peines passât légèrement sur leur compte. Respectez ceci! »

IIe ÉDIT IMPÉRIAL.

« Nous nommons Houang-Tsing-Han, gouverneur
général des deux Kwangs, et nous lui ordonnons de
se rendre tout de suite à son poste. Nous lui avons en
outre conféré le sceau de commissaire impérial et la
direction des affaires étrangères de l'Empire.

« En attendant son arrivée, Pih-Kwé sera provisoirement chargé des fonctions de commissaire impérial et de gouverneur général des deux Kwangs.
Respectez ceci ! »

La *Gazette de Pékin* annonce en outre, dans sa
partie officielle, que l'empereur Hien-Foung, plein de
courroux contre Yeh, a ordonné de confectionner de
nouveaux sceaux pour le vice-roi des deux Kwangs,
ce qui est l'affront le plus grand que l'on puisse faire
à un fonctionnaire.

Le vice-roi Yeh était, jusqu'à ce jour, le troisième
personnage de la Chine. Il joignait le titre de gardien
de l'héritier présomptif à ceux de gouverneur général des deux Kwangs, et de commissaire impérial
chargé de la direction des affaires étrangères de
l'Empire. Il faisait peser son joug de fer sur 46
millions de Chinois (25 millions dans le Kwang-
Toung, 21 dans le Kwang-Si) ; et c'était avec un certain orgueil qu'il reconnaissait avoir, durant son ad-

ministration, fait couper la tête à 70 000 personnes. Aujourd'hui, disgracié par son souverain, privé de tous ses honneurs, prisonnier de ces mêmes barbares qu'il avait tant haïs, il vogue vers Calcutta sur un navire anglais.

Un bruit assez persistant et assez significatif, s'il est vrai, circule parmi la colonie chinoise de Hong-Kong : c'est, comme on l'a déjà dit, la nomination de de Ky-Ing en qualité de plénipotentiaire à Shang-haï. On sait que ce personnage, vice-roi de Canton lors de la guerre de l'opium et de la mission de M. de Lagrené, a été le signataire des traités conclus à cette époque par l'empereur Tao-Kouang avec l'Angleterre, la France et les États-Unis ; et qu'après avoir été à l'apogée de la faveur, il a été brusquement disgracié lors du retour officiel et public de la cour de Pékin à la vieille politique antioccidentale. Depuis, simple commis dans un bureau de Pékin, il expie dans la misère le crime d'avoir permis l'entrée du Céleste-Empire aux barbares. Son nom, néanmoins, sert depuis quinze ans en Chine de drapeau au parti qui, sans aimer les Européens (qui aime les Européens en Chine?), est d'avis de transiger avec eux. Le vice-roi Lin, au contraire, et ses partisans, sont pour la guerre à outrance, pour l'extermination des barbares. Lin et Ky-Ing, voilà les deux chefs d'école. Il faut que la Chine soit bien pauvre en hommes d'État pour exhiber toujours aux yeux de l'Europe la même personnalité. Quant à nous, on comprend que, depuis la curieuse découverte faite dans les archives de Yeh, Ky-Ing lui-même ne nous inspire plus qu'une médiocre confiance.

Ce qui nous confirme davantage dans nos espérances pacifiques, c'est l'heureuse réussite de la mission confiée à M. de Contades, c'est l'accueil plein de prévenance, et empreint d'un certain effroi, qui lui a été fait par le fou-taï de Sou-tchou-fou. On se rappelle qu'il avait été chargé, de concert avec M. Oliphant et deux officiers russe et américain, de remettre au gouverneur de Shang-haï les communications des quatre plénipotentiaires au premier ministre Yu, avec prière de les faire parvenir le plus promptement possible à la cour de Pékin. Ces communications étaient relatives à l'envoi immédiat de plénipotentiaires chinois à Shang-haï. M. de Contades et ses collègues, ne trouvant point le gouverneur de Shang-haï dans sa résidence, s'étaient décidés à porter leurs missives au chef-lieu de la province, et à les remettre entre les mains du vice-roi lui-même. C'était un fait hardi et sans précédents, l'intérieur de la Chine ayant été jusqu'ici soigneusement fermé aux barbares. La petite escadrille, forte de dix-huit jonques, partit de Shang-haï le 24 février et se rendit en trois jours, par les rivières et les lacs, à Sou-tchou-fou, la ville des plaisirs, de la richesse et de l'élégance, au dire des écrivains chinois. Il y avait un

bateau aux provisions, un bateau-salon, un bateau
salle à manger ; on se réunissait chaque soir pour
dîner au son du gong, et les dix-huit jonques venaient mouiller l'une contre l'autre, de peur des pirates. La nuit on faisait bonne garde.

M. de Montigny, consul de France à Shang-haï, avec
sa grande expérience de la Chine et de ses fonctionnaires, répondait du succès de l'entreprise. Le 26,
on arriva sans accident devant les murs de Sou-
tchou-fou, et l'on pénétra dans la ville par une des
portes du rempart ouvrant sur un canal, et sans autres
difficultés que quelques paroles assez vives échan-
gées entre les bateliers et les hommes préposés à la
garde de la porte.

« Le bruit de notre arrivée, dit M. de Contades
dans son rapport, s'était rapidement répandu dans la
ville, et ce fut au milieu d'une foule énorme, rangée
en deux haies sur notre passage, que nous fîmes
notre entrée dans Sou-tchou-fou. Dans cette foule,
pas un cri, pas une seule de ces clameurs si habi-
tuelles aux Chinois, mais bien un silence profond,
recueilli, qui est chez eux le signe du respect et de la
crainte, et qui nous permettait de saisir le bruit de
quelques observations timidement faites à voix basse.
Il était facile de lire sur toutes ces figures pressées,
entassées autour de nous, les sentiments les moins
hostiles, plus facile encore d'y voir un étonnement,
une stupéfaction indicibles.

« Une salve de six coups de canon salua notre arrivée au yamoun, à la porte duquel le fou-taï vint,
nous recevoir entouré de ses officiers. Entrés dans le
prétoire, dont le gouverneur nous fit les honneurs
avec une grâce parfaite, M. Oliphant et moi nous
fûmes placés sur les deux siéges de l'estrade située
au fond de la salle, de façon que le gouverneur, assis
sur un des fauteuils de côté, pût, suivant l'étiquette
chinoise, nous avoir tous les deux à sa gauche. Les
consuls et leurs interprètes occupaient des siéges disposés sur les côtés. Après les premiers compliments
d'usage, je pris la parole et adressai au fou-taï quelques phrases que l'interprète du consulat de France
traduisit à mesure. Je dis au gouverneur que j'al-
lais avoir l'honneur de remettre officiellement entre
ses mains une dépêche qui lui était adressée, ainsi
qu'à S. Exc. le vice-roi des deux Kiangs, par le
haut commissaire de S. M. l'Empereur des Français;
que cette dépêche en renfermait une autre à S. Exc.
le premier secrétaire d'État à Pékin, d'une importance extrême, et que je priais le fou-taï de vouloir
bien, par la voie la plus prompte, et sans souffrir
un retard qui engagerait sa responsabilité, la faire
parvenir à sa destination.

« Le gouverneur me répondit qu'il s'empresserait
de se rendre au désir que je venais de lui exprimer
touchant l'expédition des notes. Je lui remis aussitôt
les dépêches. Le fou-taï ouvrit la première enveloppe

à son adresse, et lut ce qu'elle renfermait, pendant
que tous ses officiers et secrétaires, debout derrière
lui, en faisaient autant par-dessus son épaule. On
nous a affirmé que parmi ces personnages il y avait
de hauts dignitaires et des envoyés du vice-roi des
deux Kiangs.

« M. Oliphant prononça à son tour quelques paroles dans le même sens que les miennes, après quoi
le fou-taï nous offrit un petit repas durant lequel la
conversation fut assez animée. Le gouverneur me demanda si Canton était rentré dans l'ordre, si le commerce y avait repris. Je lui fis répondre que les efforts
des ambassadeurs n'avaient jamais cessé de tendre
vers ce but, et qu'ils étaient heureux de l'avoir si complétement atteint. — « Qu'allez-vous faire de Yeh? »
dit alors le fou-taï. Un de ces messieurs répondit
qu'il était parti pour Calcutta. « Le tuerez-vous? »
ajouta Tchao d'un air assez indifférent. Je lui répon-
dis que Son Excellence connaissait mal la générosité
des ambassadeurs et de leurs gouvernements, s'il les
croyait capables de frapper un ennemi vaincu. Il
nous demanda encore quand les ambassadeurs vien-
draient à Shang-haï, et, sans vouloir assigner d'époque fixe, nous ne pensâmes pas qu'il y eût de l'in-
convénient à répondre que ce serait prochainement.
Durant toute cette entrevue, le fou-taï fut d'une politesse et d'une distinction qui nous charmèrent. Sa
physionomie, presque européenne par les traits, est

fine et intelligente. Ses façons sont celles d'un homme de la meilleure compagnie. En somme, il serait impossible de recevoir un accueil plus gracieux, plus aimable que celui qu'il nous a fait.

« En nous reconduisant à nos chaises avec le même cérémonial qu'en venant, et après mille compliments et poignées de main, le fou-taï nous annonça que le lendemain matin il nous rendrait notre visite au palais communal, appelé Kon-Kouan, en dehors de la ville, et où ont lieu d'habitude les réceptions des plus hautes autorités chinoises à leur arrivée à Sou-tchou-fou. Ce fut dans ce yamoun que nous reçûmes, en effet, le 27 février, à midi, la visite du fou-taï. »

Jeudi, 18 mars.

Nous voulions aller directement à Shang-haï, mais nous avions compté sans la violence du vent. Nous avons déjà relâché trois fois depuis notre départ. Tantôt, c'est la brume qui nous empêche de distinguer la côte et les brisants; tantôt, c'est *la Fusée* qui embarque des lames, qui fatigue, qui casse ses remorques. Une autre fois, c'est un vapeur anglais qui tire deux coups de canon au moment de notre passage. Nous le croyons échoué, nous prenons ce canon pour un signal de détresse, nous changeons notre route pour venir à son secours. C'est tout simplement un contrebandier d'opium qui a tiré le canon pour appeler des jonques. Malgré nos six cents chevaux de vapeur, nous ne pouvons plus gagner contre le courant et le vent; nous choisissons un mouillage derrière les îles Rees, et nous attendons une embellie. M. de Carpégna, commandant de *la Fusée*, veut venir à bord de *l'Audacieuse*. Il manque son accostage et est emporté par la force du courant à près d'une lieue en mer. On descend aussitôt une baleinière et l'on file tout ce que l'on a de cordage à bord. La baleinière ne peut l'atteindre et revient en se halant. Heureusement, le courant diminue, M. de Carpégna peut gagner la terre. On envoie une embarcation avec seize hommes pour le remorquer et lui porter des vivres: l'embarcation l'atteint, mais ne peut le remorquer contre la violence du vent. On envoie un nouveau canot, avec des armes, des vêtements, de l'eau, des vivres. Il n'est pas plus heureux et ne peut gagner contre un courant terrible. Les trois embarcations se réfugient alors dans une petite crique, qui nous empêche de les découvrir avec nos lunettes d'approche. Le soir, la nuit, la matinée se passent sans que l'on entende parler d'elles. Le commandant très-inquiet, craignant un malheur, fait tirer un coup de canon, puis un second, puis un troisième, pour les rappeler, le courant étant dans ce moment favorable et le vent moins violent. Tous les yeux sont fixés sur la côte, mais aucune voile ne paraît. On les voit enfin sortir de derrière le rocher et courir sur les lames de larges bordées vers nous. Au bout d'une heure, nos trente hommes montent à bord, transis, mourant de faim, mouillés jusqu'aux os, mais tout joyeux d'avoir échappé au danger. Ils nous racontent leurs pitoyables aventures. Ils avaient trouvé la côte couverte de Chinois, au nombre de trois cents, armés d'arcs, de flèches, de lances, de fusils à mèche. Ils avaient été obligés de mouiller au large, les canots embarquant des lames, menaçant de chavirer, les ancres chassant, les vagues les couvrant, la houle les portant sur des brisants. Ils avaient essayé de sortir de la crique, mais la violence des rafales les avait contraints à y rentrer au plus vite.

Notre canon et l'embellie étaient venus les tirer de cette affreuse position. C'est au milieu de telles émotions que nos journées s'écoulent. Il pleut, il fait froid, il fait une brise *carabinée*, les cloisons craquent, la frégate roule, les sabords sont fermés, les ancres fatiguent. La navigation de la mer de Chine, à contre-mousson, est décidément pleine de charme.

23 mars.

Notre charbon étant presque épuisé et le vent ayant
un peu diminué, nous gagnons à la hâte Amoy, le
meilleur abri du canal de Formose. Cette baie, enca-
drée de montagnes arides, est parfaitement fermée,
et les plus gros navires peuvent y mouiller à toucher
terre. La ville est sale et tortueuse, les rues y sont
plus étroites encore qu'à Canton ; le jour et l'air n'y
peuvent pénétrer, et la petite vérole y sévit, dit-
on, chaque année, avec violence. Nous admirons,
néanmoins, les boutiques ornées de lanternes chinoises; et une foule de *sing-song* ou spectacles en
plein vent, excitent toute notre curiosité. De grandes
jonques, couvertes de monde, font le service d'*omni-
bus* des deux côtés de la rade.

Au reste, tout, autour de nous, a un caractère particulier. Nous sommes dans la capitale du Fo-kien,
province montagneuse et maritime qui a conservé
une physionomie à part et ne ressemble point aux

autres parties de la Chine. Les Fo-kinois jouissent, dans le Céleste-Empire, d'une grande réputation de hardiesse, d'indépendance et de fierté, et la cour de Pékin les traite toujours avec certains égards, comme des gens qu'il faut éviter de mettre en colère. Avec leurs larges vêtements et leur coiffure en forme de turban, qui les font ressembler à des Turcs, nous les trouvons plus mâles, plus beaux que les Cantonnais. On dirait une autre race. Le dialecte du Fo-kien, très-différent du mandarin et de l'idiome de la rivière de Canton, est incompréhensible pour les habitants des autres provinces. M. Marquès, notre interprète, ne peut s'entendre avec le pilote fo-kinois qui monte à bord; il est obligé de lui tracer des caractères sur le papier pour se faire comprendre de lui, la langue écrite étant la même. Cette circonstance vient souvent en aide à nos jeunes missionnaires perdus dans l'intérieur de la Chine. Lorsqu'ils ont épuisé tout ce qu'ils savent de chinois, et que leur ignorance de la langue va dévoiler leur origine étrangère, ils se disent habitants du Fo-kien, et cette déclaration justifie pleinement leur prononciation vicieuse auprès des habitants.

A Shang-haï, à Canton, partout ailleurs en Chine, l'on parle exclusivement anglais; mais à Amoy, la langue espagnole est assez répandue parmi les indigènes. Il y a de fréquents rapports entre les Philippines et ce port, et la plus grande partie des émigrants chinois qui peuplent aujourd'hui Cuba sont partis des côtes du Fo-kien. La colonie européenne se compose d'une soixantaine d'individus, presque tous Anglais; il n'y a pas un seul Français, et fort peu d'Américains. Chaque négociant a chez lui tout un arsenal et de petits canons à sa porte pour veiller à sa sûreté. Ils vivent, au reste, en fort bons rapports avec les habitants du pays; ils peuvent sortir de la ville et circuler librement dans tous les environs; et Amoy est le seul point de la Chine où les dames anglaises fassent des visites aux dames chinoises, et en reçoivent de celles-ci.

Nous prenons du charbon de Formose pour compléter notre approvisionnement. On le dit meilleur que celui de Bornéo, que nous avons essayé à Singapore : mais il lance tant de flammèches que le commandant craint, un instant, qu'il ne mette le feu au navire. Nous trouvons, en sortant d'Amoy, le beau temps revenu, et nous franchissons heureusement le canal de Formose. Aux îles Saddle, nous quittons *l'Audacieuse* et nous montons sur *la Fusée*. Nos bagages couvrent le pont. Nous passons au milieu de nombreux îlots qu'un épais brouillard nous permet à peine de distinguer. Un pilote chinois nous guide à l'embouchure du Yang-tzé-kiang, le fleuve fils de l'Océan, le fleuve Bleu des Européens, le plus grand cours d'eau du globe après l'Amazone. C'est la grande artère commerciale du Céleste-Empire, et la grande

route de toute la Chine centrale. L'entrée de ce fleuve
est difficile, pour les navires à voiles surtout; de
nombreux bancs de sable obstruent son embouchure,
et les terres sont tellement basses, elles s'élèvent si
peu au-dessus de l'eau, que les points de relèvement
font presque défaut de tous côtés. Heureusement pour
les habitants, le fleuve Bleu est clément et n'imite
point les fureurs du fleuve Jaune, son voisin, qui
rompt à chaque instant ses digues, dévastant tout sur
son passage.

A Woo-sung, nous quittons le Yang-tzé-kiang, et
nous entrons dans le Whampou, rivière de Shang-haï.
Le lit de la rivière est encombré d'un millier de jonques, chargées de provisions et de riz, qui attendent
un vent favorable pour se rendre dans le Nord et jusqu'à Tien-tsin. Nous avons peine à nous frayer un
passage parmi cette multitude de grosses jonques
tranquillement mouillées au milieu du chenal, ou se
laissant doucement dériver par le courant. Malgré
toutes les précautions, nous en abordons une, à laquelle nous brisons son gouvernail et ses mâts. Nous
finissons enfin par sortir de ce labyrinthe, et, après
avoir été salués par les Anglais, les Américains et les
Russes, nous jetons l'ancre contre le quai de
Shang-haï.

CHAPITRE VII.

Shang-haï; la ville européenne, la ville chinoise. — Le jardin de thé. — M. de Montigny et la concession française. Le dîner du tao-taï. — Les tigres du colonel tartare. — La campagne chinoise. — Mission du Kiang-nan. — Le collége de Zi-ka-wei. — La cathédrale de Tong-ka-tou. — L'œuvre de la Sainte-Enfance dans le Kiang-Nan. — Mouvement commercial de Shang-haï. — Réponse de la cour de Pékin à la note collective des ambassadeurs.

A peine mouillés, nous recevons la visite de Contades, que nous n'avons point vu depuis son expédition de Sou-tchou-fou, et celle de M. de Montigny, accompagné du personnel du consulat de France. M. de Montigny offre à l'ambassadeur l'hospitalité dans sa maison. Nous nous établissons à *Commercial hotel*, chez M. Barraud, ancien maître d'hôtel de *la Constantine*. Nous traversons la concession française, la moins bâtie, mais la mieux placée des trois ; et c'est avec un certain étonnement que, si loin du pays natal, nous rencontrons des agents de police avec un bâton tri-

10

colore, et que nous voyons des noms de rues écrits
en français. Les jonques sont refoulées devant la ville
chinoise ; plus de cent navires de commerce sont à
l'ancre devant la ville européenne, et une ligne im-
posante de somptueux édifices couvre le vaste coude
que fait la rivière en cet endroit. Nous admirons la
Douane, charmant morceau d'architecture chinoise,
et l'ordre parfait avec lequel des milliers de coolies apportent aux navires les ballots de thé et de soie. Ils
font retentir le quai de leurs cris aigus et cadencés ;
l'un donne le ton, les autres répètent une sorte de
refrain. Ce chant ne cesse qu'à la nuit et recommence
au lever du soleil. Nous allons dîner chez M. de Montigny, qui nous présente à sa famille, et nous puisons
dans sa conversation des renseignements pleins d'intérêt sur ce pays qu'il habite depuis quinze années.
Shang-haï n'est qu'une ville de troisième ordre de la
province de Kiang-nan, elle est peu importante dans
la hiérarchie des villes chinoises, et doit sa prospérité récente à l'ouverture de son port au commerce
étranger. Les habitants du Kiang-nan sont doux et
bienveillants envers les étrangers ; et, tandis qu'à
Canton les Européens ne peuvent sortir des murailles
sans risquer leur tête, les négociants de Shang-haï
circulent sans crainte dans un rayon de plusieurs
lieues autour de la ville. La chasse est leur divertissement favori ; il y a des lièvres, des bécassines et
des faisans en grand nombre. Durant les grandes cha-

leurs de l'été, il est d'usage de se rendre *aux Collines*, petits monticules situés à une dizaine de licues de Shang-haï, où l'on trouve un air plus vif et de frais ombrages. Chaque famille a sa jonque, et l'on habite sur la rivière. De grands lacs s'étendent auprès. C'est là que l'on assiste à la pêche au cormoran, spectacle si nouveau pour un Européen. Chaque pêcheur a dans sa barque plusieurs de ces oiseaux qui plongent pour saisir leur proie : mais le cormoran a au cou un anneau qui l'empêche d'avaler le poisson, et il le rapporte à son maître, en désespoir de cause. La campagne autour de Shang-haï est d'une excessive fertilité : on obtient de la même terre deux ou trois récoltes par année. Mais le paysage est extrêmement monotone : de tous côtés s'étendent à perte de vue de vastes champs de riz ou de coton, sans que le moindre bouquet d'arbres vienne réjouir un instant les yeux. Des petits canaux, affluents de là rivière, sillonnent la campagne en tous sens, et permettent de rapporter à la ferme la paille du riz ou la fleur précieuse du cotonnier. Il n'y a point, en général, en Chine, de chemins vicinaux ; tous les transports se font par barque et par eau. Les buffles sont les seuls animaux employés pour l'agriculture ; ils servent à labourer les rizières, et, dans les villes ouvertes aux Européens, les indigènes utilisent les femelles en place des vaches absentes. Les Chinois ne boivent jamais de lait : ils prétendent que c'est du sang blanc, et ils

n'en font usage que comme palliatif contre la dyssenterie. Jamais ils n'en mettent dans leur thé, qu'ils
boivent sans sucre ni crème. Au milieu de ces populations paisiblement adonnées à l'agriculture et au
commerce, les Cantonnais se font remarquer par
leur caractère arrogant et turbulent. Ils ont, dans
tout le Nord, la plus mauvaise réputation ; et, chaque
fois qu'un meurtre ou un vol vient jeter l'émoi dans
la cité, l'autorité est à peu près certaine de découvrir
que le coupable est un Cantonnais. Durant notre séjour à Shang-haï, un brick anglais, allant à Bangkok
et ayant une assez forte somme en lingots pour faire
des achats dans cette capitale, est pillé et trouvé abandonné à l'entrée du Yang-tzé-kiang. Il y avait à bord
plusieurs Cantonnais qui s'étaient entendus pour tuer
le capitaine et ses deux lieutenants ; ils s'étaient ensuite emparés des lingots, et avaient laissé le bâtiment
aller à la dérive. Nous autres, arrivant de la rivière
de Canton, nous trouvons donc une grande différence dans la population, toute à l'avantage du Nord.

Tandis qu'à Hong-Kong et à Macao l'on vit en
Chine sans jamais voir aucune autorité chinoise, à
Shang-haï, les consuls ont de fréquents rapports avec
les mandarins. De temps à autre, la ville européenne
retentit du bruit du gong ; c'est un fonctionnaire,
accompagné d'une nombreuse escorte, qui va voir un
consul ou un amiral. Le gouverneur et les autres
autorités de Shang-haï ayant témoigné le désir de faire

une visite à l'ambassadeur, le rendez-vous est fixé à une heure. Du plus loin que nous apercevons ces nobles personnages, nous mettons nos chapeaux sur nos têtes, et nous allons les recevoir sur les marches du perron. Nous nous adressons de grandes salutations, nous nous donnons force poignées de main, puis chacun s'assied selon son rang. Le baron Gros déclare vouloir donner la gauche du canapé, la place d'honneur, au *tao-taï*, ou gouverneur. On apporte le thé, les mandarins tirent quelques bouffées de leur pipe, et la conversation s'établit. Le temps que nous avons mis à venir de Hong-Kong, la belle taille du baron Gros, la forme de son oreille qui présage le bonheur, la supériorité des armes européennes sur les armes chinoises, la grande distance qui sépare l'Europe du Céleste-Empire, tels sont les sujets qui sont traités. On se rend ensuite processionnellement dans la salle à manger, où une collation splendide est servie. L'ambassadeur met à sa gauche le *tao-taï* et le colonel tartare à sa droite. M. de Bellecourt place les deux autres mandarins près de lui. Chacun entasse les dragées, les gâteaux, les nougats, sur l'assiette de son voisin. On boit le champagne *rubis sur l'ongle*, en s'adressant mille souhaits de bonheur. La conversation se poursuit assez nulle et insignifiante. On apporte le café, l'inévitable thé, et l'on se lève, signal du départ. Mais auparavant le colonel tartare, par un raffinement de courtoisie, propose au baron Gros de faire manœuvrer devant lui ses *tigres*, ou soldats d'élite de l'armée impériale. La proposition est acceptée avec enthousiasme, et chaque guerrier revêt aussitôt une tunique jaune où sont reproduits l'épine dorsale, les yeux et les oreilles du monstre dont ils portent le nom. Durant une demi-heure, ils se livrent devant nous aux exercices les plus fantastiques, ils se défient, du geste et de la voix, aux combats les plus acharnés, et ils dépensent une somme de bruit et d'activité telle que nous en sommes éblouis. Le mandarin militaire, voyant qu'il a produit son effet, ordonne aux tigres de rentrer dans le cortége, et nous prenons congé de nos étranges visiteurs, en leur promettant d'aller promptement, à notre tour, les voir dans leurs yamouns.

Nous acceptons, en effet, quelques jours après, un dîner du tao-taï, et nous nous rendons en chaises à sa demeure, située au milieu de la ville chinoise. Trois coups de canon annoncent notre arrivée, et le gouverneur, entouré des fonctionnaires, ses subalternes, nous reçoit à l'entrée de son prétoire. Il nous offre un dîner très-fin, très-délicat, au dire de notre consul et de notre chancelier, juges plus compétents en pareille matière. Mais nous n'y voyons qu'un affreux assemblage de nids d'hirondelle, d'ailerons de requin, d'holothuries ou vers de mer, d'œufs de vanneau, de lait d'amande, de vin chinois tiède et d'alcool de riz. Nous nous étonnons de manger les fruits au milieu

du dîner, et la soupe à la fin. L'absence d'eau et de
pain se fait également sentir et contribue à nous faire
moins apprécier cette multitude de plats de poisson
et de volaille qu'une main libérale nous distribue à
tout instant. Au surplus, le tao-taï est un homme de
fort bonne compagnie, qui nous fait très-gracieuse-
ment les honneurs de son yamoun.

Le climat de Shang-haï, comme celui de toute la
Chine, est malsain. Il est sujet aux émanations palu-
déennes et aux brusques changements de température.
Durant la mousson de sud-ouest, il y fait une chaleur
excessive. Pendant la mousson de nord-est, au contraire, il y fait aussi froid que dans le nord de la France,
et la rivière gèle souvent, malgré la vitesse de son
cours. Du 1er novembre au 1er avril, les Européens font
du feu dans leurs maisons. Je ne parle pas des Chinois,
car ils n'en connaissent point l'usage ; plus le froid
augmente, plus ils revêtent de pelisses ouatées ou
fourrées. Il n'a pas gelé cette année, et les résidents
étrangers de Shang-haï ont affrété un navire pour
aller chercher de la glace au Kamtschatka.

Malgré l'encombrement et le tumulte des rues, nous
allons, de temps à autre, nous promener dans la ville
chinoise ; nous entrons dans les magasins et nous
marchandons ces mille inutilités que le Céleste-Empire offre de toutes parts à la curiosité des étrangers.
Nous parcourons la muraille crénelée qui entoure la
ville ; nous visitons le puits aux enfants, où l'on jette

ces petits malheureux ; et nous nous arrêtons au jardin de thé, *tea garden*, où les Chinois viennent prendre le thé, fumer l'opium et entendre de la musique. C'est leur lieu de divertissement, c'est aussi l'endroit qui présente le plus de couleur locale. Une montagne factice avec des rochers entassés les uns sur les autres, une rivière en miniature avec des petits ponts en zigzag, des pavillons aux toits recourbés, forment le principal ornement de ce jardin, où les diseurs de bonne aventure, les saltimbanques, les histrions, ont élu domicile. Les Chinois, du reste, consacrent peu de temps à leurs plaisirs ; le négoce absorbe tous leurs instants ; et à Shang-haï cette activité commerciale est encore excitée par la présence des étrangers. Ils servent en général d'intermédiaires entre les grandes maisons européennes ou américaines et les provinces de l'intérieur ; et ils vont faire sur les lieux de production les achats de thé et de soie.

Je demande à citer ici quelques chiffres pour donner une idée de l'immense mouvement commercial de Shang-haï. J'emprunte ces chiffres à une source officielle, aux publications de la douane, et ils serviront à faire connaître le développement extraordinaire qu'a pris cette place de commerce, ouverte, depuis quinze années à peine, aux navires étrangers.

Durant l'année commerciale 1855-1856, de juin à juin, l'importation générale a été de 208 144 300 fr., se répartissant ainsi :

Piastres ou lingots d'argent...   57 470 425 fr.

Opium.....................   97 247 675 fr.

Marchandises diverses.......   53 426 200 fr.

L'exportation a été de 192 786 450 fr.

Mouvement général de la place, 400 930 750 **fr.**

De juin 1856 à juin 1857, l'importation générale a été de 271 438 850 fr., se répartissant ainsi :

Piastres ou lingots d'argent..   60 880 100 fr.

Opium.....................   109 767 275 fr.

Marchandises diverses.......   100 791 475 fr.

L'exportation a été de 286 686 400 fr.

Mouvement général de la place, 558 125 250 fr.

Enfin, sans la crise anglo-américaine, qui a éclaté l'an dernier, le mouvement commercial de Shang-haï aurait presque atteint le chiffre énorme d'un milliard, si l'on en juge par les résultats suivants :

Du 1er juillet 1857 au 31 décembre 1857, c'est-à-dire durant le premier semestre de l'année commerciale 1857-1858, l'importation générale a donné le chiffre de 219 216 050 fr., se répartissant ainsi :

Piastres ou lingots d'argent...   69 742 300 fr.

Sapèques.................   8 569 600 fr.

Opium.....................   71 802 100 fr.

Marchandises diverses.......   69 102 050 fr.

L'exportation a été de 181 940 625 fr.

Mouvement général de la place, 401 156 675 fr.

Le mouvement des affaires, on le voit, a plus que doublé en moins de deux ans ; et il est peu de places commerciales au monde, à plus forte raison en Chine, qui puissent lutter avec Shang-haï. Canton n'est plus qu'au troisième rang, Fou-tchou-fou le devance pour le thé ; et, quant à Amoy et à Ning-po, ces deux ports végètent, étouffés par le voisinage de la cité du Kiang-nan. Durant notre séjour à Shang-haï, nous avons compté jusqu'à cent sept bâtiments de commerce mouillés à la fois dans les eaux du Whampou, et il y avait à peine place pour un canot dans le vaste espace qui s'étend le long de la concession européenne, depuis l'entrée de la ville chinoise jusqu'à l'extrémité de la factorerie américaine. Les terrains de la concession s'y vendaient à la toise comme dans les Champs-Élysées, à Paris, et une modeste maison pour une famille, avec un jardin, ne se payait pas moins que la somme énorme de dix mille francs par année.

Depuis le 1er juillet 1855 jusqu'au 1er janvier 1858, il est entré en Chine, pour n'en plus sortir, par la seule voie de Shang-haï, 188 092 825 francs en piastres ou lingots d'argent, et ce mouvement tend à s'accroître. Il suit chaque année une progression remarquable. La première année, l'importation a été de 57 millions ; la seconde, de 60 millions ; la troisième, de 69 millions. Il y a là de quoi faire réfléchir sérieusement les économistes européens. L'émigration déjà ancienne de l'argent vers l'Asie a pris, dans ces derniers temps, de gigantesques proportions, dont le contre-coup se fait aujourd'hui sentir en France jusque dans les villages les plus reculés.

L'une des courses les plus intéressantes que l'on puisse faire dans les environs de Shang-haï est celle du collége de Zi-ka-wei, situé à deux lieues de la ville et dirigé par les jésuites. N'est-ce point une preuve frappante de la douceur des habitants du pays, que l'existence de cet établissement au milieu de la campagne chinoise, loin de tout secours européen? En approchant, l'on aperçoit le coq de nos églises qui resplendit au soleil, et les oreilles européennes, habituées au bruit du gong, s'étonnent de retrouver le son des cloches. Le collége de Zi-ka-wei n'a que sept années d'existence, et il compte déjà près d'une centaine d'élèves. Il est placé sous la surveillance du P. Zottoli, préfet des études, et sous la haute direction du P. Lemaître, supérieur de la mission. Il y a neuf professeurs chinois, qui ne sont chargés que du pur enseignement littéraire; car, sans littérature, on ne peut arriver à rien dans l'Empire du Milieu, et les missionnaires veulent faire de leurs élèves des chefs de villages influents, d'honorables commerçants, des gens notables dans leur pays. Il les élèvent non pour l'Europe, mais pour la Chine. Il n'y a qu'une seule heure de récréation par jour, et treize heures de travail. Cela est conforme aux habitudes chinoises : il faut toute une vie, dans cet étrange pays, pour bien connaître la langue et la littérature de ses pères. A la nouvelle année chinoise, les élèves ont quinze jours de vacance, et un mois en août. Il y a une demi-heure d'étude de français par semaine, et cette leçon est considérée comme une récompense. Nous parcourons les classes, les salles d'étude, les dortoirs, les réfectoires, et nous sommes émerveillés de l'ordre et de la bonne tenue qui règnent dans cette maison. Le petit Chinois ne couvre pas d'encre les tables et les murs, il ne se sert du pinceau qu'avec mesure et dignité, et partout un beau vernis resplendit sur les pupitres et sur les bancs. Ces enfants du Kiang-nan réussissent à tout et ont pour tout une facilité singulière. Malgré le peu de temps qu'on peut leur accorder pour les études accessoires, le chant, le dessin, la musique, malgré le peu de ressources dont on dispose pour les maîtres, ils arrivent à des résultats étonnants. Des mandarins sont venus plusieurs fois visiter le collége et ont demandé à interroger les élèves. Ils ont paru très-satisfaits de leurs réponses. Un mandarin à globule bleu prit même, un jour, quelques compositions des plus grands, et les transmit à Pékin à un membre de l'Académie impériale, qui les renvoya avec ses corrections et des remarques très-encourageantes. Le collége de Zi-ka-wei, en tant qu'essai de ce que peut la race chinoise, régénérée par le christianisme et dirigée par les Européens, est digne d'exciter le plus vif intérêt.

La mission du Kiang-nan[1] ou diocèse de Nankin est l'une des plus florissantes de la Chine. Elle compte quarante missionnaires et environ quatre-vingt mille chrétiens, quinze mille de plus que lors du traité de M. de Lagrené. En 1857, le séminaire de Tong-ka-tou renfermait vingt-huit jeunes Chinois se préparant à la théologie; il y avait trois cent soixante-quatre écoles en exercice, et cinq mille enfants y étaient élevés par des maîtres chrétiens. Les filles avaient des écoles séparées; quatre-vingt-neuf maîtresses en instruisaient douze cent soixante, dont quelques-unes se préparaient à enseigner bientôt elles-mêmes dans de nouvelles écoles.

L'œuvre de la Sainte-Enfance s'est implantée, depuis quelques années, dans les environs de Shang-haï, et elle a déjà obtenu de remarquables résultats, grâce aux secours envoyés de France. 4767 enfants ont été recueillis en 1857. Il en restait 2000 de ceux adoptés en 1856. On les place à la campagne dans des familles chrétiennes qui se chargent de les élever moyennant une très-légère rétribution, et qui, plus tard, les envoient à l'école avec leurs propres enfants.

Au 1er janvier 1858, on comptait, tant dans les orphelinats que chez les chrétiens, environ 3000 de ces petits malheureux qui promettaient de vivre. A l'or-

1. Le Kiang-nan se compose des deux provinces actuelles de Kiang-sou et de Ngan-hoei.

11

phelinat de Tsa-ka-wei, situé dans la banlieue de Shang-haï, il y avait 190 garçons, auxquels on apprenait les divers métiers de tailleur, cordonnier, sculpteur, imprimeur, menuisier et laboureur. Il y avait en outre deux orphelinats pour les petites filles, et on leur y apprenait à coudre, à filer et à broder. L'œuvre de la Sainte-Enfance, on le voit, fonctionne déjà heureusement dans cette partie de la Chine, et exerce même son action bienfaisante sur une assez vaste échelle.

Est-il possible à un chrétien de devenir mandarin? telle est la question que l'on doit se faire, en voyant les efforts des missionnaires pour élever la jeunesse chinoise. En principe, rien ne s'y oppose, mais, dans l'application, c'est bien difficile. D'abord, un chrétien ne voudra jamais accompagner sa composition d'un riche présent à l'examinateur. Ensuite, il y a certaines superstitions, certaines cérémonies païennes, surtout par rapport à l'empereur, auxquelles il ne pourra ni consentir, ni se soumettre. On cite cependant, dans le camp des impériaux devant Nankin, un mandarin militaire qui s'avoue hautement chrétien. Après quelques récriminations, on l'a laissé libre d'aller prier pour l'empereur à l'église, au lieu du temple des ancêtres. Mais l'on ne pourrait, je crois, en citer un second exemple.

La cathédrale de Tong-ka-tou, desservie par les pères jésuites, s'élève au milieu de la ville chinoise,

entre la muraille et la rivière. Nous y assistons, le jour
de Pâques, à une grand'messe en musique, aussi solennelle que nulle part en Europe. Seulement l'orgue
est en bambou, le discours du prédicateur est fait en
chinois, les enfants de chœur portent la queue et les
souliers recourbés, et les officiants ont un chapeau
emprunté aux anciennes dynasties, le respect exi-
geant impérieusement en Chine que l'on soit couvert!

Les Lazaristes ont, depuis quelques années, transporté leur procure de Macao à Shang-haï, et leur établissement occupe dans la concession française un
assez vaste terrain. Leur mission s'étend à la province
voisine de Tché-kiang, à celles de Ho-nan, de Kiang-
si et du Tchéli, et Pékin se trouve dans leur juridic-
tion. Ils sont, en outre, chargés de la Mongolie. Le
passage de la Grande-Muraille offre aux missionnaires
venant de France ou y retournant une sérieuse difficulté. Les portes en sont gardées avec soin, et les
gens qui entrent dans le Céleste-Empire ou qui en
sortent sont l'objet d'une minutieuse investigation.
Il n'y a que des prêtres indigènes dans la capitale, la
police y est trop active, et les missionnaires européens y seraient promptement découverts et dénoncés
aux mandarins. Mgr Mouly, le vicaire apostolique du
Tchéli, a fixé sa résidence à quelques lieues de Pékin.
Mgr Daguin, évêque de Mongolie, habite à une centaine de lieues de la Grande-Muraille. Les Lazaristes

ont fondé un collége ou séminaire à Ning-po, et les sœurs de la charité y dirigent un établissement pour les jeunes filles. Ainsi se trouve réalisé le vœu de saint Vincent de Paul, qui entrevoyait qu'un jour son ordre s'étendrait *jusqu'en Chine*. Dans ces pays lointains de l'extrême Orient, les Lazaristes déploient cette abnégation, cet esprit de sacrifice et d'humilité que leur recommandait leur saint fondateur, et que les échelles du Levant et l'Asie Mineure, plus spécialement confiées à leur zèle, sont habituées depuis longtemps à reconnaître en eux.

Tandis que, par suite du voisinage de Hong-Kong, la France ne joue aucun rôle dans la rivière de Canton, à Shang-haï, grâce à l'énergie et à l'activité de son consul, parfaitement secondé par M. Edan, le chancelier, et par M. Lemaire, l'interprète du consulat, elle marche franchement de pair avec l'Angleterre et les États-Unis. Sans doute, le nombre de ses navires marchands ne saurait être comparé aux flottes immenses de ces deux grandes puissances commerciales; mais son pavillon protége la même étendue de terrain, et elle jouit de la même considération auprès des autorités chinoises. La France doit à M. de Montigny cet important résultat. C'est l'homme comprenant le mieux la Chine que nous ayons jamais rencontré. Il sait combien dans l'Empire du Milieu il faut oser, et il ose. Un missionnaire est-il tracassé ou persécuté dans l'intérieur du Kiang-nan, il prend sa jonque ou sa

chaise à porteurs, et, voyageant nuit et jour, il pénètre
jusqu'au magistrat prévaricateur. Moitié par le rai-
sonnement, moitié par intimidation, il obtient de lui
satisfaction pour le présent, et, pour l'avenir, la promesse de ne plus tourmenter les chrétiens de son district. Il se rend chaque année, par terre, de Shang-
haï à Ning-po, et il prévient d'avance les autorités le
long de la route, les rendant responsables de ce
qui pourrait lui arriver. Il apprend qu'un baleinier
français s'est perdu sur la côte de Corée et que les
quinze hommes d'équipage sont retenus en captivité.
Il n'a point de bâtiment de guerre français à sa disposition (notre escadre est occupée ailleurs); il prend
une lorcha portugaise et part avec son interprète. Il
essuie en mer de très-gros temps, il manque lui-
même de faire naufrage, mais rien ne le rebute. Il
débarque malgré les autorités coréennes, il s'avance
dans l'intérieur, n'ayant pour se guider que des renseignements incomplets. Il parvient enfin jusqu'aux
prisonniers qu'on allait conduire dans les mines, il
les arrache à la plus dure captivité, et ramène à
Shang-haï les quinze Français délivrés, ne devant cet
admirable résultat qu'à sa seule énergie !

C'est M. de Montigny qui a introduit les *yaks*, ou
bœufs à long poil du Thibet, et le sorgho sucré en
France, le sorgho aujourd'hui tellement acclimaté
dans notre pays, qu'on en expédie de Paris des graines
pour toute l'Amérique du Nord.

Nous espérions trouver des plénipotentiaires chinois à Shang-haï, mais nous avions compté sans le mauvais vouloir persistant de la cour de Pékin. Le premier ministre Yu, sans daigner répondre lui-même aux ambassadeurs, allègue les coutumes de l'Empire pour se délivrer de ce soin, et charge le vice-roi de Sou-tchou-fou de faire connaître aux barbares les volontés suprêmes du gouvernement chinois. Les Russes devront se rendre à l'embouchure du fleuve du Dragon-Noir, de l'Amour, et un grand mandarin tartare y sera envoyé pour négocier avec eux. Quant aux représentants des trois autres puissances, ils n'ont qu'à retourner à Canton, où Houang, le nouveau vice-roi, doit bientôt arriver, muni de pleins pouvoirs pour traiter. Telle est la réponse de la cour de Pékin à la note collective des ambassadeurs. Le départ pour le Nord est aussitôt résolu.

CHAPITRE VIII.

Départ de *l'Audacieuse* pour le golfe de Péchéli. — Le cap Chan-
toung. — Les forts de Takou, et l'embouchure du Peï-ho. —
Pourparlers avec trois commissaires impériaux envoyés par la
cour de Pékin. — Le Fils du Ciel refuse d'ouvrir sa capitale aux
ministres étrangers. — Bombardement et prise des forts de Ta-
kou. — Pointe hardie des amiraux sur Tien-tsin. — Établissement des quatre ambassades dans cette ville. — Arrivée de Kouei-
Liang et de Houa-Cha-Na, nouveaux commissaires impériaux. —
Leur entrevue avec l'ambassadeur de France. — Ouverture des
conférences. M. de Contades délégué par le baron Gros pour y
prendre part. — Signature du traité de Tien-tsin. — Évacuation de la ville par les flottes alliées. — Excursion à la
Grande-Muraille de la Chine. — Retour à Shang-haï. — Voie
d'eau survenue à *l'Audacieuse*. — Six semaines à Shang-haï durant les chaleurs.

Le mercredi 15 avril, à sept heures du matin, le
commandant Vrignaud donne l'ordre d'appareiller,
et, par un temps humide et brumeux, nous mettons
à la voile pour le golfe de Péchéli. Un sombre brouillard nous dérobe la vue de toute terre, et les jaunes

ondes du Yang-tzé-kiang disparaissent même à nos
yeux. En sortant du fleuve, nous trouvons une mer
tourmentée et une brise très-fraîche; nous nous croyons
encore sous la funeste influence du début de la traversée. Mais, le lendemain, la mer tombe, le temps
se remet au beau, et nous filons sans fatigue neuf et
dix nœuds à toute vapeur. Nous passons non loin de
l'endroit où, en 1847, la frégate *la Gloire* et la corvette
la Victorieuse se sont perdues, le même jour, au même
moment. L'amiral Lapierre commandait *la Gloire*,
M. Rigault de Genouilly, aujourd'hui amiral, *la Victorieuse*. Les deux équipages furent sauvés, grâce à
l'énergie du commandant de *la Victorieuse* et au dévouement de MM. Poidloue et de Lapelin, lieutenants
de vaisseau, qui firent deux cents lieues dans une
chaloupe pour chercher du secours à Shang-haï. L'hy-
drographie de ces côtes est encore à faire ; les points
de relèvement font défaut, et les cartes sont défec-
tueuses : on ne peut y avoir qu'une confiance très-re-
lative. Au bout de quatre jours de traversée, par un
soleil éclatant et par un froid superbe, nous doublons
le cap Chan-toung ou cap Macortney, et nous entrons
dans le golfe de Péchéli. Le 20 avril, à trois heures de
l'après-midi, nous apercevons devant nous *le Minnesota, le Furious* et *l'America*, et nous venons mouiller
aussi près d'eux que le permet la grandeur du bâtiment. Le baron Gros entre aussitôt en communication
avec ses collègues. Trois commissaires impériaux,

chargés d'une mission *verbale* de l'empereur pour traiter avec les nations occidentales, ont annoncé leur arrivée. L'un est *Tan*, président du bureau de la guerre, gouverneur général de la province de Tchéli et dépendances; les deux autres sont *Tsoung*, administrateur général des greniers publics et des salines de l'Empire, et *Ou*, ministre du conseil de l'intérieur. Le choix d'un administrateur des greniers publics et des salines pour en faire un diplomate, étonne un peu d'abord les envoyés européens. Il avait, en outre, été signifié à Yu, le premier ministre de l'empereur Hien-Foung, que des pleins pouvoirs par écrit seraient exigés des mandarins désignés pour traiter; or Tan, Tsoung et Ou n'en produisaient pas. Il leur est donc signifié d'avoir à se mettre en règle sous ce rapport, avant que les ambassadeurs étrangers consentent à les honorer d'une entrevue. Le gouverneur du Tchéli, au nom de ses collègues et au sien, proteste des loyales intentions de la cour de Pékin, et déclare que de semblables pouvoirs ne sont pas dans les usages de la Chine, et sont contraires aux lois de l'Empire. Ky-Ing et I-Li-Pou en avaient produit, il est vrai, lors des premiers traités, mais ils les avaient fabriqués eux-mêmes, et, du reste, ils ont été dégradés pour leur conduite en cette circonstance. Quant à eux, ils avaient reçu ordre du Céleste Empereur d'aller trouver les envoyés des nations de l'Occident, et ils s'étaient rendus aussitôt à l'embouchure

du Peï-Ho, pour écouter leurs communications et les
transmettre à la cour de Pékin. Une légère divergence
se manifeste alors parmi les quatre plénipotentiaires
alliés. Le comte Poutiatine et M. Reed se déclarent
satisfaits et prêts à entrer en pourparlers ; lord Elgin
et le baron Gros persistent dans leur résolution première et refusent de recevoir les commissaires impériaux. Tan insiste et demande à connaître les préten-
tions des envoyés étrangers, pour y répondre en vertu
des instructions de son gouvernement. L'établissement
des légations européennes à Pékin, ou du moins la
faculté pour les représentants étrangers de se rendre,
à certaines époques de l'année, dans la capitale, excite ses plus vives récriminations, et il y oppose un
refus formel. Il rejette également l'ouverture des
grands fleuves et des marchés intérieurs de la Chine.
Ces points-là, inadmissibles, ne seront même pas soumis à la discussion. On concède aux ministres étrangers le droit de correspondre directement, et sur le
le pied d'égalité, avec l'un des conseils. Les lois contre le christianisme seront révisées. Quatre ou cinq
nouveaux ports, de peu d'importance, *Swatow*, *Cha-*
Poo, etc., seront ouverts au commerce étranger. Les
indemnités pour l'incendie des factoreries et pour les
frais de la guerre seront un des articles discutés ;
mais il est presque probable qu'on n'obtiendra rien.
Telle est en résumé la situation. La prise de Canton,
on le voit, a produit peu d'effet, et le cabinet de Pé-

kin n'a rien perdu de son ton hautain et arrogant. Les
deux hauts commissaires français et anglais, ne trouvant point encore la dynastie tartare mandchoue dis-
posée à traiter, se résolurent, à la suite d'un conseil de
guerre tenu à bord de *l'Audacieuse*, à marcher plus
avant et à frapper encore un grand coup dans le
voisinage immédiat de la capitale. Mais, en l'absence
des canonnières, retenues par les courants et les
vents contraires tout le long de la mer de la Chine,
depuis le cap Chan-toung jusqu'à Hong-Kong, ils cher-
chèrent à temporiser; et, entretenant une correspondance assez sévère avec les commissaires impériaux,
ils tentèrent, mais en vain, de persuader par le rai-
sonnement des gens pervers auxquels la force seule
impose.

1ᵉʳ mai 1858.

Le joyeux *renouveau* n'existe point pour nous; nous ne pourrions guère, à l'instar de Rémi Belleau, chaner les charmes du printemps et célébrer

> Avril, l'honneur et des bois
> Et des mois.

Pour nous, point de feuilles, point de fleurs, point de chants d'oiseau ni de bourgeons. Une mer tourmentée, du vent, de la brume, de la poussière de sable amenée par le brouillard, et, dans le lointain, cinq petits points noirs au ras de l'eau que l'on aperçoit une fois tous les huit jours, quand l'horizon est clair, et que l'on nous dit être les forts de l'embouchure du Peï-ho : voilà nos plaisirs. Trévise dessine, Maubourg et Contades tirent des goëlands, les compagnies de débarquement font l'exercice sur le pont, les canonniers ébranlent leurs pièces, les gabiers hissent et abaissent tour à tour les hauts mâts du bâtiment.

Nous sommes mouillés à neuf milles du rivage, et les terres sont tellement basses qu'on ne les aperçoit même point avec les lunettes d'approche. Nous n'avons point de *compradors* ni aucune communication avec les villages chinois: Nous vivons sur notre propre fonds, comme en mer, et l'absence de tout fruit et de tout légume devient pour nous une privation. De temps à autre, nous apercevons la large voile d'une jonque qui se dirige vers nous; elle arbore le pavillon parlementaire, et deux ou trois mandarins à globules blancs et bleus montent à bord. Nous allons les recevoir à la *coupée* du navire, et nous les conduisons chez M. Marquès, notre interprète, où une collation leur est servie. C'est *Tchen*, colonel mandchou, envoyé de Tan, qui apporte une communication du gouverneur de Tchéli. M. Marquès examine avec attention la forme extérieure et l'intitulé de la dépêche: il y a, en effet, toujours lieu de craindre quelque ruse de la part des autorités chinoises, si attachées à la forme et si disposées à s'exalter aux yeux de leur entourage. Le premier jour, l'énumération des titres du haut fonctionnaire chinois occupait plus de la moitié de l'adresse, tandis que ceux du baron Gros étaient passés sous silence, et que les caractères employés impliquaient une certaine infériorité de la part du représentant de la France. L'ambassadeur refuse de recevoir la dépêche, et la renvoie sans l'ouvrir. Le lendemain la communication est reproduite, mais aussi révérencieuse cette fois que la première était hautaine, et les caractères employés ne laissent rien à désirer. On rejette toute la faute sur un copiste maladroit, ignorant des formes de la diplomatie, et on répète bien haut qu'il a été dégradé pour ce fait.

Le temps froid, sombre, brumeux, des premiers jours, fait place peu à peu à un soleil éclatant, à une mer moins agitée, qui permet aux plénipotentiaires de communiquer entre eux plusieurs fois par jour. C'est plaisir de voir leurs embarcations voltiger du *Furious* à l'*Audacieuse*, du *Minnesota* à l'*America*. Souvent, une même pensée agitant les deux hauts commissaires, la baleinière de lord Elgin rencontre le canot du baron Gros : c'est alors une lutte de politesse à qui continuera sa route ; les deux embarcations font *lève-rames* et sont lentement soulevées tour à tour par la houle du golfe de Péchéli. Les matelots russes au teint bronzé, les blonds enfants d'Albion et les Yankees se trouvent souvent côte à côte sur le pont de l'*Audacieuse*.

Malgré les communications des mandarins, tout prend chaque jour une apparence plus belliqueuse. *La Fusée* va mouiller près de la terre, afin de montrer le pavillon. Besplas, avec des hommes et des canots de l'*Audacieuse*, est chargé de baliser la barre et de reconnaître les passes de l'embouchure du Peï-ho. Cette barre a environ un mille de largeur ; à marée haute il y a neuf ou dix pieds d'eau, et à peine deux pieds à marée basse; aussi de simples chaloupes s'y sont-elles souvent échouées. Quand Besplas, avec ses hommes, s'approche un peu des forts, les canons braqués, mèche allumée, et posés sur des affûts mobiles, suivent tous leurs mouvements, tout en restant sur la défensive. Des mandarins, avec de grands cris, leur font signe de s'éloigner. Les amiraux font plusieurs reconnaissances pour choisir un point de débarquement. On ne peut imaginer une terre plus désolée, une côte plus triste, plus aride; partout de la boue, de la vase, des salines et quelques monticules de sable; nulle apparence de végétation quelconque. A mesure que les bâtiments arrivent, ils viennent mouiller près de *la Fusée*. Les quatre canonnières françaises, sous la conduite de Besplas, franchissent, le même jour, heureusement la barre. Quinze canonnières anglaises les rejoignent le lendemain. Un mandarin à globule doré vient aussitôt signifier aux commandants de rétrograder, les menaçant de la toute-puissante colère du grand mandarin et du grand empereur. Ils répondent qu'ils sont désolés de contrister ainsi le cœur du Céleste Empereur, mais qu'ils ne quitteront pas leur mouillage. Le moment décisif semble approcher.

Les Chinois font force préparatifs : ils construisent des batteries rasantes, établissent des sacs à terre, diminuent leurs embrasures et relient leurs batteries entre elles. Des canons leur sont envoyés de Tien-

tsin et de Pékin. Des troupes d'élite arrivent chaque
jour, ainsi que des corps de cavaliers aux flottantes
bannières, qui dressent leurs tentes sur le rivage. Des
monceaux de boulets et de poudre sont accumulés
sur les remparts. Avant de faire appel à la force, les
hauts commissaires font une dernière tentative de
conciliation, et ils adressent un ultimatum à la cour
de Pékin. Le Fils du Ciel répond par un refus absolu
à la demande d'ouvrir sa capitale aux ministres étrangers. La résidence permanente ou temporaire à Pékin
étant l'une des conditions *sine qua non* du traité, les
dispositions pacifiques font donc de nouveau place à
la guerre, et le 20 mai est le jour fixé pour l'attaque.

Palladius, l'archimandrite du collége russe de Pékin, a obtenu l'autorisation de rendre visite au comte
Poutiatine, avec l'un de ses élèves. Il n'a mis que
quarante-huit heures à venir de Pékin à bord de
l'America, et il nous donne des nouvelles très-intéres-
santes de la capitale. L'empereur, longtemps malade,
va mieux, mais il est plus irritable que jamais. Aucun
mandarin n'ose lui parler des événements et l'enga-
ger à traiter avec les barbares. Une certaine agitation
règne dans la ville : les vivres y étaient chers, et l'on
y attendait avec impatience l'arrivée des jonques
chargées de riz. Le Fils du Ciel était occupé, dans les
immenses jardins de son palais, à exercer ses femmes
à l'équitation. Peut-être était-ce dans la prévision
d'une fuite en Tartarie! Palladius, du reste, transporté

dans une sorte de voiture cellulaire, n'a vu, durant
la route, que ce qu'on a bien voulu lui laisser voir. Il
estime à dix mille hommes environ les corps de
troupes échelonnés depuis Tien-tsin, et il a compté
soixante-douze villages. La rivière est barrée en plusieurs endroits par des jonques et par des chaînes ;
mais ces obstacles paraissent peu graves. Après un
court séjour à bord, l'archimandrite est reparti pour
Pékin, le comte Poutiatine désirant qu'il soit à la
tête de sa communauté en cas de troubles dans la
capitale.

L'amiral Poutiatine et M. Reed ont eu plusieurs entrevues sur le rivage avec les commissaires impériaux.
Un jour que l'amiral les engageait à faire droit aux
justes réclamations des puissances étrangères, et, leur
parlant des malheurs et de l'inutile effusion de sang
que pouvait amener une opiniâtreté peu sage, faisait
allusion au bombardement des forts : « Bah! reprit
Tsoung, qui probablement est un Mandchou, ce ne
sont que des Chinois, peu importe! » C'est la première fois que ce phénomène de deux races super-
posées, l'une conquérante, l'autre conquise, se manifeste à nous. La fusion des deux races n'est-elle donc
point aussi complète qu'on le croit d'ordinaire, ou
bien ce propos n'est-il qu'une fanfaronnade de l'envoyé de la noble dynastie des Tsings?

Le jeudi 20 mai, à dix heures huit minutes, le
bombardement des forts et des batteries qui défen-

dent l'embouchure du Peï-ho a commencé. Dès que
le jusant bien établi put permettre aux canonnières
de maintenir leur position au milieu du fleuve, l'ordre d'avancer fut donné. A peine la première canonnière anglaise en ligne, *le Cormoran*, faisait-elle *machine en avant*, que les Chinois, contrairement à leurs
habitudes, ouvrirent aussitôt le feu contre elle. Le
capitaine Saumarez, sans répondre, continua, au
milieu d'une grêle de boulets, à évoluer jusqu'à ce
qu'il eut atteint son poste de combat, et alors seulement lâcha toute sa bordée. *La Fusée* vint ensuite,
puis *la Mitraille*. Celle-ci, ayant engagé son hélice
dans un filet de pêcheur, demeura un demi-quart
d'heure exposée sans défense au feu de l'ennemi.
Elle a été criblée de boulets dans sa coque, dans sa
machine, dans son grément. Onze hommes ont été
blessés à bord; M. Bideau, jeune enseigne de vingt
ans, a eu la tête emportée par un boulet; le commissaire est tombé foudroyé par un autre boulet qui,
traversant le bâtiment de part en part, a passé au-
dessus de sa tête sans le toucher, lui enlevant seulement sa casquette. *L'Avalanche* n'a rien éprouvé.
A bord de *la Dragonne*, un élève, M. Baratier, a
été coupé en deux et lancé à la mer; son sabre
seul est resté sur le pont. Le second de *la Fusée*,
M. Porquet, a été également coupé en deux. M. Ré-
gnault, qui, des hunes, commandait les francs-ti-
reurs, a été blessé d'une balle dans la joue. Nous

avons eu en tout quatre officiers tués et une trentaine
de matelots blessés. Au bout d'une heure, le feu des
Chinois s'est ralenti; presque toutes leurs pièces
étaient démontées. L'amiral a alors lancé dans la vase
les compagnies de débarquement, qui ont trouvé les
forts évacués et leurs milliers de défenseurs en fuite :
car, autant les Chinois, semblables en cela aux soldats turcs, se montrent braves derrière des murailles,
autant ils fuient éperdus à la seule vue des baïonnettes. On estime qu'il n'y a guère eu plus d'une centaine d'ennemis tués. Les matelots, comme toujours,
ont été admirables d'entrain et de vigueur. Le tir des
Chinois a étonné tout le monde par sa persistance et
sa précision. C'étaient, sans doute, des troupes de
choix, car tous les soldats tués, que l'on a ramassés,
portaient la queue de loutre et la plume de corbeau.
Les Chinois croyaient qu'on les attaquerait à marée
haute ; aussi avaient-ils braqué toutes les pièces trop
haut; les boulets passaient au-dessus des bastingages :
c'est ce qui explique cette grande perte d'officiers, et
relativement le petit nombre de matelots blessés.
Leurs pièces étaient d'un calibre énorme. Plusieurs
étaient d'origine européenne : l'une d'elles portait la
marque de la République française, an VII; c'est
une de celles qui ont fait le plus de mal : d'autres
étaient en bronze et d'une grande valeur.

Il y avait en tout cent cinquante pièces en batterie.
En amont des forts, une large estacade de jonques,

portant des pièces d'artillerie, empêchait les canonnières d'aller plus avant. On a dû les détruire à coups
de canon, pour faire place à une reconnaissance des
amiraux. Pendant l'action, une cinquantaine de brûlots ou de jonques enflammées ont été lancés contre
les bâtiments. Heureusement, le vent qui était contraire, les a fait échouer dans la vase, au coude de la
rivière. Outre les pièces de canon, il y avait encore
des gin-galhs en batterie.

Un affreux accident est venu diminuer la joie du
triomphe. Au moment où les compagnies de débarquement et les pionniers entraient dans l'un des
forts, une poudrière chinoise a pris feu, et a lancé
en l'air une cinquantaine de nos hommes et plusieurs officiers. Quelques-uns ont été tués sur le coup,
la plupart ont eu de cruelles brûlures. Je les ai vu
porter à bord de *la Durance*; c'était un horrible spectacle que toutes ces mains et toutes ces figures brûlées. Neuf sont morts des suites de leurs souffrances,
et, après une courte prière de notre aumônier, ils
ont été jetés à la mer au fond du golfe de Péchéli.
Nous avons eu la douleur de perdre ainsi M. de Gar-
danne, le petit-fils du célèbre ambassadeur en Perse,
et l'un de nos élèves de *l'Audacieuse*. Rapporté à
bord, et entouré des soins affectueux de ses camarades, il n'a survécu que peu d'heures à la journée
du 20 mai.

Les deux détachements alliés occupent les forts

abandonnés et placent des obusiers à toutes les extrémités du camp, de peur de surprise. Une légère résistance est tentée dans le gros village de Ta-kou, où
des batteries et des terrassements ont été élevés à la
hâte. Mais la mitraille des canonnières et les carabines Minié, qui abattent les Chinois à douze cents
mètres de distance, ont facilement raison de cette
tardive défense, et les canonnières anglo-françaises,
ne trouvant plus d'obstacles devant elles, commencent
sous la conduite des amiraux leur marche vers
Tien-tsin.

Je profite de l'invitation de MM. Bailly, lieutenant
du *Phlégéton*, et de Besplas, et je viens partager pour
quelques jours un coin de leur tente. Quatre grandes
nattes, solidement fixées à des bambous, nous pré-
servent tour à tour des ardeurs du soleil et de la fraîcheur de la nuit. Un matelot nous fait notre cuisine,
et nous arrêtons au passage les Chinois qui, séduits
par l'appât du gain, viennent des environs nous apporter des vivres. Tout ce que nous possédons de sapèques passe à ce trafic, puis nous en sommes réduits à des échanges en nature. Pour une bouteille
nous obtenons une poule, et un vieux mouchoir usé
nous donne droit à une botte de radis. Avec un peu
d'adresse, on peut avoir une douzaine d'œufs pour
un morceau de biscuit, et une bonne salade en
échange d'un flacon vide de Bully. L'eau que nous
buvons vient des bâtiments; celle que roule le Peï-ho

dans son lit, imprégnée de boucs et de matières animales et végétales en décomposition, serait mortelle. Une longue ligne de sentinelles alliées garde les abords du camp et surveille la plaine. A quatre heures du matin, le clairon retentit et chacun, roidi par la dureté du sol, quitte à la hâte sa couche pour retourner à son service. Cette toilette du matin, au soleil levant, au souffle de la brise qui vient agiter les roseaux, sous le vol bruyant des mouettes et des oiseaux de mer, ne manque pas de poésie, et ajoute un nouveau charme à l'étrangeté de notre vie. Nous circulons aux alentours du camp : des débris d'arcs, des flèches, de la poudre noyée dans l'eau, des gin-galhs, des fusils à mèche, des canons, des bannières, des tentes, des parcs à boulets, des paquets de mitraille, des armes de toutes sortes, jonchent le sol et témoignent de la prévoyance du commandant des forts. Lui-même gît à terre au milieu de toutes ces ruines. Voyant le feu des siens cesser et les matelots étrangers sur les remparts qu'il était chargé de défendre, il n'a point voulu survivre à sa défaite, et, se mettant à genoux sur le bord du fossé, il a saisi son grand sabre et s'est scié la gorge lui-même aux yeux des matelots consternés. C'était Tchen, le colonel mandchou, que nous recevions à bord, et que tous nos officiers auraient été bien aises de traiter en ami, si par cet acte de sauvage énergie il n'avait mis fin à ses jours. Nous dirigeons souvent nos promenades du

côté du village de Ta-kou. L'espace qui le sépare du
camp est couvert de chapeaux coniques que, dans
leur précipitation, les guerriers chinois ont laissés
choir sur le sol. Deux ou trois soldats nous apparaissent la tête coupée, les mains liées derrière le dos:
ce sont des malheureux que les mandarins ont fait
exécuter séance tenante, pour les punir de s'enfuir
plus vite que leurs chefs. La plupart des rues sont
désertes, et l'aspect du village est triste; toutes les
maisons sont construites en boue. Une pagode s'é-
lève au milieu; des nuées de pigeons ont fixé leur
demeure dans les grands arbres qui l'entourent: à
chaque coup de fusil ils s'éloignent, pour revenir
aussitôt après; et les officiers anglais et français approvisionnent leur table de cette chasse d'un nouveau
genre. D'immenses salines s'étendent à perte de vue,
et de petits tumulus en terre, renfermant les restes
de notables Chinois, viennent seuls rompre la monotonie du paysage. A l'horizon, du côté de la mer,
s'étend la longue ligne noire des bâtiments européens, à demi éclairés par le soleil couchant, et
mouillés si loin de terre que les mandarins et leurs
soldats devaient se croire bien à l'abri de leurs
coups.

Pendant ce temps, les amiraux poursuivaient leur
pointe hardie sur Tien-tsin, et arrivaient devant cette
ville sans avoir éprouvé de résistance. Les habitants,
encore émus du canon de Ta-kou, venaient faire leur

soumission de toutes parts ; les mandarins se cachaient, et les notables apportaient aux commandants des canonnières, en signe de conciliation, des vivres en abondance. Les ambassadeurs, prévenus aussitôt, se hâtèrent de se rendre à Tien-tsin, pour juger par eux-mêmes de l'effet que produirait sur les autorités chinoises cette nouvelle défaite ; et, à peine arrivé, le baron Gros nous donna ordre de le rejoindre.

Le 1er juin, à six heures du soir, nous quittons le camp de Ta-kou, et nous montons sur la canonnière anglaise numéro 84, qui porte des munitions aux navires. Flavigny, retenu par la fièvre, reste seul à l'embouchure du Peï-ho. Adossés contre un canon, nous passons la nuit à la belle étoile sur le pont encombré de la petite canonnière, au milieu de la musique de *la Némésis* et de celle du *Calcutta*. Cent hommes d'infanterie anglaise, commandés pour la garde de lord Elgin, sont également sur le pont. Notre voyage se fait le plus facilement du monde, et, le lendemain matin, dès l'aube, nous apercevons le vieux donjon crénelé, autrefois fortifié, aujourd'hui en ruines, qui annonce l'entrée de Tien-tsin. Deux incidents viennent seuls rompre la tranquillité de la traversée. A l'endroit où le courant est le plus fort, nous coupons en deux une barque chinoise qui, n'ayant point conscience de notre vitesse, se laisse atteindre par notre avant. Les douze Chinois criant,

jurant, barbottent autour de la canonnière, qui
stoppe pour les recueillir; mais la rivière est très-
étroite, et tous gagnent tant bien que mal la terre.
Le second fait pourrait inspirer une scène à la Shaks-
peare. A un coude du Peï-ho, sur le bord laissé à
sec par le flot qui descend, le corps d'un Chinois gît
dans la vase. Deux gros bouledogues, les pattes de
devant appuyées sur le thorax de l'homme, se dispu-
tent à belles dents à qui aura seul cette proie. Les
premiers rayons du soleil levant illuminent les têtes
de ces bêtes féroces et les restes de l'homme à moitié
dévorés.

Il y a dix lieues, par terre, de Ta-kou à Tien-tsin,
et vingt-deux lieues par le fleuve. Le Peï-ho fait
d'énormes détours, et ses tournants sont si brusques
que les plus longues des canonnières avaient la
plus grande peine à les franchir. *La Fusée* a échoué
quarante-deux fois, *le Cormoran* trente-deux. Quand
les canonnières anglo-françaises se trouvaient dans
l'embarras et ne pouvaient sortir de la vase, elles je-
taient un câble sur le rivage, et les Chinois, pleins
de stupéfaction à la vue des monstres flottants, se
mettaient après et s'empressaient de les haler. Ces
pauvres gens ne voulaient point accepter de sapèques,
de peur des mandarins; mais ils prenaient avec joie
le biscuit que leur donnaient les matelots : c'était
pour eux un mets fort agréable. Notre système de
navigation à vapeur était tout nouveau pour eux et

12

renversait toutes leurs idées en marine. Ils ne pouvaient se faire à ces bâtiments allant contre le vent,
contre le courant, et ne s'arrêtant jamais. Les jonques
qui remontent à Tien-tsin ne vont que par le flot et
mouillent au jusant : aussi perdent-elles douze heures sur vingt-quatre, et mettent-elles quatre jours à
faire la route que les navires européens font en un
seul. Le pays est vert, admirablement cultivé, mais
il est d'une platitude et d'une monotonie désespé-
rantes. Les fermes et les villages sont construits en
pisé, comme nos étables et nos pressoirs de Norman-
die. Les chevaux sont petits et laids, les ânes et les
mulets sont superbes: Dans les villages, une foule de
chiens à moitié sauvages montrent volontiers les
dents aux étrangers. Tout le long de la route, les
habitants, en longues files sur le rivage, nous regardent passer avec une curiosité mêlée de crainte. Nos
canonnières sont les premiers navires européens qui
aient franchi la barre du Peï-ho et violé les antiques
barrières de la Chine. Lord Macartney, en 1793, lord
Amherst, en 1816, étaient remontés à Pékin, en tributaires, sur des jonques mandarines. Vers neuf
heures du matin, nous arrivons devant Tien-tsin.
D'immenses approvisionnements en sel, en riz et en
grains, couverts de nattes, occupent la rive gauche
du fleuve. Les faubourgs s'étendent sur la rive droite,
et la foule se presse à toutes les issues des rues pour
voir s'avancer notre canonnière. Beaucoup de toits

sont envahis par les curieux. Les jonques amarrées au rivage et les ponts de bateaux nous obligent à de nombreux temps d'arrêt. Nous jetons enfin l'ancre au mouillage que nous signale l'amiral Seymour, au point de jonction du Grand-Canal Impérial et du Peï-ho.

C'est là que s'élève le yamoun que les deux ambassadeurs ont choisi pour leur résidence. Lord Elgin occupe le côté gauche, et le baron Gros l'autre moitié. Ce yamoun, assez dégradé, a été bâti par l'empereur Kien-Loung, l'un des ancêtres de l'empereur actuel, qui en avait fait sa résidence d'été, ainsi que l'attestent diverses inscriptions encore visibles. Il a été choisi à cause de sa grande proximité des canonnières. Par derrière s'étend un vaste cimetière qui nous envoie ses émanations fétides, puis un petit village et la campagne à perte de vue. Le Peï-ho fait en cet endroit un large coude, avant de reprendre son cours vers Pékin. Deux détachements anglais et français sont chargés de la garde du yamoun, et, la nuit, le cri des sentinelles européennes fait retentir les échos surpris de l'antique demeure du monarque chinois. Durant les premiers jours de l'occupation, nous n'étions que cinq cent quatre-vingt-quatorze Français dans une ville de huit cent mille âmes. Il y avait bien deux mille Anglais, ce qui ne constituait pas une armée considérable. Mais, peu à peu, des renforts nous arrivèrent du Péchéli et de Canton, et

notre petite armée se trouva portée à cinq mille hommes, chiffre qui nous permettait de défier toutes les
attaques de nos ennemis. A peine débarqués, nous
nous occupons de nous installer dans le pavillon qui
nous est donné comme demeure, et où nous ne trouvons, en arrivant, que les quatre murs. Nous faisons
monter des tables en bois blanc, où nous établissons
nos lits; puis Sin, l'intendant du yamoun, nous apporte tout un assortiment de bancs, de chaises et de
tables chinoises. Nous étendons des nattes sur le sol,
et nous tapissons les murs de papiers peints représentant des héros ou des dieux. Nous sommes environnés, de toutes parts, de dragons dévorants et de
monstres aux figures les plus fantastiques; nous n'en
dormons pas moins bien dans ce réduit, où nous
jouissons d'un confortable relatif. Deux vétérans tartares à barbe grise nous sont donnés pour nous servir: mais la besogne du vieux Ming-Tian-Na et de son
collègue se borne à tenir sans cesse nos tasses plei-
nes de thé, à chasser les mouches et à apporter, de
temps à autre, d'énormes blocs de glace que, par un
raffinement de luxe, nous laissons évaporer au milieu de notre pavillon pour rafraîchir un peu l'atmosphère embrasée. Le reste du temps, les deux véné-
rables fument tranquillement leur pipe, boivent leur
thé par toutes petites tasses, grignotent des graines
de pastèque, ou dorment du sommeil du juste sur le
seuil de notre porte.

L'amiral Poutiatine et M. Reed se sont établis de l'autre côté du fleuve. Le Chinois à la propriété duquel ils avaient donné la préférence, peu soucieux d'avoir chez lui des barbares, et craignant de s'exposer par la suite à l'animosité des mandarins, leur a offert six mille piastres, soit environ trente-six mille francs, s'ils consentaient à aller loger ailleurs. Étrange pays, en vérité, que celui où un propriétaire propose trente-six mille francs à son hôte pour ne pas le loger! Le grand conseil a écrit officiellement aux ambassadeurs pour lui annoncer la nomination de deux hauts commissaires impériaux, choisis parmi les premiers personnages de l'empire. En attendant leur arrivée, nous profitons de nos loisirs pour visiter la ville et ses environs. Le matin, avant le lever du soleil, nous allons nous promener à cheval sur la route de Pékin, sorte de large chaussée assez élevée au-dessus du sol. Nous nous arrêtons au pont de marbre qui est construit sur le Peï-ho, et qui est à environ trois quarts de lieue de notre mât de pavillon. S'écarter davantage serait imprudent, car il y a pas mal de soldats chinois et de petits camps de cavalerie tartare dispersés dans la campagne. Nous traversons la ville dans tous les sens, et nous n'y découvrons rien de bien remarquable. Elle est entourée de hautes murailles, comme toutes les villes chinoises; seulement les rues sont plus larges que celles de Shang-haï et de Canton, à cause des lourds chariots que l'on rencontre, traînés par des mulets ou par des bœufs. Dans le sud de la Chine, tous les transports se font à dos d'hommes ; dans le nord, il y a des routes et des attelages. Toute l'activité commerciale semble s'être concentrée dans les faubourgs, surtout dans celui qui longe le Grand-Canal. C'est là que l'on trouve les boutiques de pelleteries, de papiers peints, d'éventails, et les rares antiquités que Tien-tsin peut offrir à la curiosité de l'étranger. Nous constatons la présence en ville de nombreux produits européens, des draps russes légers et aux couleurs voyantes, des cotonnades de Manchester, des boîtes d'allumettes chimiques allemandes. Nous apercevons quelques caricatures à notre adresse, que les Chinois font disparaître avec précipitation sur notre passage ; mais, voyant que nous ne faisons qu'en rire, ils nous les montrent ensuite et nous les laissent emporter. C'est un Européen grotesquement accoutré, qui marchande avec chaleur un hérisson et finit par l'acheter contre un gros sac de sapèques. Puis, un officier anglais, à cheval, tenant son parapluie blanc d'une main, et ayant un cigare à la bouche, avec un chapeau et une tournure impossibles. Nous leur donnons quelques dessins européens dont ils sont très-avides, et, le lendemain, nous trouvons ces dessins reproduits et ayant déjà pris une apparence grotesque ; car le Chinois ne connaît, en fait d'art, que la charge, la cari-

cature ; jamais le beau idéal, le beau antique, ne
pourra entrer dans son esprit. Chez nous, un front
large est considéré d'ordinaire comme un apanage
de l'intelligence ; en Chine, l'esprit est réputé résider
dans le ventre ; plus on a un gros ventre, plus on a
de l'esprit. Que faire d'un peuple qui part de cette
donnée? Il ne produira jamais d'Apollon du Belvé-
dère, mais il inondera le monde de Poussahs, de
Bouddhas et autres monstruosités analogues. Ses créa-
tions pourront égayer et provoquer le rire, mais elles
n'élèveront jamais l'homme au-dessus de la terre.

Des chaloupes, armées en guerre, vont faire des
sondages dans le Grand-Canal Impérial, jusqu'à plusieurs milles des bâtiments. Le Grand-Canal n'est pas
navigable pour les canonnières, à cause des écluses
et de certaines parties qui, dit-on, sont souvent à sec.
On traîne les jonques sur la vase; mais, à cause de
l'hélice, ce traitement ne serait point applicable aux
canonnières. Les Chinois admirent beaucoup le pavillon des États-Unis ; ils l'appellent *le pavillon aux
fleurs*. Il a treize bandes, souvenir des treize premiers
États confédérés, et autant d'étoiles dans le yacht que
d'États actuels. Le nombre d'étoiles varie donc sans
cesse, et j'ai omis de compter toutes celles que renfermait le pavillon du *Minnesota*. Plusieurs d'entre
nous s'amusent à aller voir *l'hôtel des Quatre-Félicités*,
l'hôtel du Louvre de l'endroit, où descendent les individus arrivant de Pékin. Piètre hôtel, en réalité !

Lord Elgin s'étonne de l'absence de luxe, du défaut
de tout confortable, que nous remarquons de tous
côtés en Chine. Dans l'Inde, ce ne sont partout que
diamants, bijoux, pierres précieuses, étoffes d'or et
d'argent, un faste asiatique, un luxe oriental. Ici,
rien de ce genre. Rien de moins confortable que tous
ces yamouns que nous habitons; on doit y geler en
hiver. Le résultat de notre expérience est que Canton,
en fait de ville, est encore ce qu'il y a de plus beau
et de plus curieux en Chine. La population de Tien-
tsin n'est qu'une population de coolies, et l'industrie
y est nulle. Cette ville doit son importance à sa position, au point de jonction du Grand-Canal Impérial,
du Peï-ho et de la route de Pékin, qui en font pour
ainsi dire le port, l'entrepôt de la capitale. Si jamais
ce port est ouvert dans l'avenir au commerce de l'Occident, Tien-tsin sera un marché merveilleux, un
vaste débouché pour les produits manufacturés de la
Grande-Bretagne, qui vêtiront par la suite toutes les
hordes de la Tartarie. Il y aura par cette ville un
grand écoulement de produits européens. Le Péchéli
est pauvre et ne produit rien ; ses habitants sont presque nus. Il ne pourra donner en échange que des
fourrures; mais celles-ci sont belles, d'un prix mo-
déré, et on en trouve en abondance.

En montant à bord de *l'Avalanche*, qui porte le pavillon de l'amiral, nous faisons connaissance avec un
nouveau compatriote. C'est le jeune Bernard Peï-Ho,

petit Chinois de cinq ans, trouvé vivant au milieu des ruines des forts, que l'amiral a adopté et qu'il a fait baptiser sous le nom qu'il porte aujourd'hui. On lui a coupé sa petite queue, on l'a habillé en mousse, et maintenant M. Bernard Peï-Ho, choyé par les matelots, parle français et repousse avec indignation tous les Chinois qui viennent à bord, dans la crainte qu'ils ne le reprennent et ne l'enlèvent à sa patrie d'adoption. Lorsque la compagnie de débarquement de *l'Avalanche* monte la garde au yamoun, le jeune Peï-ho descend également à terre et nous fait fort gaiement le salut militaire.

Peu de jours après la communication du grand conseil, les deux commissaires impériaux arrivèrent à Tien-tsin ; les attachés de l'ambassade anglaise, qui se promenaient à cheval dans la campagne, se trouvèrent sur leur passage, et, à la vue de ces barbares foulant ainsi impunément le domaine du Fils du Ciel, les deux plénipotentiaires chinois ne purent maîtriser un mouvement de surprise et de violent dépit. Leur suite ouvrait de grands yeux et paraissait également humiliée. Le soir même, les deux nobles personnages, suivant l'usage chinois, envoyèrent leurs grandes cartes de visite, en papier rouge, aux ambassadeurs, et le surlendemain, étant un jour heureux, fut désigné pour leur première entrevue avec lord Elgin. On convint de se rencontrer dans une pagode située en dehors de la ville, à quatre ou cinq lis de la muraille. Bellecourt, Trévise et moi, nous y allons en curieux et nous traversons pour revenir, durant plus d'une heure, une foule compacte de Chinois, armés de nos seuls parasols et avec une escorte de deux matelots. Nous ne remarquons aucune malveillance sur toutes ces figures, mais beaucoup d'ébahissement et de curiosité. Un grand nombre sont vêtus d'une longue robe blanche ou bleue, d'autres sont habillés en nankin, cette étoffe dont on a tant abusé en France. Tout le long de la route, nous voyons des petites boutiques en plein vent, où l'on vend des pommes, des abricots, et où l'on boit de petites tasses de thé à la glace. La glace se trouve en très-grande abondance à Tien-tsin; on l'y conserve en larges blocs avec beaucoup de bonne entente et de soin.

Le lendemain, nous nous rendons à notre tour et avec pompe à l'entrevue des commissaires impériaux, cérémonie qui se trouve ainsi relatée dans le journal officiel :

―――――――――――――――――

« Tien-tsin, le 7 juin.

« Hier a eu lieu, dans l'après-midi, l'entrevue officielle du plénipotentiaire de France avec les deux
hauts dignitaires chinois, récemment arrivés de Pékin. A trois heures, le cortége est sorti du yamoun
où les deux ambassadeurs de France et d'Angleterre
ont fixé leur résidence, et s'est déployé sur les bords
du fleuve. Les marins de la compagnie de débarquement de *la Dragonne*, en grande tenue, ouvraient la
marche, suivis de près par la musique de la frégate
la Némésis, et par un peloton de soldats d'infanterie
de marine. L'ambassadeur venait ensuite dans sa
chaise, portée par huit coolies vêtus de robes de soie
grise bordées de rouge, et ayant sur leur chapeau
des franges aux couleurs nationales. Les chaises des
secrétaires et des attachés de la mission, portées par
quatre hommes, et celles des officiers des canonnières, étaient rangées derrière celle de Son Excellence. Le commandant de *l'Audacieuse*, à cheval,

commandait l'escorte. Un peloton d'infanterie et les marins de *l'Avalanche* fermaient la marche. Le cortége a traversé le Grand-Canal Impérial sur un pont de bateaux, et a suivi le faubourg qui longe la muraille de la ville. De leur côté, les hauts fonctionnaires chinois se rendaient au lieu de l'entrevue, avec leur accompagnement habituel de familiers, de hérauts d'armes et de satellites. Depuis le point de départ jusqu'à l'arrivée, c'est-à-dire durant plus d'une lieue, le représentant de la France n'a cessé de s'avancer au milieu d'une double haie de Chinois, muets, ébahis, impassibles, ou plongeant d'avides regards sur les chaises qui renfermaient les redoutables étrangers. On peut, sans exagération, évaluer le nombre des curieux à plus de cent mille. Le cortége a débouché ensuite dans une petite plaine, au milieu de laquelle s'élève, sur un monticule, la pagode ou temple bouddhiste, où doit avoir lieu l'entrevue. Ce temple ne date que de deux cents ans, et n'a donc point le prestige de l'antiquité pour la Chine. Mais il forme un spécimen assez complet de l'architecture chinoise, et l'on y rencontre cet heureux assemblage de cours, de portiques, de jardins, qui donne à ce genre d'architecture une physionomie tout à la fois si originale et si riante. La plaine qui l'entoure, aride et sans arbres, ne donne point une haute idée de la végétation du pays. A droite, la vue s'étend sur la muraille crénelée de la ville : elle se ressent encore de l'assaut que

lui livrèrent, il y a trois ans, les rebelles. Mais elle
est fortifiée, et présente quelques canons, quoique les
plus beaux aient été transportés à Ta-kou et soient
maintenant sur nos vaisseaux. Çà et là on voit se remuer lentement dans la plaine quelque lourd chariot
aux roues massives et peintes en rouge, contempo-
rain d'Attila, traîné par des bœufs ou par un attelage
de mulets. Au fond de la plaine, un petit camp chinois, avec ses tentes et ses bannières, se dessine à
l'horizon.

« Cependant, plus on avance, plus la foule devient
compacte. La police chinoise la contient avec peine
aux approches de la pagode. L'ambassadeur en fran-
chit le seuil, au son de la musique chinoise, bientôt
couverte par les joyeuses fanfares de notre musique, et est reçu par les deux dignitaires, environnés
de mandarins à globules de toute couleur. Après les
compliments d'usage et la présentation du personnel
de l'ambassade et des officiers de l'escadre, chacun
s'assied, et l'on passe le thé. M. le baron Gros se place
entre les deux hauts commissaires de la dynastie
Ta-Tsing. L'un, Kouei-Liang, est allié à la famille impériale. Il est, en outre, grand ministre du palais
oriental et directeur général des affaires du conseil de
justice. L'autre, Houa-Cha-Na, est président du conseil des finances, général de l'armée tartare chinoise
et de la bannière bordée d'azur. On échange les
pleins pouvoirs. Ceux qui reproduisent la volonté de

l'auguste empereur, fils du Ciel, sont enveloppés dans une fine étoffe de soie jaune, le jaune étant la couleur de la famille impériale. Ceux de notre ambassadeur, pour être conçus dans un style moins oriental, n'en sont pas moins précis. Les deux représentants de la cour de Pékin examinent longuement et avec attention la signature du souverain du grand empire de France, et protestent de leur désir de rétablir la paix et la bonne harmonie entre notre pays et la Chine. Après quelques paroles fermes et énergiques de M. le baron Gros à ce sujet, l'on se sépare, et chaque cortége s'en retourne par une route opposée, les marins français portant haut leurs baïonnettes, les soldats chinois s'efforçant de dissimuler leurs longs sabres aux yeux des étrangers. »

(*Moniteur.*)

Les pleins pouvoirs des plénipotentiaires chinois ayant été reconnus suffisants, les conférences pour la paix s'ouvrent aussitôt. M. Bruce, frère de lord Elgin, assisté de M. Wade, l'interprète, y représente l'Angleterre; Contades, accompagné de M. Marquès, s'y rend au nom de la France, en l'absence de M. de Bellecourt, notre premier secrétaire, violemment atteint de la dyssenterie. C'est l'usage des hauts commissaires impériaux de ne point discuter par eux-mêmes les affaires, mais de les traiter par l'intermédiaire de leurs subordonnés. Ils ne veulent voir, disent-ils, les

nobles ambassadeurs qu'en cérémonie, et seraient
fâchés de paraître devant eux en colère ou émus par
le feu de la discussion. Contades, suivi de M. Marquès, traverse donc chaque jour la ville dans sa chaise
pour se rendre aux conférences. Le matin, il reçoit
les instructions du baron Gros sur la portion du traité
qui doit être discutée; le soir, il rend compte à l'ambassadeur des concessions obtenues et des combats
qu'il a fallu soutenir pour arriver à ces résultats. Rien
n'égale la duplicité, la mauvaise foi et en même
temps la subtilité des diplomates chinois, si ce n'est
l'adresse et le sang-froid de notre jeune collègue, qui
se tire de cette mission délicate, et insolite jusqu'ici
pour un secrétaire de troisième classe, à la satisfaction complète du baron Gros et aux applaudissements
du représentant de la Grande-Bretagne. Les quatre
nations étant solidaires, toute concession obtenue
par l'une tourne au profit des autres. C'est ainsi qu'à
la suite d'une discussion plus vive encore que les pré-
cédentes, Contades obtint l'ouverture de Nankin au
commerce européen..« L'on peut bien demander à
un homme, avaient dit, dans l'origine, les commissaires impériaux, en parlant de l'ouverture du Yang-
tzé-kiang, on peut bien demander à la rigueur à un
homme de se couper un bras, de s'enlever une jambe,
mais on ne peut pas lui demander de s'ouvrir le
ventre. » Les Chinois se sont ravisés, et ils ont con-
senti à s'ouvrir le ventre pour le plus grand avantage

des nations de l'Occident. Un troisième plénipotentiaire chinois est adjoint aux deux autres, au milieu
des conférences. C'est le vieux Ky-Ing, si longtemps
dégradé, que la cour de Pékin a tiré de son abaisse-
ment et élevé aux honneurs que comporte le titre de
commissaire impérial. Un sombre mystère entoure
son arrivée. A peine a-t-il mis le pied dans la ville de
Tien-tsin, que les dispositions des habitants changent
à l'instant à notre égard. Sir Michaël Seymour est
insulté dans les faubourgs, plusieurs officiers anglais
sont assaillis par des pierres et des briques, et tout
semble annoncer une émeute. Les Anglais croient reconnaître dans cette manifestation la vieille politique
chinoise, si usitée à Canton (nous ne demandons pas
mieux que de vous ouvrir nos cités, mais le peuple
vous repousse!), et ils se décident à frapper un grand
coup. Ky-Ing est mandé, on lui met sous les yeux le
rapport significatif trouvé à Canton ; et le malheureux
s'intimide, se trouble, et, sentant que les barbares ne
peuvent plus avoir la moindre confiance en lui, quitte
à la hâte Tien-tsin pour retourner dans la capitale.
La population rentre aussitôt dans son calme habituel.
Mais peu de jours après, la gazette de Pékin nous annonce que Ky-Ing a été condamné à mort pour avoir
quitté son poste sans permission. Il n'avait point
réussi, il en subissait la conséquence! Comme on pouvait craindre en lui la faiblesse d'un vieillard, quatre
princes mongols vont le trouver, par ordre de l'em-

pereur, pour l'exhorter, peut-être même pour l'aider
à s'étrangler dans sa prison : ce qui fut exécuté. Ainsi
périt malheureusement cet homme, longtemps fameux
dans les rapports du Céleste-Empire avec l'Europe,
et qui, après avoir été au faîte des honneurs, connut
à la fin de sa vie les dernières limites de l'infor-
tune !

Les conférences menacent de se prolonger un peu,
grâce à l'opiniâtreté des délégués des commissaires
impériaux, qui ne cèdent le terrain que pas à pas, et
s'efforcent de revenir sans cesse sur les concessions
déjà faites. La droiture et la *furie* françaises ont fort à
faire, aux prises avec la ruse et la subtilité chinoises.
Une seule chose milite en notre faveur, c'est le haut
prix des denrées qui commence à irriter les populations et à inquiéter le gouvernement chinois. Les
jonques n'arrivent plus à Tien-tsin ; la mesure de
riz, qui valait quarante sapèques avant les événements, est montée presque subitement à cent quarante. Aussi, à chaque chose que nous demandons,
les autorités chinoises répondent invariablement :
« Alors, vous partirez? » Et nous, de leur jeter la mort
dans l'âme, en disant : « Pas encore! » Le jour de la
signature du traité arrive enfin.

« Tien-tsin, le 28 uin.

« La journée du 27 juin 1858 comptera parmi les
plus solennelles et les plus importantes dans l'histoire
des relations de la France avec le Céleste-Empire.
Après quinze jours de discussions avec les deux hauts
dignitaires envoyés de Pékin, les négociations étant
terminées, et la France ayant obtenu toutes les légi-
times satisfactions auxquelles elle avait droit, le traité
de paix, de commerce et de navigation a été signé
hier soir. A cinq heures et demie, le baron Gros est
sorti de son yamoun pour se rendre à la pagode de
Haï-kouang, où l'attendaient les commissaires impériaux. Lorsqu'il a paru sur le quai, tous les bâtiments
mouillés dans le Grand-Canal et dans le Peï-ho se
sont pavoisés de mille couleurs : les matelots, debout
sur les vergues, l'ont salué de cinq cris de : *Vive l'Empereur!* et les Anglais ont répondu par de chaleureux
hourras. Une foule immense couvrait les bords du
fleuve. L'amiral Rigault de Genouilly, en grande te-

nue, à cheval, suivi de tous les commandants des
bâtiments de guerre français, également à cheval et
en grande tenue, était en tête du cortége. L'escorte
se composait de détachements des compagnies de
débarquement, de l'artillerie, du génie, de l'infanterie de marine, de cette petite armée, en un mot, qui,
par la vigueur de ses coups, l'habileté de ses chefs,
l'audace de ses entreprises et l'énergique et puissante
coopération de ses braves alliés, a su réduire, en six
mois, aux volontés de la France et de l'Angleterre, un
empire de quatre cents millions d'habitants, qui se
vante de posséder une armée de huit cent mille
hommes. Le drapeau national était porté par un sous-
officier d'infanterie de marine devant l'ambassadeur.
Deux officiers à cheval, MM. de Besplas et d'Ozouville,
escortaient le baron Gros. Sa chaise était suivie par
celles de MM. du Chesne de Bellecourt, de Contades,
de Moges, de La Tour Maubourg, de Trévise, de Flavigny, secrétaires et attachés de la mission. L'interprète, M. Marquès, précédait l'ambassadeur; et vingt
chaises, renfermant les officiers de l'escadre, venus
du golfe de Péchéli pour assister à la cérémonie, suivaient celle du représentant de la France. A son arrivée dans la cour intérieure de la pagode, le baron
Gros a été reçu par les deux hauts commissaires de la
dynastie Ta-Tsing, entourés d'une foule de mandarins à globules de toutes couleurs, bleus, blancs,
dorés. On s'assied, on prend le thé, et l'on s'adresse

de mutuelles félicitations au sujet de la paix, de la bonne intelligence si heureusement rétablie. L'ambassadeur engage les commissaires impériaux à signer les premiers sur le texte chinois, en se réservant de signer le premier sur le texte français. Kouei-Liang et Houa-Cha-Na prennent leur pinceau, et dessinent successivement sur les divers exemplaires du traité les caractères qui forment leur signature. Py-Hen, leur secrétaire, qui a joué un rôle actif dans les conférences, tient entre ses mains et imprime sur le traité le grand sceau récemment arrivé de Pékin. Lorsque M. le baron Gros appose à son tour, et le premier, sa signature sur le traité français, les troupes, massées dans les cours de la pagode, présentent les armes, et font entendre le cri trois fois répété de : *Vive l'Empereur!* Son Excellence propose ensuite à Kouei-Liang de choisir celui des deux exemplaires qui doit être envoyé à Pékin, et il le lui offre, après l'avoir enveloppé dans un riche étui de soie bleue brochée d'or, apporté de Paris. Se tournant alors vers les commissaires, le baron Gros leur exprime tous ses vœux pour la prospérité de la Chine, et boit à la santé de l'empereur Hien-Foung. Les deux hauts dignitaires répondent quelques paroles gracieuses pour l'ambassadeur, et, faisant remplir leurs coupes d'un vin chinois tiède et sucré, ils les vident à la santé du souverain du grand empire de France, et montrent, en les renversant, qu'ils n'ont

rien laissé dans le fond. On apporte du thé,.des fruits,
tout un dîner chinois préparé pour la circonstance.
Après ce repas, M. le baron Gros prend congé des
deux hauts commissaires, et le cortége se remet en
marche dans le même ordre qu'à l'arrivée. A l'approche de la nuit, on allume des flambeaux et des
torches, dont les reflets éclairent les longues files de
curieux qui encombrent les rues, et se projettent sur
les eaux du Grand-Canal et du Peï-ho. Les canonnières et les troupes anglaises, rangées sur les quais
poussent des hourras répétés ; les canonnières françaises font partir des boîtes d'artifices, et leurs mâts
et leurs cordages apparaissent au milieu d'une brillante illumination. Des feux de Bengale, allumés, à
l'arrivée de l'ambassadeur, dans la cour du yamoun,
font ressortir les pittoresques contours de l'architecture chinoise, et ses toits et ses figures fantastiques,
délabrés par l'incurie de leurs possesseurs, semblent
devoir une nouvelle vie au contact de la civilisation
de l'Occident.

« J'oubliais de dire qu'après la signature du traité,
l'ambassadeur de France avait demandé à Kouei-
Liang de vouloir bien lui donner le pinceau dont il
venait de se servir pour tracer son nom sur le traité,
et que Kouei-Liang, en le lui remettant, avait désiré
avoir à son tour la plume qui avait servi à l'ambassadeur pour signer le traité de Tien-tsin.

« A partir de ce jour, une nouvelle ère commence

pour la Chine. Le grand et difficile problème de l'ouverture du Céleste-Empire est résolu. Sortant d'un
isolement séculaire de quatre mille ans, il entre enfin
dans le concert du monde, et est livré à l'activité,
aux lumières, à la science, au commerce des nations
occidentales. Désormais, la religion chrétienne pourra
être pratiquée sans crainte dans tout l'empire, et nos
missionnaires seront à l'abri de persécutions inces-
santes. Le premier acte de l'ambassadeur de France,
aussitôt après la signature de la paix, a été de demander aux deux hauts commissaires l'élargissement
immédiat des chrétiens détenus, depuis de longues
années, dans l'intérieur de l'empire ; il a pu donner
les noms de quelques-uns, et il lui a été promis qu'un
ordre émané de Pékin allait leur rendre immédiatement la liberté. »   (*Moniteur.*)

Les traités signés, les quatre plénipotentiaires se
résolurent à ne quitter Tien-tsin qu'après la ratification pure et simple de leur œuvre par l'empereur
Hien-Foung. Cette mesure leur était dictée par une
profonde connaissance de la politique chinoise. Les
deux commissaires impériaux eurent beau protester
que c'était une demande contraire aux rites, que c'é-
tait les exposer à avoir la tête coupée par ordre de
l'empereur irrité, les ambassadeurs demeurèrent iné-
branlables, et Kouei-Liang et Houa-Cha-Na, bien malgré eux, durent se résoudre à transmettre à la cour de

Pékin cette nouvelle exigence des barbares, sollicitant la haute approbation du Fils du Ciel pour l'acte solennel qu'ils venaient de conclure. Dans l'intervalle, nous nous éloignons peu du yamoun, retenus que nous sommes par nos occupations. Nous déjeunons le matin dans nos chambres avec quelques-uns de nos amis de l'escadre. Le soir, nous dînons chez le baron Gros; puis, assis sous le kiosque du yamoun, nous écoutons les deux musiques française et anglaise qui égayent les échos endormis de Tien-tsin de leurs joyeux accents. Les sujets de l'Empire du Milieu, debout sur les deux rives du fleuve, semblent peu goûter la musique européenne. Ni le *God save the queen*, ni l'air *Partant pour la Syrie*, ne leur arrachent le moindre signe d'approbation. La *Casquette du père Bugeaud* a seule le talent de les émouvoir, et, au refrain célèbre, ils battent du pied la terre et se regardent en souriant. Chaque dimanche nous avons la messe militaire dans l'enceinte d'une pagode située derrière notre yamoun. Un banyan séculaire nous abrite contre un soleil brûlant dès son lever; et un autel, élégamment orné de feuillage et de drapeaux par les soins du capitaine du génie Labbe, s'élève au milieu de la cour. La chaleur est excessive, et si, presque chaque jour, le vent du nord s'élève, c'est accompagné d'une telle poussière brune et épaisse, que l'on ne peut s'en préserver même dans ses chambres. A la suite d'un de ces petits typhons où le ciel fut, durant une heure, compléte-

ment obscurci, et où les canonnières, cassant leurs
amarres, manquèrent de se jeter à la côte, la température baissa subitement de trente-huit degrés à dix-
huit : total, vingt degrés de différence en une après-
midi. On conçoit d'après cela que le climat de
Tien-tsin, quoique infiniment préférable à celui de
Shang-haï, soit encore fort malsain pour les Européens.
Le lit du Peï-ho, le grand égout de la Chine du Nord,
est si sale, que l'on ne permettait aux matelots de s'y
baigner qu'avec modération. Les petits Chinois, au
contraire, toujours dans l'eau, allaient et venaient de
la rive aux bâtiments, portant à l'un des œufs, à
l'autre des abricots dans leurs mains, et rapportant
avec fierté leur butin de sapèques. Rien n'était amu-
sant comme de voir toute cette petite multitude s'élan-
cer à la poursuite d'une bouteille entraînée par le courant, et de regarder les prodiges d'adresse qu'il leur
fallait déployer pour conquérir cet objet inconnu jusque-là et sans prix à leurs yeux. Des bouteilles de bière
et de vin sautaient à chaque instant par-dessus le bord,
pour le plus grand divertissement des gens de quart,
et à la grande joie de la jeunesse chinoise. Pour punir un homme qui a jeté des pierres aux soldats, nous
le mettons à la cangue, à la porte de notre yamoun;
mais la cangue est légère, et le drôle fume sa pipe et
boit son thé comme s'il était sur le seuil de sa propre
maison. Trévise tombe avec son cheval dans le Grand-
Canal, et il s'en tire sans accident, avec un souvenir

de voyage de plus. Il tonne dans la direction de
Pékin : le tonnerre gronde dans le ciel, comme la
colère dans le cœur du descendant de la noble dynastie Ta-Tsing.

La ratification pure et simple des quatre traités
par l'empereur Hien-Foung arrive enfin, et, après
une courte visite aux commissaires impériaux, chacun s'occupe à la hâte de ses préparatifs de départ.
Les troupes et les canonnières commencent à redes-
cendre le fleuve, et les chaloupes, chargées d'hommes
et de munitions, font retentir les rives du Peï-ho du
bruit de leurs avirons. MM. de Bellecourt et Bruce,
chargés de porter à Paris et à Londres les traités français et anglais, partent aussitôt pour Shang-haï. Le
comte Poutiatine, préférant la route de terre, envoie,
de son côté, un courrier qui, traversant à cheval toute
la Chine et la Mongolie, doit rejoindre à Irkoutsk la
malle-poste de Saint-Pétersbourg. Le mercredi,
7 juillet, à huit heures du soir, le baron Gros quitte
le yamoun pour venir coucher à bord de *la Dragonne*,
et partir le lendemain matin avant le jour. Je m'in-
stalle avec M. Marquès dans une petite jonque que remorque la canonnière. Une foule énorme de curieux
couvre les quais, et le yamoun est encombré de notables en longues robes blanches, amis de Sin, l'intendant, qui viennent voir la résidence abandonnée
par les barbares.

Nous partons par un temps humide et pluvieux ;

et, dans la première partie du voyage, la canonnière, emportée par un fort courant, et ne manœu-
vrant point assez vite, échoue deux fois en moins
d'une heure. La première fois, nous avons notre
beaupré dans les maisons d'un village ; la seconde,
notre arrière se trouve toucher un champ, et l'on
peut y passer d'une enjambée. A chaque échouage
notre barque vient donner violemment contre la canonnière. Nous y renonçons donc et nous montons sur
la dunette de *la Dragonne*. Nous remarquons, le long
de la route, que toutes les jonques ont des pavillons
blancs en signe de paix et de neutralité. En passant
auprès de la jonque de M. Delorisse, enseigne de
vaisseau, chargé du service des approvisionnements
entre Tien-tsin et le Péchéli, et lancé ainsi avec
quelques matelots européens en plein pays ennemi,
nous apprenons qu'il a pendu, la veille, trois Chinois
à son mât. Deux de ses matelots étant descendus à
terre, comme de coutume, pour acheter des vivres,
avaient été attaqués au détour d'une rue. L'un d'eux
avait reçu six coups de lance dans le ventre et dans
la poitrine. M. Delorisse arme ses douze Européens,
confie la jonque à son équipage chinois, et court arrêter les mandarins du village, les menaçant de leur
couper la tête s'ils ne lui livrent pas les assassins. On
les lui amène aussitôt, l'un mort de ses blessures, les
deux autres vivants, et il les fait pendre au mât de sa
jonque. Un fait piquant et fort empreint de couleur

locale vient égayer ce drame sanglant. Trois vieil-
lards, envoyés par les parents, viennent s'offrir en
holocauste à la place des coupables, et s'en retour-
nent très-surpris, et même indignés du refus du
commandant de la jonque. On eût dit qu'ils étaient
victimes d'une injustice. En se dévouant, ils auraient
touché une bonne somme d'argent, et ils auraient
enrichi leur famille pour plusieurs années. C'était
une excellente spéculation manquée par une puérile
idée de justice de l'officier français. Ce compromis
n'est point rare dans l'histoire du Céleste-Empire ; il
est même profondément entré dans les mœurs de la
Chine. C'est ainsi que, dans la rivière de Canton,
toutes les fois que les Anglais ont cru obtenir justice
des mandarins pour leurs compatriotes victimes d'un
attentat, on a toujours exécuté avec une grande
pompe, devant leurs délégués, de pauvres diables
parfaitement innocents du crime, et prenant volon-
tairement la place des meurtriers.

Nous arrivons à Ta-kou à cinq heures du soir,
mais il n'est plus temps pour passer la barre. Il faut
mouiller en vue des forts démolis et du camp abandonné, en attendant la marée du lendemain. Le
9 juillet, à midi, nous franchissons l'embouchure du
Peï-ho sans accident ; et, après six semaines d'absence,
nous nous retrouvons de nouveau à bord de l'Audacieuse.

Il est une chose que l'opinion publique en Europe

nous a assez vivement reprochée : c'est de n'être
point allés à Pékin, nous trouvant si près de cette
capitale. Un simple aperçu des obstacles que nous
aurions eu à vaincre, dans ce cas, suffira pour justi-
fier la conduite des ambassadeurs. Si nous nous ren-
dions pacifiquement à Pékin, nous devions nous soumettre à la cérémonie honteuse du *ko-téo*, cérémonie
par trop asiatique, et qui consiste à faire trois pro-
sternations et neuf génuflexions non-seulement devant l'empereur lui-même, mais encore devant les
emblèmes de sa puissance, par exemple devant son
trône vide. Lord Elgin et le baron Gros savaient de
source certaine que, plutôt que de nous exempter
de cette formalité, le Fils du Ciel quitterait sa capitale
et se rendrait en Tartarie avec toute sa cour. C'est
pour n'avoir point voulu se soumettre au *ko-téo* que
lord Amherst, en 1816, a dû quitter Pékin sans avoir
obtenu d'audience de l'empereur. Si, au contraire,
ne reculant pas devant une entreprise incertaine et
téméraire, les ambassadeurs avaient résolu de se
rendre à Pékin militairement, que de difficultés
n'aurait-on pas eu à vaincre, que de périls à affronter!
Sur cinq mille hommes, il en fallait laisser mille à
Tien-tsin, ville de huit cent mille âmes, pour garder
ce port, base de nos opérations. Il fallait en échelon-
ner mille autres sur la route pour défendre les convois de vivres, de munitions, de malades, de blessés,
le Peï-ho n'étant point navigable au-dessus de Tien-

tsin pour les canonnières. Avec les trois mille restant, l'on devait attaquer le prince mongol Sang-Ko-Lin-Sin, qui, fortifié à loisir dans un camp retranché, nous barrait la route de Pékin avec trente mille hommes : puis, ce corps d'armée détruit et dispersé, on aurait fondu comme la foudre sur la grande capitale consternée. Sans doute, rien n'est impossible à des soldats et à des matelots français et anglais, conduits par des chefs aussi expérimentés et énergiques que l'amiral Rigault de Genouilly et sir Michaël Seymour ! Mais, supposé que nous eussions remporté tous ces avantages, qu'aurions-nous trouvé en atteignant le but? La cour en fuite, les mandarins disparus, les autorités dispersées, le vide complet autour de nous; et, en face, une population de deux millions d'hommes, froissée dans son orgueil et dans ses préjugés, à contenir, à maîtriser, à gouverner. Au bout de peu de jours, nous aurions dû nous retirer devant cet isolement systématique et devant une révolte imminente de ces immenses multitudes, n'emportant aucun avantage de tant de sang versé. Voilà pourquoi nos ambassadeurs et nos amiraux, auxquels on ne pourra point, je pense, reprocher de manquer de hardiesse et d'intrépidité, ont reculé devant une lutte gigantesque, hors de proportions avec les moyens, et qui ne promettait point de donner de plus beaux résultats que ceux habilement et pacifiquement obtenus à Tien-tsin.

N'ayant pu voir Pékin, nous voulons au moins visiter la célèbre Grande-Muraille, qui sépare la Chine proprement dite de la Mandchourie et de la Mongolie, et qui n'est plus maintenant qu'un souvenir historique, puisqu'une dynastie tartare mandchoue règne depuis deux siècles sur l'Empire du Milieu.

« Shang-haï, le 2 août 1858.

« Les traités de Tien-tsin ayant été ratifiés par l'empereur Hien-Foung, le 3 juillet 1858, les quatre plénipotentiaires, suivis de près par les troupes et par les canonnières alliées, ont évacué aussitôt la ville pour remonter sur leurs navires; mais, avant de quitter définitivement le golfe de Péchéli, M. le baron Gros a tenu à visiter la Grande-Muraille de la Chine, et à juger par lui-même de la véracité de l'opinion qui la fait commencer dans la mer, à l'entrée du golfe de Léo-toung. Le 11 juillet, à sept heures du matin, l'ambassadeur, suivi de ses secrétaires et attachés, s'est embarqué sur *le Prégent*, élégant aviso à vapeur récemment arrivé de France. Trente ou quarante lieues séparaient, croyait-on, la muraille du mouillage de *l'Audacieuse*. Mais, vers le soir, le temps n'étant pas bien clair et la terre ne faisant encore qu'apparaître à l'horizon, il a fallu mouiller au large. Le lendemain, au jour, on a appareillé de nou-

veau, et bientôt la Grande-Muraille est apparue : elle
présentait l'aspect d'une suite d'édifices de même
hauteur, crénelés et barrant la plaine depuis la mer
jusqu'au pied de la chaîne de montagnes qui court
parallèlement au rivage, mais à plus d'une lieue de
distance. Une heure après, la Grande-Muraille avec
ses créneaux, ses contre-forts, ses jetées arrivant dans
la mer, et la pagode qui la termine vers le rivage,
était parfaitement visible presque dans ses moindres
détails, et nous avions devant nous le point de vue
le plus pittoresque, le plus beau que l'on puisse rencontrer en Chine : le long de la mer, cette vaste
plaine, couverte d'une végétation luxuriante et de
pâturages, avec de nombreux villages au milieu des
arbres ; et, au second plan, un horizon de hautes montagnes, les unes abruptes et escarpées, les autres
boisées et verdoyantes jusqu'à leur sommet, produisaient une scène que les Alpes seules peuvent rappeler, mais à laquelle la Grande-Muraille, sortant de la
mer pour se couvrir de pagodes et de bastions, et
grimper à pic sur les arêtes les plus hautes de la
montagne, donnait un caractère bien fait pour impressionner les imaginations même les plus lentes.

« Au pied de la muraille, du côté de la Chine, se
dessinaient les blanches tentes de deux camps tartares, laissant leurs chevaux paître en liberté les
herbes d'alentour. Le paysage, doré par le soleil levant, était plein de charme, et faisait comprendre la

vie pastorale des hordes mongoles ; il nous donnait
une idée exacte de cette Terre des herbes si bien dé-
crite par l'abbé Huc.

« Vue du côté chinois, la Grande-Muraille ressemble
à un immense ouvrage en terre, couronné de créneaux
en brique, mais en fort mauvais état et manquant en
plusieurs endroits. Du côté de la Mandchourie, au
contraire, la Grande-Muraille est construite en briques posant sur un soubassement de pierre. Elle est
flanquée de tours carrées dans toute sa longueur, à
la distance d'environ deux traits de flèche, afin que
l'ennemi puisse être partout atteint. Elle descend dans
la mer par deux jetées parallèles, qui suivent une
pente assez douce pour permettre d'y monter en sortant du canal. Les plus gros navires peuvent en approcher à moins de deux milles, et c'est là le véritable endroit où de nouveaux touristes devront débarquer.

« Malheureusement, nous ne le savions pas alors,
et nous avions jeté l'ancre dans les eaux de la Chine.
La plage en cet endroit-là est unie ; mais un violent
ressac rendait le débarquement difficile et ne permettait point aux canots d'approcher, sous peine
d'entrer dans le sable. Le rivage était couvert de
Chinois venant des villages voisins. M. Marquès, interprète de la mission, et le comte d'Ozery, commandant du *Prégent*, étaient descendus les premiers à
terre pour s'aboucher avec les autorités et voir si l'on

ne s'opposerait point à notre débarquement. Un mandarin, monté sur un cheval blanc et suivi par deux cavaliers, était arrivé du camp pour savoir ce que demandaient ces hommes venus de ciels inconnus; et, sur les assurances pacifiques de notre interprète, il avait déclaré que rien ne s'opposerait à ce que nous descendissions à terre.

« Nous débarquâmes donc, et ce ne fut pas le côté le moins piquant de notre expédition. Les canots ne pouvaient approcher, sous peine d'être roulés par les vagues. Le baron Gros descendit à terre, porté sur les épaules de trois matelots entièrement nus. M. le vicomte de Contades, ainsi que les attachés de l'ambassade, plusieurs officiers de l'*Audacieuse* et du *Prégent*, le suivaient, les uns sur deux, les autres sur un seul homme. Plusieurs, poussés par les lames, chavirèrent avec leur porteur et burent l'onde amère. Enfin, au bout d'un quart d'heure, la réunion eut lieu sur le rivage, et l'on partit avec une escorte de douze baïonnettes qu'on avait eu le soin de ne pas laisser mouiller. Nous nous dirigeâmes droit sur la muraille. Il nous fallut d'abord traverser différents petits cours d'eau qui aboutissent à la mer, et nous éloigner un peu du rivage pour trouver un sol moins humide. Plus nous nous rapprochions de la muraille, cette nouvelle terre promise que nous ne devions pas toucher, plus on voyait les Tartares s'agiter, monter à cheval et dénoter par tous leurs gestes et par

leurs manœuvres une émotion visible. Ils se séparè-
rent bientôt en trois corps : l'un resta à cheval devant le camp, nous coupant la route de la Grande-
Muraille ; l'autre se porta à notre gauche et mit pied
à terre dans les hautes herbes ; le troisième, composé de globules blancs et dorés, vint au petit galop
à notre rencontre. Ils nous demandèrent d'où nous
venions, où nous allions, et nous dirent qu'il leur
était impossible de nous laisser aller plus loin ; que
leur chef était absent, et qu'ils ne pouvaient prendre
sur eux de nous permettre d'approcher, ajoutant, du
reste, une foule de *tchin-tchin* à toutes ces mauvaises
raisons. Mais que l'on juge de notre étonnement,
lorsque nous sûmes que ces gens-là, campés en quelque sorte à la porte de la capitale, ne se doutaient
point que leur pays eût été en guerre avec la France
et l'Angleterre ! La prise de Canton, le bombardement de Ta-kou, la paix conclue à Tien-tsin, ils
ignoraient tout. Une seconde négociation semblait
avoir réussi ; ils nous permettaient d'avancer encore ;
mais, à trois ou quatre cents mètres de là, de nouveaux cavaliers, s'étant approchés, nous prièrent
instamment de ne pas aller plus loin.

« Avec nos douze baïonnettes d'escorte et nos re-
volvers, nous aurions pu facilement tenir en respect
ces trois cents cavaliers tartares, et monter, malgré
eux, sur la muraille ; mais l'ambassadeur devait éviter
toute rixe, toute affaire de ce genre, et ne voulait

point compromettre sa position pour une simple
partie de plaisir et de curiosité. Après avoir pris quelques croquis, avoir acheté quelques éventails aux
cavaliers tartares et emerveillé la foule de Chinois
qui nous environnait, en leur faisant boire de l'eau-
de-vie, en leur montrant nos montres, ou les faisant
regarder dans nos binocles, le baron Gros reprit la
route des canots, que plusieurs d'entre nous rejoi-
gnirent à la nage.

« Ces cavaliers tartares n'avaient ni arcs ni flèches,
mais tous portaient le fusil à mèche en bandoulière.
Leur poudre nous a semblé très-grossière, et, outre
des balles, ils avaient dans leurs cartouchières de
petits lingots de plomb. Leurs chevaux sont petits,
généralement blancs ou pies, d'une race essentiellement primitive : ces cavaliers portent dans leurs
grandes bottes leur pipe et leur éventail. Tous avaient
l'anneau de jade pour bander l'arc.

« Avant de quitter ces parages, nous sommes allés,
avec *le Prégent*, faire une pointe de l'autre côté de la
Grande-Muraille, vis-à-vis les plaines de la Mandchourie, qui se présentait à nous avec cette verdure
éclatante que l'on ne trouve que dans les pays longtemps couverts de neige et lorsque le soleil est venu
les vivifier. La Grande-Muraille, avec ses noires assises,
se détachait sur cette admirable végétation : on la
voyait, sortant de la mer et appuyée sur ses contre-
forts, gravir l'arête même de la montagne pour

suivre, pendant plus de six cents lieues, les contrées à demi sauvages qui s'étendent jusqu'aux confins de la Mongolie et du Kou-kou-noor.

« Après que nous eûmes longuement contemplé ce magnifique spectacle, le baron Gros donna le signal du départ, et *le Prégent* fit route pour les îles *Toki*, où nous attendait la frégate. Le lendemain matin, après quinze heures de route, nous nous retrouvions à bord, avec le souvenir d'une charmante course au lieu le plus pittoresque et le plus grandiose de la Chine, et avec le regret de n'y avoir point vu participer les officiers de *l'Audacieuse*, les sondages ayant partout signalé des fonds tels que les plus gros navires peuvent en toute sécurité remonter le golfe de Péchéli jusqu'au Léo-toung. »   (*Moniteur*.)

Le 17 juillet, dans l'après-midi, nous abandonnons *l'Audacieuse*, à Woosung, au confluent du Yang-tzé-kiang et du Whampou, et nous remontons à Shang-haï sur *le Prégent*. A peine avions-nous quitté la frégate, que la voie d'eau, qui existait depuis les tempêtes du Cap, a pris subitement une intensité extraordinaire. De trois à quatre centimètres, elle est montée à trente-huit centimètres d'eau par heure dans la cale. Il entre, dans les vingt-quatre heures, dans la frégate, cent quatre-vingt-quatorze tonneaux, soit bien près du chiffre énorme de quatre cent mille livres d'eau. Avec une avarie de cette gravité, il est impossible de songer

à reprendre la mer. On a donc recours aux expédients.
On cherche d'abord à réparer la frégate sur les lieux :
mais aucun dock, aucun bassin n'est assez vaste pour
la contenir; et le propriétaire de l'un d'eux, qui s'engage à élargir son bassin de manière à l'y faire entrer,
demande trois mois et trois cent mille francs. On y
renonce donc, et l'on décide de recourir aux docks de
Whampoa, dans la rivière de Canton. Guidée par un
pilote de la maison Dent, qui connaît à fond tous les
abris de la côte, et escortée par un grand steamer
de commerce américain, loué à cet effet, la frégate
gate chauffe à toute vapeur pour Hong-Kong, et y
arrive en quatre jours sans accident, ayant échappé
par cette course rapide au danger des typhons, si
fréquents à cette époque de l'année. C'est du côté du
manchon de l'hélice, dans les environs du presse-
étoupes, que réside l'avarie. Le système de l'hélice
sans puits semble condamné par cette expérience. On
a calculé que, dans notre traversée de France en
Chine, l'hélice avait donné six millions trois cent
mille chocs inutiles au bâtiment.

L'amiral, arrivé peu de jours après nous, nous
quitte promptement, ainsi que toute l'escadre française, pour voler à de nouvelles destinées, et entre-
prendre l'expédition de Cochinchine, où il doit
commander en chef les forces de terre et de mer
françaises et espagnoles. *Le Laplace* et *le Prégent* nous
sont seuls laissés pour escorter *l'Audacieuse* au Japon.

Le rendez-vous général pour les autres bâtiments est fixé à l'île d'Haïnan, dans le golfe de Tonkin. Nous restons complétement en dehors du mouvement alors commence pour nous une longue attente de six semaines, par quarante degrés de chaleur, dans l'atmosphère suffocante de Shang-haï, et au milieu du hideux cortége de choléra, d'insolations, de fièvres pernicieuses et de dyssenteries, qui accompagne la saison chaude dans cette partie de la Chine. De violents orages, de fréquents typhons viennent seuls rompre la monotonie de la journée, et tous nos regards sont fixés vers l'archipel du Japon, situé à trois journées de Shang-haï, où doit se dérouler la seconde partie de notre mission lointaine.

CHAPITRE IX.

Mœurs, coutumes, gouvernement de la Chine.

Nous avons réuni dans ce chapitre différents faits ou renseignements nouveaux sur l'Empire du Milieu qui n'ont pu trouver place dans le reste du livre. Nous les insérons ici tels qu'ils se présentent à notre souvenir, et sans suivre ni l'ordre des matières ni l'ordre des temps.

La Chine proprement dite se divise en dix-huit provinces; mais l'Europe ne connaît guère que ses six provinces maritimes, le Kwang-toung, le Fo-kien, le Tché-kiang, le Kiang-sou, le Chan-toung et le Péchéli. Jadis tout l'intérêt politique se concentrait sur les rives de la rivière de Canton, dans le Kwang-toung; aujourd'hui il s'est porté vers le nord, dans le Péchéli, et bientôt Tien-tsin et Ta-kou feront oublier Bocca-Tigris et Macao. Les trois provinces centrales, le Kwang-si, le Hou-nan et le Hou-pé, sont le principal théâtre de la grande insurrection. Le Kan-sou, le Chen-si et le Chan-si bordent au nord la Grande-Muraille. Le Su-tchouan et le Yun-nan confinent au Thibet. Le Kouei-tcheou, le Kiang-si, le Ngan-hoeï et le Honan complètent cette énumération des provinces chinoises.

L'Empire du Milieu se compose en outre de plusieurs pays ou royaumes tributaires, à savoir : la Mongolie, la Mandchourie, la Corée ; les îles Liou-tchou, le Thibet, le Tonkin, le Cambodje et la Cochinchine. Les îles Liou-tchou et la Corée envoient à Pékin un tribut chaque année, d'autres pays tous les trois ans, d'autres enfin à des périodes encore plus éloignées, comme par exemple tous les dix ans. Quant aux royaumes de l'Europe séparés par le vaste Océan des pays soumis à la domination du Fils du Ciel, ils ne lui rendent hommage qu'à des époques déterminées et à de plus ou moins longs intervalles. C'est le livre des rites qui nous l'apprend.

La Chine, depuis quatre mille ans, a été gouvernée par vingt-huit dynasties. Les trois dernières sont la dynastie mongole, la dynastie nationale des Ming, et la dynastie Ta-Tsing ou tartare mandchoue. Le dernier empereur se nommait Tao-Kouang, *raison éclatante*. Son fils Hien-Foung lui a succédé en 1850, au plus fort de la grande insurrection, et son règne n'a été jusqu'ici qu'une longue suite de calamités pour la Chine.

L'empereur, dans l'organisme du gouvernement chinois, n'est qu'un nom, un emblème, le représentant de la nationalité. Ce sont les conseils qui gouvernent souverainement; l'empereur est le rouage qu'on fait paraître. Tout se fait en son nom, mais sans sa coopération directe. Au reste, on ne saurait trop remarquer la belle centralisation, l'admirable organisation administrative de l'empire. Les institutions sont excellentes; ce sont les hommes qui manquent aux institutions.

Autant la Chine de Nankin est riche, autant la Chine de Pékin est pauvre et stérile. Aussi le gouvernement central prélève-t-il l'impôt en nature sur les fertiles provinces que baigne le Yang-tzé-kiang. Tous les ans, partent pour Tien-tsin des milliers de jonques chargées de riz et expédiées par les mandarins au commencement de la mousson de sud-ouest. C'est une corvée, une sorte d'inscription maritime qui est imposée à tous les possesseurs de jonques. Ils n'ont droit à aucune rémunération; mais, au retour, ils peuvent faire le commerce pour leur compte, et vendre dans la Chine centrale les fourrures, les fruits, les produits du Léo-tong.

Les sept provinces ci-après nommées faisaient autrefois parvenir leur tribut en riz à la cour de Pékin, par le Grand-Canal Impérial. Plus de douze mille jonques étaient employées à ce transport, et se répartissaient en nombres ronds ainsi qu'il suit :

Kiang-sou.	3000
Ngan-hoei.	1500
Tché-kiang.	2000
Kiang-si.	1500
Hou-pé.	1000
Hou-nan.	1000
Chan-tong.	2000
total.	12 000

Aujourd'hui les irruptions du fleuve Jaune, le *fléau de la Chine*, ayant complétement dégradé et rendu impraticable le Grand-Canal Impérial, tout cet immense mouvement de navigation fluviale est anéanti. Les Chinois ont adopté la voie du golfe de Péchéli et du Peï-ho, ce qui met leur capitale à la merci de l'Europe. Quelques canonnières n'ont qu'à venir chaque année au 1er avril croiser devant le cap Chan-tong ou cap Macartney, elles intercepteront la communication, elles arrêteront les jonques ; et, en peu de semaines, la famine régnera à Pékin, les Tartares en seront réduits à manger du petit millet. On a trouvé le côté faible du colosse, et l'Angleterre ne l'oubliera pas.

Selon sir John Bowring, Yeh aurait, dans ces dernières années, fait couper la tête à soixante et dix mille rebelles. Du 1er janvier au 1er août 1855, on n'aurait pas cessé de décapiter dans Canton. On coupait de deux cents à six cents têtes de rebelles par jour. Le journal de Hong-Kong parle d'une autre localité, dépendant de sa vice-royauté, où Yeh aurait fait exécuter , à la même époque , trente mille personnes : ce qui porterait à cent mille le nombre des exécutions. Mais le gouverneur général des deux Kwangs n'a reconnu comme exact que le chiffre de soixante et dix mille, et a déclaré le reste une pure invention de ses ennemis.

Le nom de l'empereur actuel est *Hang-Foung* ou *Hien-Foung*, selon les divers dialectes , et signifie *Abondance universelle*. Le signe qui sert à l'exprimer est une montagne entre deux rois : ce qui, aux yeux des Chinois superstitieux, est de mauvais augure. En effet, une montagne entre deux rois, cela présage division, anarchie, guerre civile. N'est-ce pas un peu ce qui arrive dans ce moment? De ses trois capitales, Hien-Foung n'en possède plus qu'une : Nankin est aux rebelles, Canton est entre les mains des barbares. Toute une portion de l'empire est soulevée contre la dynastie actuelle. Le présage a eu raison.

La grande montagne qui s'élève près de Canton se nomme la *montagne du Nuage blanc*. Elle est peuplée de tombeaux, comme toutes les montagnes ou collines en Chine. Macao en est un exemple frappant. Toutes les hauteurs de l'île Danoise, de l'île Française, dans la rivière des Perles, de Canton derrière le fort

Gough, offrent le même spectacle. On peut dire que la Chine n'est qu'un immense cimetière.

Un mandarin ne peut jamais exercer de fonctions dans la province où il est né. Pour plus d'impartialité, il doit toujours être étranger au pays qu'il régit. S'il est mandarin militaire, il ne doit pas amener sa mère avec lui : elle pourrait l'attendrir et chercher à le retenir au jour du combat, à l'heure du péril. S'il est mandarin civil, il ne doit pas amener son père. Il pourrait être d'un avis contraire au sien dans un jugement, et il serait alors contraint d'agir contre la piété filiale. C'est par une faveur toute spéciale de l'empereur, et par une dérogation au droit commun, que Yeh a obtenu que son père habitât avec lui à Canton.

Les Chinois, même en contact avec les Européens, conservent toujours quelque chose de leurs sots préjugés et du ridicule sentiment de la supériorité de leur race sur toutes les autres nations du globe. Le P..Deluc causait un jour, devant moi, avec son lettré, sur le pont de *la Durance*, et lui parlait des événements et du bombardement prochain de Canton. Les canonnières anglaises et françaises étaient déjà en ligne dans la rivière, et les autres bâtiments étaient mouillés dans les passes. « Je ne comprends pas, disait le lettré, que les mandarins n'envoient pas quelques Chinois sous les bâtiments européens pour y creuser des trous et les faire tous couler bas. —

Mais, s'écria le Père, ce n'est point chose très-aisée!
— Bah! répliqua le lettré avec un imperturbable
sang-froid, il y a des Chinois qui restent facilement
toute une journée sous l'eau. » Ce qui aurait été
bien plus facile pour eux et bien plus terrible pour
nous, ç'aurait été de mettre le feu à toutes les jonques et à tous les sempans qui encombraient le haut
de la rivière, et de les laisser suivre, dans cet état, le
courant. Au milieu d'une pareille bagarre, et malgré
les para-brûlots, bien des bâtiments auraient certainement péri. Un seul sempan chargé de poudre, qui
a pris feu, a causé assez d'effroi. On ne savait comment l'approcher et le diriger, et *le Phlégéton* a presque été accosté par lui. Heureusement, il a brûlé à
peu près sur place.

Voici comment, dans l'intérieur, le peuple inter-
prétait la retraite des Anglais et de l'amiral Seymour,
lors de l'affaire de la lorcha *l'Arrow*, à la fin de 1856.
L'amiral chinois avait usé de ruse et avait eu recours
au stratagème suivant. Il avait jeté, une nuit, au
jusant, une très-grande quantité de gros navets dans
la rivière. Les barbares rouges, entendant le tapote-
ment incessant des navets contre les flancs des vaisseaux, et se croyant attaqués, avaient usé toute leur
poudre contre ces ennemis imaginaires. Alors l'amiral chinois, voyant qu'ils avaient ainsi follement
épuisé la plus grande partie de leurs munitions, les
avait réellement attaqués et les avait tous pris et dé-

fruits. C'est ainsi qu'en Chine on écrit l'histoire. Le gouverneur général du Tchéli n'a-t-il pas eu recours, dans son rapport officiel, à une invention analogue, pour expliquer aux populations sa défaite du Peï-ho et notre victoire ! Une grande marée, subite, extraordinaire, était venue renverser les forts de Ta-kou, et, rendant inutile le courage de leurs défenseurs, avait permis aux diables étrangers de forcer l'entrée du fleuve.

L'arbre à pagode ou banyan, *ficus religiosa*, arbre imposant et ayant en effet un caractère religieux et grave, se retrouve partout en Chine contre les murs des pagodes et dans les cours des mandarins. Dans la campagne, à ses pieds, on voit toujours de petits autels, des bâtonnets fumants, quelques images bouddhiques fixées aux racines. C'est, du reste, le plus bel arbre de la Chine ; son feuillage est majestueux et toujours vert. De Macao à Shang-haï, de Tien-tsin à la Grande-Muraille, nous l'avons partout rencontré, accessoire obligé du yamoun ou du temple de Bouddha, et ombrageant à la fois de ses branches épaisses et la misère du bonze et la rapine du mandarin.

Il n'est point rare en Chine de voir des chefs de pirates devenir mandarins. On peut citer, entre autres, le fameux Apak, qui, dans ces dernières années, avait jusqu'à sept cents jonques de pirates sous ses ordres, et qui jouit aujourd'hui tranquillement, à

Ning-po, de toutes les prérogatives attachées à la possession du globule bleu. Le gouvernement chinois, désespérant de le réduire, a traité avec lui et en a fait un grand mandarin naval. Étrange pays que la Chine, où la piraterie conduit aux honneurs!

En Chine, l'aiguille aimantée marque le sud; il y a cinq points cardinaux; la gauche est la place d'honneur; le blanc est la couleur de deuil; la politesse exige que l'on demeure la tête couverte devant un supérieur ou devant une personne que l'on veut honorer; on lit un livre en commençant par la droite; on mange les fruits au début du dîner, et la soupe à la fin; dans les écoles, les enfants doivent apprendre tout haut leur leçon et la réciter tous à la fois, on y punit le silence comme une preuve de paresse; la noblesse, conférée à un homme pour un service éclatant rendu à l'État, ne s'étend point à ses descendants et n'anoblit que ses ancêtres, qui deviennent tous, par un effet rétroactif, ou ducs ou barons, tandis que ses enfants restent dans la foule. On pourrait remplir de nombreuses pages de ces étonnants contrastes entre la civilisation chinoise et notre civilisation de l'Occident.

Les habitants du Céleste-Empire n'ont jamais eu beaucoup d'attrait ni d'estime pour les Européens, établis malgré eux sur leur territoire. Si l'on veut avoir une idée du style dont ils aimaient encore naguère à se servir vis-à-vis d'eux, l'on n'a qu'à lire la procla-

15

mation suivante, affichée sur les murs d'une ville chinoise, en juillet 1851 :

« Les fidèles soldats et les chefs au cœur droit du peuple en masse de l'Empire de la grande dynastie des Tsings publient le présent mandement pour l'information des barbares haïssables.

« Barbares haïssables ! barbares dégoûtants ! Essayez donc de vous mirer dans une glace ! Voyez-vous-y ! Vous n'êtes que des bêtes et des animaux, ne différant des brutes que par votre manière de parler. Notre peuple vous parle raison, vous parle lois ; mais vous êtes aveuglément et obstinément stupides. Vous ne voulez pas comprendre. Aussi n'avons-nous plus qu'un seul moyen d'en finir avec vous : c'est de vous égorger et de vous massacrer tous tant que vous êtes. Car, depuis que vous êtes arrivés sur la terre de la nation du Milieu, pour commercer librement, vous avez toujours agi de la manière la plus brutale, sans la moindre pensée aux conséquences. Avec votre opium, vous avez entamé la vie et la santé de notre peuple ; avec vos clippers, vous vous êtes emparés violemment des sources de nos gains. Insatiables comme des baleines toujours prêtes à dévorer, constants et persévérants comme des vers à soie détruisant la feuille du mûrier, vous ne cessez pas de poursuivre vos empiétements. Que l'on vous accorde un pas, vous en faites deux immédiatement.

« Vous avez affamé forcément et usurpé obstiné-

ment nos terres, vous avez détruit nos tombes. Vous
avez bâti dans la ville d'innombrables demeures du
diable ; maintenant vous voulez encore un chemin et
un terrain pour des courses de chevaux ; vous voulez
aller jusqu'à Sou-kiang pour y bâtir une église.

« Vos iniquités accumulées ont déjà atteint leur
dernière limite ; vos crimes atteignent déjà les cieux :
mais le ciel suprême est en rage, et il nous a ordonné, à nous peuple, de vous détruire avec l'artillerie des dieux.

« Vous pensez qu'en agissant conformément à vos
plans, vous arriverez à vos fins, et vous vous apprêtez
à agir comme agissent le tigre et le loup parmi les
bêtes. Mais savez-vous que notre peuple ne vous regarde que comme des oiseaux dans une cage, des
poissons dans un filet, des chiens dans une trappe,
et des moutons dans un parc? Un beau matin, lorsque
la rage du peuple aura éclaté spontanée et soudaine,
vous vous trouverez tous assaillis ; vous serez égorgés,
ne laissant pas de vestige après vous. Le présent édit
est publié pour votre information. »

La conversation suivante, tant de fois citée, tenue,
en octobre 1849, à Pékin, entre l'empereur Tao-
Kouang et Pih-Kwé, alors juge criminel de la province de Kwang-toung, est également caractéristique.
J'ignore de quelle manière ce curieux document a pu
parvenir à la connaissance des consuls européens.

L'EMPEREUR. Alors Seu-Kwang-Tsin n'a conservé en

place aucune des personnes employées par Ky-Ing?
Ces dernières années, les affaires des barbares avaient
effrayé Ky-Ing presque jusqu'à le faire mourir. Les
gens qu'il employait dans l'administration de ces
affaires en avaient singulièrement exagéré l'importance, de telle sorte que Ky-Ing, constamment
effrayé, et ajoutant foi à tous leurs discours, n'a fait
qu'augmenter la grande renommée des barbares.
Vous avez mis ordre à tout cela. Il me semble que
les barbares ont absolument besoin du Kwang-toung
pour vivre.

PIH-KWÉ. Le peuple du Kwang-toung se convainc
tous les jours que les barbares ne peuvent pas vivre
sans cette province.

L'EMPEREUR. C'est exact. Quels sont les agents employés dans l'administration des affaires des barbares?

PIH-KWÉ. Les intendants Heu - Tsang - Kwang et
Howqua.

L'EMPEREUR. Les barbares anglais ont-ils dernière-
ment été soumis ou non?

PIH-KWÉ. Il semble qu'ils ont été quelque peu
soumis.

L'EMPEREUR. La garnison de Hong-Kong ne s'élève-
t-elle pas à trois ou quatre mille hommes?

PIH-KWÉ. Pas à plus de deux ou trois mille hommes,
encore la plus grande partie n'existe que sur le papier; plus de la moitié des soldats verts (les fusiliers

de Ceylan) se sont dispersés par suite de l'insuffisance des fonds affectés à leur entretien. Le commerce n'est point florissant à Ning-po ni dans les autres ports ouverts.

L'EMPEREUR. J'ai entendu dire qu'il n'est point florissant à Ning-po, ni à Amoy, ni à Shang-haï. Ceci nous prouve que la prospérité est toujours suivie de la décadence.

PIH-KWÉ. Les barbares anglais étaient dans une fâcheuse position l'an dernier dans leur propre pays, où ils ont été visités par une épidémie; et à Hong-Kong, l'an dernier, plus de mille personnes ont péri par suite des exhalaisons chaudes.

L'EMPEREUR. La prospérité est toujours suivie de la décadence! Que vaut le pouvoir de l'homme?

PIH-KWÉ. La fortune divine de Votre Majesté est la cause de la décadence des barbares anglais.

L'EMPEREUR. Vous êtes un homme des bannières, né et élevé à Pékin; vous devez connaître ce proverbe des vieilles femmes : « Mille projets, dix mille projets de l'homme ne valent point un seul projet de Dieu! » Pensez-vous, d'après l'apparence des choses dans le Kwang-toung, que les barbares anglais ou tout autre peuple y suscitent de nouveau du trouble?

PIH-KWÉ. Non; l'Angleterre elle-même n'y a rien gagné, et lorsque les barbares anglais se sont révoltés en 1841, ils dépendaient entièrement d'autres nations qui, dans le but de l'ouverture du commerce, les soutenaient avec des subsides. Dans la présente année, les territoires soumis à l'Angleterre sont prêts à se révolter contre elle.

L'EMPEREUR. Il est évident d'après cela que ces barbares considèrent le commerce comme leur principale occupation, et qu'ils cherchent sans cesse à acquérir de nouveaux territoires.

PIH-KWÉ. En somme, ils appartiennent à la classe des brutes, des chiens et des chevaux ; il leur est impossible d'avoir la moindre idée élevée.

L'EMPEREUR. Dans leur pays ils ont tantôt une femme, tantôt un homme pour les commander. Il est évident qu'ils ne sont point dignes de fixer un instant l'attention. Ont-ils comme nous un temps fixe de service pour leurs autorités, pour Bonham[1], par exemple ?

PIH-KWÉ. Quelques-uns de leurs officiers sont changés tous les deux ans, d'autres tous les trois ans. Et, quoique ce soit leur roi qui les envoie, ils sont en réalité dépendants de la corporation de leurs marchands (la compagnie des Indes).

Les Chinois d'aujourd'hui parlent des Européens avec un peu moins de dédain ; la dénomination de barbares a été rayée de la langue officielle, en vertu

1. Sir Georges Bonham, le gouverneur de Hong-Kong.

des traités de Tien-tsin. Mais je doute beaucoup que dans le style ordinaire la politesse internationale ait fait prévaloir des expressions plus douces. Aux yeux des Chinois, nous serons longtemps encore des gens supérieurs à eux dans l'art de la guerre, possédant des instruments de destruction plus perfectionnés, mais bien inférieurs dans les arts de la paix, peu civilisés, en un mot des pirates en grand.

Au lieu de s'efforcer d'obtenir l'ouverture de la Chine, la diplomatie européenne devrait travailler à la fermer. Ce peuple regorge de population, il déborde partout et tend de toutes parts à sortir de ses limites naturelles. Au nord, il envahit peu à peu la Terre des herbes, refoulant devant lui les Tartares Mongols. En Mandchourie, l'empereur a beau faire garder les frontières de son royaume paternel, afin d'avoir un refuge assuré s'il venait à être renversé du trône de la Chine, les habitants du Céleste-Empire n'en tiennent compte, et la civilisation mandchoue tend à disparaître devant les empiétements continuels du peuple voisin. Au sud, ils s'embarquent chaque jour par milliers sur des bâtiments affectés au service des émigrants. On les retrouve partout, en Californie, en Australie, à Java, à Manille, à Poulo-Pinang, à Singapore, à Hong-Kong, partout les plus industrieux des hommes, accaparant toute la richesse, mais en même temps les plus turbulents, les plus dangereux pour les gouvernements établis, et tous adeptes des sociétés secrètes. Ils ont manqué d'enlever les Philippines à l'Espagne; ils ont fait trembler un moment les autorités hollandaises de Batavia, et ils exigent l'emploi d'une active police à Singapore et à Hong-Kong. Les colonies nouvelles commencent à s'effrayer pour leur sûreté, et elles cherchent partout à les repousser. A Victoria, dans la Nouvelle-Galles du Sud, le parlement a voté un bill, *the Chinese emigration act*, pour diminuer l'émigration. L'autorisation d'introduire des Chinois est limitée à un homme par dix tonneaux de jauge des navires, et les capitaines ont à payer une amende de dix livres sterling pour chaque passager en sus de ce nombre réglementaire. A San-Francisco, une capitation de cinquante dollars est imposée à tous les Chinois qui débarquent; de plus, ils sont soumis exceptionnellement à une taxe mensuelle de six dollars par personne. La Nouvelle-Zélande les rejette entièrement : un meeting a déclaré ennemi public quiconque faciliterait l'introduction des coolies chinois. Enfin, rien ne diminuant l'affluence de la population chinoise vers les terrains aurifères, et la race jaune menaçant de dépasser sous peu d'années en nombre et en richesse la race blanche dans ces parages, la législature de Californie vient, dit-on, de prohiber formellement à l'avenir l'introduction à San-Francisco d'immigrants chinois.

Grâce à leur incroyable sobriété, à leur incessant

travail, à leur merveilleuse intelligence du commerce, ces émigrants réunissaient en peu d'années un capital considérable ; puis, réalisant leur trésor, ils voguaient de nouveau vers les côtes de la Terre des fleurs, appauvrissant d'autant la colonie. Ils n'y laissaient même pas leurs os. Chaque année, de grands clippers américains sont occupés à transporter de San-Francisco à Hong-Kong les rouges cercueils des Chinois, qui, avant de mourir, ont manifesté le désir de reposer du dernier sommeil auprès du tombeau de leurs ancêtres. Cette race est d'une prodigieuse fécondité : aucune autre ne l'égale sous ce rapport, aucune ne possède à un pareil degré la puissance de reproduction. Sur les jonques, sur les bateaux, dans les rues, on voit s'agiter toute une petite multitude. Les nombreux infanticides, les gigantesques massacres des rebelles, l'émigration persistante, rien n'y fait : le flot monte, monte sans cesse, menaçant de couvrir toute cette partie du globe, et le dernier recensement fixe, assure-t-on, au chiffre énorme de quatre cent quinze millions d'âmes la population actuelle du Céleste-Empire.

La civilisation chinoise date de quatre mille ans. Sept cents ans avant Jésus-Christ, il y avait déjà une littérature chinoise. Plusieurs des principaux monuments littéraires de la Chine sont de cette époque. Quelle merveilleuse antiquité, et comme nos peuples de l'Europe doivent paraître jeunes aux habitants du

Céleste-Empire! La langue mandarine est la langue savante ; le cantonnais, le fo-kienois, divers dialectes composent la langue populaire. Le mandarin joue dans l'extrême Orient le rôle du latin dans l'Europe. Avec le mandarin l'on peut se faire entendre dans tout l'empire chinois, en Corée, au Tonkin, en Cochinchine et à Siam. A Pékin, le peuple parle le pur mandarin.

Il est une remarque que j'entends faire sans cesse par ceux de nos officiers qui ont fait la campagne de Crimée, c'est à quel point l'architecture chinoise rappelle l'architecture musulmane. Le village chinois, bâti sur pilotis, qui était en face de nous à Whampoa, avec ses balcons peints en couleur et la place réservée sous chaque habitation pour les tankas, faisait involontairement penser aux rives du Bosphore et aux caïques, tandis que les minarets semblent avoir la même origine que ces tours de pagodes que nous apercevions à l'horizon. Les rues des villes turques sont aussi étroites et aussi sinueuses que celles des villes chinoises ; en outre, l'écriture offre une grande similitude. Mais, s'il y a entre les deux peuples des points évidents de ressemblance et de parité d'origine, les deux races sont au fond bien peu semblables. Autant le Turc est grave, digne, réservé, autant le Chinois est bruyant, criard et sans dignité : la grande barbe du Turc imprime le respect, la queue du Chinois fait sourire.

Il y a toute une population en Chine qui n'a point le droit d'habiter la terre, et qui vit et séjourne sur les fleuves et sur les canaux. C'est une race inférieure, vaincue, et maintenue dans cet état en vertu d'un vague souvenir historique se rapportant aux premiers temps de la Chine. De là cette foule de bateaux, de tankas, de jonques, de sempans, de cahutes construites sur pilotis le long des fleuves et des rivières, et que le flux et le reflux des bateaux à vapeur vient agiter et baigner. Tous les *compradors* qui approvisionnent les navires appartiennent à cette race des hommes de bateau. Il y en a de très-riches, qui possèdent sur la rivière de Canton des habitations magnifiques, très-élégantes et très-somptueusement meublées; mais telle est la force des traditions et des préjugés en Chine, que la possession à terre continue à leur être interdite.

Il paraît que, dans certaines parties de la Chine, il y a des brouettes à voiles. Lorsqu'il y a bonne brise vent arrière ou du travers, le travail de l'homme est singulièrement facilité. Ce fait, qui pourrait paraître imaginaire, est tout ce qu'il y a de plus réel. Au reste la brouette est, dans le Céleste-Empire, un mode ordinaire de locomotion. Les missionnaires, par économie, le préfèrent souvent à tout autre, malgré la fatigue qu'il produit. Que de fois, durant notre séjour à Shang-haï et à Tien-tsin, n'avons-nous pas vu arriver de ces brouettes de voyage! La roue est au milieu, le patient est assis sur l'un des côtés, ayant vis-à-vis de lui ses bagages.

Il y a 757 lieues de Canton à Pékin.

La grande insurrection chinoise a aujourd'hui singulièrement perdu de son prestige. Elle est privée de ses chefs, les rois des quatre points cardinaux. Le fameux roi de l'Est, le plus capable de tous, l'âme de l'insurrection, qui rêvait la domination universelle, a été assassiné par les autres, jaloux de son influence. En outre, les rebelles se sont battus dans Nankin; la guerre civile a fait plus de ravages dans leurs rangs que les boulets des mandarins. Tsien-Kiang, le célèbre démagogue de Canton, est toujours grand juge dans leur camp; mais leur plus habile général a déserté leur cause pour celle des impériaux, par suite d'un événement tragique qui mérite d'être noté. Ce général, très-ambitieux, mécontent de n'être point nommé roi du cinquième point cardinal, du centre, avait reçu des chefs de l'insurrection la promesse de le devenir s'il leur faisait remporter une victoire éclatante sur un parti considérable d'impériaux. Il se rend donc dans le camp des mandarins, et feint d'abandonner la cause des rebelles, s'efforçant de gagner la confiance des impériaux, afin de mieux les trahir. Le vieux général de l'empereur, blanchi dans les camps et dans les ruses chinoises, se méfiant d'une conversion si soudaine et en devinant la cause, l'accueille avec enthousiasme, il l'adopte solennellement

pour son fils et l'accable de prévenances ; puis, sous
main, il fait répandre aussitôt et avec persistance dans
le camp des insurgés le bruit qu'il a réellement
adopté le parti des mandarins. On le savait mécontent, aigri ; la nouvelle des faveurs dont il est comblé
augmente les soupçons; bref, les chefs rebelles ajou-
tent foi à ce bruit. On amène devant le camp son père,
sa mère, sa femme et ses enfants, et on leur coupe la
tête au bruit des fanfares. Lui, furieux, jure de tirer
une vengeance éclatante de cet acte barbare, et devient
le plus ferme appui du trône impérial. Il est nommé
général en chef et, adoptant un nouveau plan de
campagne, il brûle et saccage tout sur son passage,
et fait un désert autour des rebelles. Il les affame et
arrête ainsi leurs succès. De nombreux combats sont
livrés autour de Yang-Tchéou, clef du canal impérial;
la possession de cette place finit par rester aux mandarins. La grande insurrection chinoise est donc arrêtée dans sa marche vers la capitale ; depuis plusieurs
années, elle est stationnaire, et les autorités impériales sont revenues dans certaines provinces sur lesquelles naguère elle étendait sa domination. Elle possède Nankin, la capitale de la dynastie nationale des
Ming; mais Pékin continue à être la résidence de
la dynastie tartare mandchoue, et l'empereur Hien-
Foung est plutôt secondé par le vœu des populations,
une effroyable confusion de toutes choses devant être
la suite inévitable du renversement de son gouverne-

ment. Malheureusement, le trésor impérial est vide ;
la cour en est aux expédients, et ne peut plus payer
ses soldats, qui pillent partout pour vivre. L'empereur ne peut appeler à son secours les hordes tartares, ce serait une tentative inutile et désespérée : les
Mongols fondraient au soleil du Midi; et, quant aux
Mandchoux, ce sont de misérables peuplades peu
nombreuses, et armées seulement d'arcs et de piques.
Les deux partis restent donc ainsi en présence, vivant
aux dépens de malheureuses provinces complétement
dépeuplées et ruinées pour des centaines d'années. De
temps à autre, on apprend que de courts engagements ont eu lieu, les rives du Yang-tzé-kiang reten-
tissent de quelques coups de canon : ce sont les mandarins qui ont senti le besoin d'envoyer un bulletin
sonore à la cour de Pékin et d'appuyer par une victoire leurs nombreuses demandes d'argent. Mais ils
se garderaient bien d'écraser entièrement l'insurrection : ce serait tuer la poule aux œufs d'or. Tout
l'argent, en effet, que leur envoie le gouvernement
pour solder l'armée, passe dans leur bourse et y reste.
Il serait fâcheux, par excès de zèle, de mettre fin à
un si lucratif métier. On peut expliquer ainsi le caractère religieux et chrétien de la rébellion dans l'o-
rigine. La grande insurrection nationale chinoise a
pris naissance aux confins du Kwang-toung et du
Kwang-si, dans les montagnes des Miao-Tzé, tribus
indépendantes que le gouvernement chinois n'a ja-

mais pu soumettre. Or, il se trouvait jadis, parmi les
Miao-Tzé, beaucoup de chrétiens qui s'étaient réfugiés dans les montagnes, fuyant la domination tartare, et soutenant jusqu'à la fin la cause du fils du
dernier empereur de la dynastie des Ming. Le général
de l'armée du prétendant dans le Kwang-Si était
chrétien. Le prétendant lui-même était chrétien,
ainsi que sa famille. Il fut battu et tué par trahison
dans Koueï-lin, capitale de la province. De là des
traditions, des souvenirs confus ; de là le caractère
vaguement chrétien de l'insurrection dans l'origine,
caractère très-prononcé dans le début, mis bientôt
de côté par le roi de l'Est, attaché à la polygamie.

Il se fait un commerce de bestiaux assez actif entre
la Mongolie et la Chine proprement dite. Par la seule
porte de la Grande-Muraille la plus voisine de Pékin,
il entre annuellement vingt-cinq millions de moutons.
On peut évaluer à soixante ou soixante-cinq millions
le nombre des moutons entrant ainsi chaque année
dans le Céleste-Empire. Aussi, dans les provinces du
Nord, sont-ils à un prix fabuleusement bon marché :
mais ils ne pénètrent pas plus bas que Shang-haï et
Ning-po ; les provinces du Sud, couvertes de rizières,
n'ont point de fourrages pour les nourrir.

La famille de Confucius existe encore, elle habite la
province du Chan-toung, et jouit d'énormes priviléges.
C'est la seule noblesse héréditaire en Chine. Koung-
Fou-Tseu, son fondateur, est mort l'année 479 avant

Jésus-Christ. Certes, pour une famille, c'est une merveilleuse antiquité. Mais elle est dégénérée, et, depuis longtemps, elle n'a produit aucun homme remarquable.

A quatre-vingts ans, les Chinois ont le droit de porter des vêtements de couleur jaune, qui est la couleur de la famille impériale. C'est un honneur que la loi rend à la vieillesse.

La Corée forme un royaume tributaire de la Chine ; elle envoie tous les ans une ambassade à Pékin. Mais l'autorité du Céleste-Empire sur ce peuple est purement nominale et honorifique. Aucun Chinois n'a le droit de résider en Corée, de même qu'aucun Coréen n'a le droit de résider sur le territoire chinois. Il y a si peu d'affinité entre les deux peuples, que l'amiral Poutiatine a sauvé une fois l'équipage d'une jonque chinoise naufragée, qui allait être massacré par les Coréens. Les indigènes appellent leur pays *Koraï*. Les rivières y roulent des paillettes d'or. On y connaît l'existence de trois mines d'or, dont deux sont inexploitées, parce qu'elles sont défendues par de mauvais génies, au dire des mandarins, encore peu versés dans l'économie politique, et redoutant de voir une trop grande quantité de ce métal circuler dans le pays. Les Russes sont maîtres, depuis un an, du cours de l'*Ousouri* et de celui du *Soungari*, affluents de l'*Amour*. Ils sont terriblement voisins de la Corée, dont l'indépendance est sérieusement menacée.

Tous les yamouns appartiennent à l'empereur; c'est une propriété inaliénable et imprescriptible. Les mandarins, n'étant en fonction que pour trois ans, pensent plus à arrondir leur trésor qu'à embellir leur demeure, ce qui explique l'état de dégradation où sont tombés tous les édifices publics dans toute la Chine.

La vénalité est à l'ordre du jour en Chine : avec plus ou moins de sapèques, on peut tout, on sait tout; c'est une affaire de nombre. Les riches marchands de Sou-tchou-fou avaient gagné les secrétaires des hauts commissaires impériaux, et ils savaient aussi bien que nous tout ce qui se passait à Tien-tsin. Nous n'étions point encore de retour du Péchéli, que déjà le tao-taï de Shang-haï avait entre ses mains le texte chinois du traité anglais, et le communiquait à M. de Montigny. Avec cet entourage de lettrés et de mandarinaux qui sans cesse environne les autorités chinoises, tout secret d'État est impossible à garder.

Il existe encore à Pékin une grande église, plus considérable que la cathédrale de Tong-ka-tou. Confisqué jadis aux missionnaires, cet édifice n'a point reçu de destination. Il y a cinq ou six ans, la croix en surmontait encore le dôme; mais on l'a enlevée à cette époque, sous le prétexte que ce signe portait malheur et attirait les rebelles. Si la cour de Pékin consentait à restituer cette église à nos missionnaires, ce serait une preuve éclatante de la franchise de ses intentions et de l'abandon de la vieille politique anti-européenne.

Il y a en Chine de riches mines d'or, d'argent et de vif argent. Mais le gouvernement en défend l'exploitation sous peine de mort, alléguant que ce serait enlever des bras à l'agriculture et que, dans un pays peuplé comme le Céleste-Empire, qui a tant de peine à nourrir ses habitants, tout doit être sacrifié à l'intérêt du labourage. Il y a un autre motif à cette prohibition absolue. Le gouvernement chinois concédait, il y a peu de temps encore, l'exploitation des mines à certaines personnes. Mais à peine les concessionnaires avaient-ils amassé un petit trésor qu'une troupe de bandits bien armés se précipitait sur eux. Il s'ensuivait des rixes, des batailles, et des vols à main armée. Cette tactique se renouvelant sans cesse, la cour de Pékin, pour couper court à ce désordre, a complétement prohibé l'exploitation des mines dans tout l'empire. Il n'y a plus maintenant qu'une exploitation frauduleuse et cachée, faite à l'insu du pouvoir. On cite à Ning-po un simple coolie qui s'est enrichi de cette manière : il travaillait de nuit et avec une rare intelligence. Il y a de nombreuses mines de charbon de terre dans les environs de Pékin ; mais elles sont exploitées comme au temps d'Abraham, sans aucun souci de l'avenir. Les mines de Formose, exploitées par des compagnies chinoises, commencent à fournir leur charbon aux vapeurs européens.

On rencontre partout dans la campagne chinoise des cercueils peints en rouge, placés au milieu des champs. Ce sont des morts qui attendent la sépulture. La famille n'est pas assez riche pour payer un terrain convenable et pour faire les frais d'un enterrement solennel; elle attend que plusieurs de ses membres soient défunts pour faire toutes ces dépenses à la fois. Si c'est le père qui est mort, on attend la mort de la mère, souvent celle du fils aîné : car un enterrement solennel, c'est une ruine, et la moitié de la fortune y passe souvent.

Le cabotage européen sur les côtes de la Chine a pris, depuis quelques années, un assez grand accroissement. Partout où un navire européen s'établit, quinze jonques au moins disparaissent, et cela pour trois raisons : le navire européen est vaste, il navigue en toute saison, il peut être assuré; la jonque au contraire est d'un faible tonnage, elle est obligée d'attendre les moussons, et les Chinois ne connaissent point le système des assurances maritimes. Le commerce de cabotage est celui qui aurait pour les Français le plus d'avenir en Chine. Notre pavillon y jouit déjà d'une très-grande considération. M. de Montigny a organisé tout un service de barques chinoises, portant pavillon français, ayant chacune un matelot français pour capitaine, et faisant la traversée

entre Shang-haï et Ning-po. Ces barques portent les
lettres, les passagers, les marchandises, et inspirent
une si grande confiance aux Chinois, qu'ils les préfèrent à toutes les autres portant leur pavillon ou le
pavillon portugais. Aussi les propriétaires font-ils
d'excellents bénéfices.

Tous les Européens établis dans les ports ouverts
se plaisent à reconnaître l'honorabilité du haut commerce chinois. Ils avouent même que les grandes
maisons de banque chinoises sont souvent plus sûres
que les grandes maisons européennes. Mais il n'en est
point de même dans le commerce de détail.

En Mongolie, il y a huit ou dix mille chrétiens,
mais ce sont tous des Chinois. Les Mongols sont re-
foulés peu à peu, chaque année, par cette invasion
toute pacifique. Les Chinois passent la Grande-Muraille, achètent leurs terres et les cultivent. Les Mongols, ne voulant point renoncer à leur vie nomade et
adopter la vie sédentaire, reculent plus au nord de la
Terre des herbes, offrant ainsi quelque analogie avec
les Indiens de l'Amérique du Nord, qui reculent et
disparaissent devant la civilisation. Les Mandchoux
sont aussi devenus complétement Chinois. Le costume,
la langue, rien ne les distingue plus des habitants du
Céleste-Empire; et, en traversant Moukden, la capitale de la Mandchourie, on pourrait se croire dans
une ville des deux Kiangs ou des deux Kwangs.

Les missionnaires nous ont souvent entretenus des

affreux ravages que cause l'usage de l'opium en Chine, et des progrès rapides avec lesquels cette habitude délétère se répand chaque année dans l'empire. L'opium fut d'abord à l'usage exclusif des mandarins, qui le fumaient pour se donner du ton, pour prendre un excitant soit pour le travail, soit pour le plaisir. Ils en offraient à ceux qui venaient leur rendre visite, comme une curiosité, pour leur faire honneur, et ceux-ci n'osaient refuser. Peu à peu l'habitude s'en répandit ainsi dans les classes riches, parmi les lettrés, la noblesse, les gens approchant par leur position des mandarins, et parvint même sous le nom de *tabac d'honneur* à la connaissance du peuple, qui le fuma d'abord par amour-propre, puis par goût. Aujourd'hui, il n'y a point un district de la Chine où il n'exerce son empire : il a pénétré dans le palais des souverains, aussi bien que dans la cabane du pauvre. Le gouvernement chinois est impuissant à remédier au mal, il a tout le monde contre lui. C'est en vain qu'il a décrété la peine de mort contre quiconque fumerait l'opium; les femmes même de l'empereur Hien-Foung ne craignent point de violer cette défense dans son propre palais. C'est pour les mandarins une source abondante de revenus. En effet, les Chinois qui entretiennent des tabagies de ce genre se mettent à l'abri des poursuites en faisant des présents considérables à l'autorité, qui ferme les yeux. On prétend que le tao-taï de Shang-haï se fait ainsi près d'un million par année. Le goût de l'opium est irrésistible, une fois qu'on s'y est adonné. Pour y renoncer, il faut une rare énergie, et de plus risquer sa vie, l'estomac, privé de cette substance, se contractant en d'horribles douleurs. Les Chinois commencent vers l'âge de vingt ans à fumer une pipe par jour. Les grands fumeurs arrivent à huit, mais alors ils succombent dans un délai de cinq à dix ans. Ceux qui fument de deux à quatre pipes par jour peuvent vivre vingt, quelquefois trente ans. On fume l'opium dans une pipe de terre rouge de vingt à vingt-cinq centimètres de long, percée à son extrémité d'un petit trou dans lequel on introduit la boulette d'opium, mélangée avec de l'essence de rose, dont on aspire la fumée en quatre ou cinq longues gorgées. Chaque pipe donne d'abord une sorte de vertige, puis une extase pleine de charme, à ce qu'il paraît. Les fumeurs sont ensuite déposés dans une grande salle de repos, et couchés côte à côte sur le dos et sur des nattes. Le sommeil provoqué par l'opium est de quatre à cinq heures; après quoi le fumeur reste deux ou trois heures dans l'abattement et l'énervation. L'usage de l'opium abrutit. Ceux qui s'y livrent sont reconnaissables à leur air hébété et à leur maigreur. On fume d'abord l'opium à l'insu de ses parents, de sa famille. On va pour cela dans des tabagies, qui sont en général tenues par des femmes de mœurs douteuses. Puis on rentre chez soi, mécontent, de mauvaise humeur. On met le désordre dans la maison. On devient incapable de tout commerce, de tout travail ; on ne songe plus qu'à satisfaire sa condamnable passion, qu'à attiser le feu qui vous brûle. On hypothèque ses terres, on vend son mobilier, un coin de son toit, puis sa femme et ses enfants qui, au fond, n'en sont pas fâchés, ne pouvant plus tenir à un pareil tapage. On mange son dernier argent, avec l'aide des usuriers ; puis on devient un soldat, ou un suppôt des sociétés secrètes et des insurrections. Tel est le mal qui ronge et qui démoralise la Chine, et que lui cause sans scrupule l'humanitaire Angleterre, si vigilante et si susceptible lorsqu'il s'agit de négrophilie. L'on ne peut passer à Woosung et voir ces grands *receiving ships*, coulant bas d'opium et hérissés de canons, sans une secrète indignation. C'est le droit de la force, c'est le triomphe du lucre sans pudeur et sans principe !

D'un autre côté, voici des chiffres qui ont bien leur éloquence. Les Anglais importent dans le Céleste-Empire, selon M. Alcock, consul général de la Grande-Bretagne à Canton, et distribuent aux Chinois 70 000 caisses d'opium par année. Or la caisse d'opium valait, en août 1858, à Shang-haï, 480 taëls ; ce qui fait pour 70 000 caisses d'opium, en mettant le taël à 7 francs 80 centimes, la somme énorme de 262 080 000 francs. Cette denrée ne s'échange que contre de l'argent *sycé* ou des lingots. L'opium retire

donc du gouffre de la Chine plus de 262 millions
d'argent par année, qui rentrent aussitôt dans la consommation générale du monde, d'où ils auraient été
à jamais retirés. Ce commerce est un moyen de faire
rendre à la Chine une partie de ces trésors qu'elle
absorbe et enfouit. En échange de sa soie, de son
thé, elle n'accepte qu'imperceptiblement de nos produits, et ne prend que de l'argent. L'opium est un
moyen de maintenir jusqu'à un certain point l'équilibre des transactions, et de faire que le commerce
avec l'Empire du Milieu ne soit pas trop au désavan-
tage de l'Europe. Une saine économie politique doit
donc l'approuver. Voilà ce que peuvent dire, de leur
côté, avec une apparence de haute raison commerciale, les Dent, les Jardine, les Russell, les chefs de
toutes ces grandes maisons dont la splendeur est
fondée sur ce trafic. D'ailleurs les Chinois n'ont qu'à
renoncer à fumer l'opium, on ne pourra pas les
forcer à en acheter malgré eux. Quoi qu'il en soit de
la valeur de ces arguments, je crois que l'on ne peut
que se réjouir que la France soit si complétement en
dehors de ce commerce, et ne doive point une partie
de sa richesse à la démoralisation et à l'abrutissement
d'un peuple. L'âme noble et élevée de lord Elgin
s'est indignée de ce mal. Mais que peut-on contre des
habitudes commerciales si puissantes et si produc-
tives? Ne pouvant supprimer ce commerce, il a voulu
le moraliser : et désormais l'opium, assujetti aux

droits, et payant une somme fixe de taëls par caisse, ne sera plus considéré comme un objet de contrebande; il pourra être importé et vendu dans les ports ouverts, et l'équilibre sera rétabli entre les négociants étrangers. Les négociants honnêtes étaient, en effet, les seuls jusqu'ici à payer les droits, tandis que les marchands d'opium en étaient exempts.

Les sociétés secrètes existent depuis des siècles dans l'Empire du Milieu; elles y sont encore aujourd'hui nombreuses et redoutables. Les principales sont celles du Lis blanc, du Nénufar rouge, de la Raison céleste, de la Triade (le ciel, la terre et l'homme), et celle du Nuage blanc. Le Kwang-toung, le Kwang-si, le Fo-Kien en sont infestés; Hong-Kong, Manille, Singapore, Macao, en sont couverts.

Il y a une vingtaine de lieues de Tien-tsin à la capitale de l'empire. Pékin est située au milieu d'une plaine triste, aride, sablonneuse. Les hivers y sont glacials, les étés brûlants et poudreux. Le climat y est très-fatigant pour la poitrine : aussi les Russes qui habitent le collége ont-ils demandé à n'y plus rester que six ans au lieu de dix.

L'on ne trouve plus dans le nord de la Chine de tankas ni de tankadères. C'est un produit de la rivière de Canton. Aucun fils de tankadère ne peut devenir mandarin; et si, fraudant cette défense, quelqu'un d'eux passe les examens et parvient à gagner un glo-

16

bule, dès que la vérité se fait jour, il est aussitôt dégradé.

La célérité ordinaire des courriers de la cour de Pékin est de trois cents *lis*, ou trente-lieues par jour ; quand ce sont des dépêches urgentes ou *dépêches de feu*, les courriers qui les portent doivent faire cinq cents lis ou cinquante lieues par jour.

L'on se plaint beaucoup en France de l'encombrement qui a lieu dans toutes les carrières libérales ; cet encombrement, cependant, n'est rien en comparaison de celui qui existe dans l'Empire du Milieu. En 1821, on comptait plus de trente-deux mille docteurs ou licenciés sans emploi, terrible appoint pour les sociétés secrètes et pour les insurrections, et ce chiffre n'a dû qu'augmenter depuis.

Il y a des tremblements de terre à Shang-haï, dans un pays de vase, d'alluvion. Fait bizarre, que la science n'explique pas, à moins qu'ils ne viennent du Japon.

L'armée chinoise se compose de six cent mille hommes, répandus sur toute la surface de l'empire : ce qui n'est guère pour une aussi immense étendue. L'armée mandchoue comprend deux cent mille hommes, dont cent mille tiennent garnison dans la capitale et dans les villes du Nord. L'armée sino-tartare n'est point une armée régulière, telle que nous le concevons en Europe. C'est plutôt une milice destinée à soutenir les autorités provinciales et à maintenir

l'ordre dans l'empire. Les soldats ne sont point casernés, ils .vivent chacun chez eux dans leurs mé-
nages, et ne se réunissent que dans certaines occasions, ou sur un ordre de leur chef. Comme ils sont
fort peu payés, ils joignent en général au métier de
soldat quelque autre profession, surtout celle de laboureur.

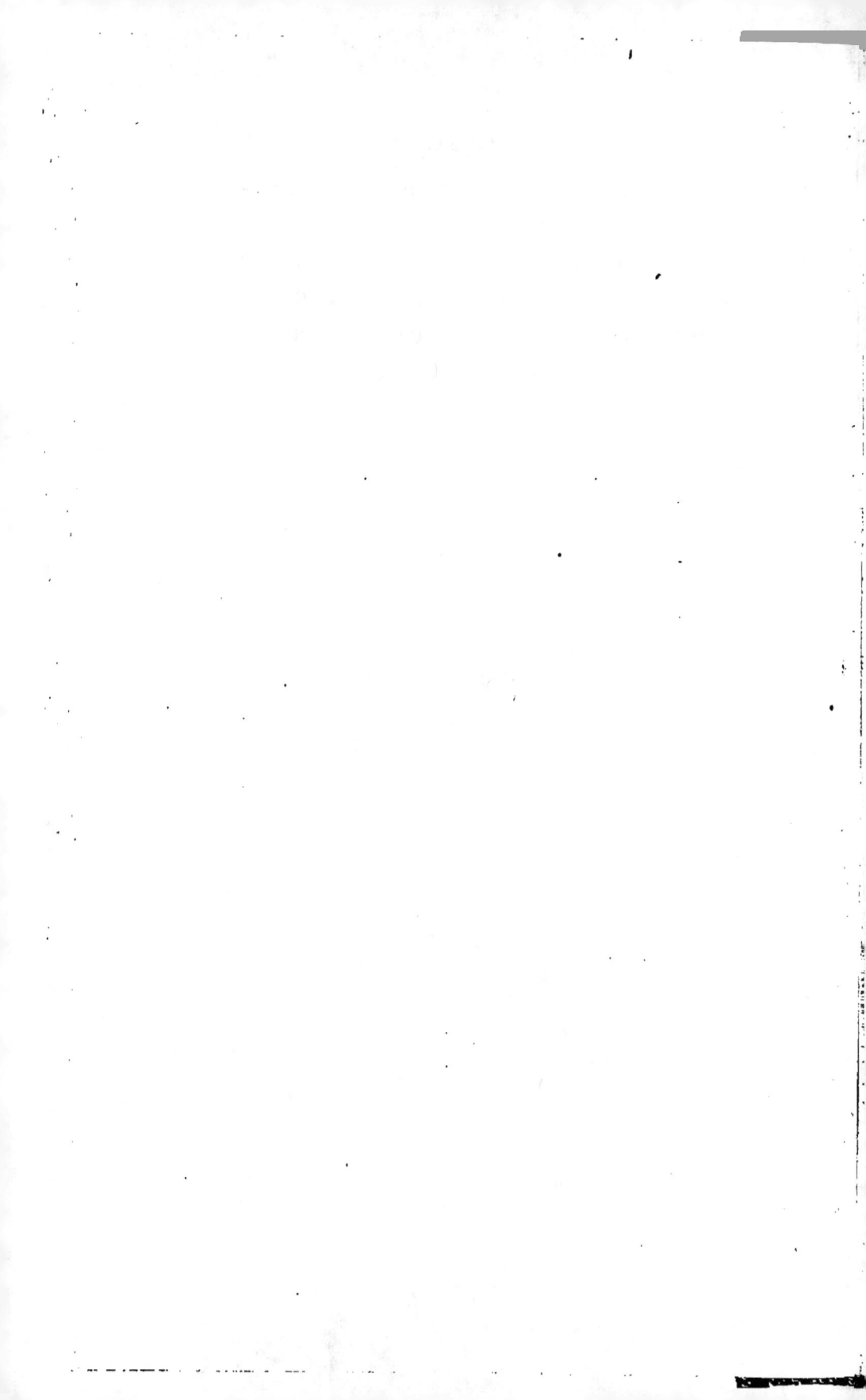

CHAPITRE X.

Départ pour le Japon. — Le détroit de Van-Diémen. — Relâche
à Simoda. — Le bazar. — Le dîner de Namorano-Nedanwanc-
Kami. — La baie de Yédo. — Mort de l'empereur civil. — L'ambassade s'établit à terre dans une bonzerie. — La ville officielle,
la ville marchande. — Le palais du taïcoun. — Promenades dans
les rues de Yédo. — Nos cent iacounin. — Conférences de Yédo.
— Signature du traité. — La ville de Nangasaki. — Factorerie hollandaise de Désima. — Tentatives du gouvernement japonais
pour se créer une marine de guerre. — Factorerie chinoise. —
Retour à Shang-haï.

L'espoir d'un prompt retour de *l'Audacieuse* s'étant
évanoui, et la mauvaise saison s'avançant à grands
pas, le baron Gros se décida, au commencement de
septembre, à quitter Shang-haï et à faire voile vers le
Japon, afin d'accomplir la seconde partie de sa mission. Il n'avait à sa disposition que deux bâtiments
de la marine impériale, la corvette *le Laplace* et l'aviso
le Prégent, et un petit vapeur du commerce loué dans
ce but, *le Rémi;* le reste de la flotte française avait

reçu ordre de rejoindre l'amiral en Cochinchine.
L'ambassadeur, MM. de Contades et de Chassiron,
M. l'abbé Mermet, notre nouvel interprète, s'installent à bord du *Laplace*. La Tour Maubourg, Trévise,
Flavigny et moi, nous prenons place sur *le Rémi*. Nous
avons avec nous M. Casimir Leconte, voyageur intelligent et intrépide, qui a successivement parcouru tous
les pays de l'univers. Durant quarante ans de voyages,
il n'a jamais éprouvé de tempêtes ni d'accidents d'aucune sorte; il n'a jamais été malade. Il s'est cassé successivement tous les membres sur les trottoirs de
Paris; mais, en voyage, il ne lui est jamais rien arrivé. Nous comptons donc sur son étoile, et nous
bravons avec lui les typhons que l'on nous prédit.
Son intéressante conversation doit, en outre, nous
distraire des ennuis inséparables de la mer.

Le lundi 6 septembre, à dix heures du matin, par
un temps admirable, un ciel bleu et pur, une légère
brise du nord, nous quittons les rives du Whampou.
Chacun part, heureux d'échanger le bon air de la
mer contre l'air suffocant et malsain de Shang-haï. Le
capitaine du *Rémi*, ses deux officiers, le personnel de
la machine, sont Européens : tout le reste de l'équipage se compose de Malais, d'Hindous, de Nègres, de
Chinois. Nous admirons le chant cadencé et mélancolique des Malais, levant l'ancre et hissant les voiles.
Notre bâtiment appartient à la maison Rémi, Schmidt
et Cᶦᵉ. Il est loué à raison de cinq mille cinq cents

piastres par mois, soit plus de mille francs par jour,
prix ordinaire pour ces parages.

Nos cabines sont petites, mais propres, et le carré
est bien aéré; le bâtiment, seulement, est trop peuplé. Les rats, les fourmis blanches et rouges et les
cancrelas se livrent nuit et jour, autour de nous,
aux plus étranges ébats. Un grand clipper de la maison Jardine, allant directement à Londres en cent
jours, avec un chargement de thé, quitte, en même
temps que nous, les eaux jaunâtres du Yang-tzé.

Notre machine est faible : *le Laplace* nous remorque
pour ne pas nous laisser en arrière. Au bout de quelques jours, ennuyé de ce soin, il nous quitte; et,
emmenant avec lui *le Prégent*, il nous indique le port
de Simoda comme rendez-vous. Nous voguons lentement, mais sûrement, sur l'Océan solitaire. Nous
avons vent *debout*, cependant le temps est toujours
aussi beau : on se croirait au commencement d'octobre en France, tant le ciel est pur et l'horizon se-
rein. Une assez forte houle de nord-est, que nous
avons contre nous, arrête singulièrement notre marche. Nous franchissons néanmoins fort heureusement
le détroit de Van-Diémen, en vue d'un grand nombre
d'îles; et, le 9 septembre, nous quittons la mer de
Chine pour le grand Océan. Le 14, à dix heures du
matin, après une traversée de neuf jours, nous jetons
l'ancre à Simoda. *Le Laplace* et *le Prégent* nous y attendaient depuis la veille.

Le port de Simoda est petit et étroit; il contiendrait avec peine plus de cinq ou six bâtiments à la fois; mais il est très-sûr et très-abrité, sauf du côté du S. O., où il est un peu ouvert. La ville n'est qu'un grand village, préservé des fortes marées par une jetée; le pays est le plus pittoresque et le plus accidenté du monde. Des pics brisés, une végétation luxuriante venant jusqu'à la mer, des pins sur les rochers, et, au milieu de cette nature sauvage, des rizières s'élevant çà et là en gradins; de délicieux vallons avec des ruisseaux, de ravissants effets de soleil, sur ces différents plans de montagnes volcaniques et escarpées, excitent chaque jour parmi nous les transports de l'admiration la plus vive. Partout nous rencontrons des paysans gais et heureux, des maisonnettes d'une exquise propreté, un air d'aisance et de bonheur.

Si la propreté peut être considérée comme un critérium de bonheur chez les peuples, comme chez les individus, à ce compte, les Japonais doivent être bien heureux. Ils sont riants et enjoués, et se plaisent à notre approche; les femmes ne se sauvent pas, à la vue des Européens, comme en Chine, et l'on n'est point entouré d'une foule de coolies déguenillés. Le costume des hommes du peuple est des plus simples, une sorte de large robe, avec une ceinture; mais toute leur personne respire une exquise propreté. On comprend ce qu'un pareil spectacle devait produire sur

des gens venant de passer six semaines à Shang-haï,
au milieu de cette hideuse fourmilière humaine qu'on
appelle une ville chinoise, et sur les rives plates et
monotones du Whampou.

Au fond de la rade flotte le pavillon des États-Unis :
c'est la résidence de M. Towsend Harris, consul général de l'Union américaine, établi au Japon en vertu
du traité de Kanagawa. Au reste, malgré tout le fra-
cas qu'elle a fait, l'ambassade du commodore Perry
n'a pas laissé de racines bien profondes dans le pays;
le nom de l'amiral Poutiatine y est bien plus populaire. C'est en rade de Simoda qu'eut lieu le naufrage
fameux de la frégate russe *la Diana*, exemple unique
d'un bâtiment périssant par l'effet d'un tremblement
de terre. Il y avait des moments où la frégate avait
soixante pieds d'eau au-dessous d'elle, et d'autres où
elle voyait ses ancres. En outre, une vague immense,
surgissant tout à coup de la mer, remplit brusquement la rade, renversa la ville et inonda toute la vallée. L'amiral et ses hommes se sauvèrent à la nage ;
quatorze seulement périrent. Les charpentiers du
bord s'occupèrent aussitôt de construire un petit navire , afin de pouvoir regagner les rives du fleuve
Amour : mais un grand bâtiment américain, qui leur
fut expédié, à temps, de Shang-haï, leur fournit un
mode de transport plus sûr; et la petite goëlette russe,
donnée aux Japonais, fait encore l'ornement de la
rade de Simoda.

Durant notre séjour dans ce port, nous avons reçu des autorités japonaises l'accueil le plus cordial et le plus empressé. Le gouverneur de Simoda, S. Exc. Na-morano-Nedanwano-Kami, vint, dès le premier jour, à bord du *Laplace*, rendre visite à l'ambassadeur.

Quand, le surlendemain à midi, nous descendîmes à terre pour lui faire, à notre tour, notre visite offi-cielle, il vint nous recevoir avec une grâce parfaite sous le péristyle de son palais, entouré de ses princi-paux officiers. Une collation splendide était servie dans la vaste salle d'audience. Nous prîmes place à gauche sur des siéges, et le gouverneur et ses six of-ficiers s'assirent sur leurs talons, de l'autre côté, vis-à-vis de nous. L'interprète japonais, à genoux, trans-mettait les paroles de l'abbé Mermet au gouverneur. Bientôt le thé et le saki, eau-de-vie de riz tiède et d'une force affreuse, circulèrent; on nous servit suc-cessivement dans des plats et des tasses de laque rouge, brune et noire, du poisson, du cochon, des œufs sous quarante formes différentes. En général, la cuisine japonaise nous parut analogue à la cuisine chinoise, mais infiniment supérieure comme service, bonne mine et propreté. Les serviteurs eux-mêmes portaient deux sabres, et, à chaque nouveau service, il y avait une surprise, un petit raffinement de luxe et d'élégance que l'on ne trouve point à la table des mandarins chinois. Ce furent d'abord des arbres nains, taillés en forme de fleurs ou d'animaux; puis un énorme poisson dans un plat imitant la mer et les algues marines, et de ravissantes fleurs faites avec des écrevisses et des navets découpés. Le gouverneur nous dit avec un sourire d'orgueil que ces fleurs étaient l'œuvre de ses officiers : ce qui nous donna une haute idée de l'adresse de ces messieurs, mais une moins grande opinion de l'importance et de la gravité de leurs occupations. Heureux peuple que celui où tout est tellement bien ordonné, où la machine sociale fonctionne si simplement, que ses principaux fonctionnaires peuvent occuper leurs journées à composer d'élégants bouquets de fleurs avec des navets, des carottes et de la chair d'écrevisse! Au milieu de toutes ces nouveautés étranges, ce fut un grand étonnement pour nous de rencontrer de vrai gâteau de Savoie, en tranches d'une netteté admirable et d'une saveur parfaite : cette importation date du temps des Espagnols, c'est-à-dire de deux siècles, et a conservé au Japon un nom castillan.

Une fois quittes des réceptions officielles, nous donnons tous nos soins au bazar de Simoda, qui mérite ici une mention toute spéciale. On sait que, jusqu'à ce jour, il était interdit, sous peine de mort, aux Japonais de vendre quoi que ce soit aux étrangers; c'était un monopole que se réservait le gouvernement. Prévenues de l'arrivée des bâtiments de guerre des quatre nations, les autorités japonaises avaient donc établi, dans un immense hangar, tout ce qui, dans les

produits du pays, pouvait exciter la curiosité des
étrangers. Là on voyait la laque du Japon utilisée
sous toutes les formes : de longues avenues d'encriers,
de boîtes, de bahuts, de tables de toutes grandeurs et
de toutes couleurs. Le prix fixe de chaque objet, en
itchibous, monnaie du pays, était écrit en chiffres
arabes, et une petite caisse en bois blanc, faite exprès
pour chaque chose, permettait de l'emballer, à peine
achetée, et de l'expédier à bord. Quels cris d'enthousiasme n'auraient pas poussés nos belles dames
de Paris à la vue de tant de merveilles de bon goût
et d'élégance ! L'ambassadeur, ses secrétaires et attachés, les officiers, les simples matelots, pensèrent
de même. Ce n'était, tout le long du jour, qu'un con-
tinuel va-et-vient de canots, pesamment chargés, allant de la terre aux navires ; et, quand au bout de
cinq jours nous partîmes, on calcula que les trois bâtiments avaient laissé pour près de trente mille francs,
en achats de laques, à Simoda.

Nos relations avec les habitants étaient des plus fa-
milières : on descendait à terre, à toute heure du
jour et de la soirée. Partout nous étions admirablement reçus : dans la journée, nous visitions les pagodes, qui sont fort curieuses ; nous entrions prendre
le thé dans les maisons ; le soir, nous nous mêlions
aux chœurs et aux danses en l'honneur de la lune.
Souvent on nous donnait gratuitement des bateaux
pour retourner à bord. Les Japonais nous disaient,

en riant, que nous ne trouverions pas à Yedo les mêmes soins, les mêmes prévenances; que les habitants
étaient plus rudes et moins aimables : nous avons
reconnu plus tard la justesse de cette observation.

Après cinq jours de relâche dans ce charmant pays,
l'ambassadeur donna le signal du départ. Jusqu'au
dernier moment, le pont de nos navires fut encombré
de Japonais venant boire du champagne et des li-
queurs, visiter la machine et les diverses parties du
bâtiment, puis prendre de longues notes sur leurs
éventails. Durant tout mon séjour dans le Céleste-Empire, je n'ai point vu, au contraire, un seul Chinois
venir à bord, sauf pour nous vendre des marchandises. Les Japonais cherchent à s'instruire; les Chinois dédaignent tout ce qui n'est pas dans les usages
de la race aux cheveux noirs.

Nous quittons, dans la nuit du 19 septembre, la
baie de Simoda pour gagner Kanagawa et Yédo. La
veille, le gouverneur avait envoyé deux de ses officiers, en grande tenue, à l'ambassadeur, pour lui annoncer officiellement la mort de l'empereur civil du
Japon : cette importante nouvelle était arrivée, le
matin même, de la capitale. Nous avons toute la journée nos pavillons en berne pour la mort du *Taïcoun*.
Je ne sais si les Japonais sont très-sensibles à cet
hommage qu'ils ne comprennent point. A l'entrée de
la baie de Yédo, *le Laplace* et *le Prégent*, partis quatre
heures après nous, nous rejoignent. Nous voyons une

17

foule de barques, de jonques, de villages, de villes,
au-dessus desquels s'élève le *Fusi-yama*, le mont national, dans toute sa majesté. Un soleil admirable
dore les coteaux d'alentour. A trois heures de l'après-
midi, nous mouillons à quatre milles du fond de la
baie, où est la capitale. Devant la partie de la ville
qu'on nomme Sinagawa, nous apercevons cinq bâtiments de guerre de forme européenne, dont deux à
vapeur, donnés par l'Angleterre et la Hollande. L'empereur civil est mort, depuis plus de vingt jours, de
la goutte dans l'estomac ; il n'avait que trente-cinq
ans. Le gouvernement a jugé prudent de cacher
quelque temps sa mort, suivant en cela la politique
traditionnelle de la cour de Yédo. Son successeur, qui
est son fils adoptif, n'a que treize ans et n'est pas encore reconnu : c'est un conseil de régence qui gouverne. Durant quarante jours, les Japonais devront
laisser pousser leur barbe en signe de deuil. On nous
dit tout bas que le nouveau taïcoun est d'une humeur
massacrante. Il commence ses grandes études et a
peu de goût pour Confucius et ses commentaires. Les
rites exigent qu'il étudie : son maître ne lui parle qu'à
genoux, mais il lui parle assez durement.

Le Laplace est assiégé pendant quarante-huit heures
par une foule d'officiers japonais, vêtus de riches
étoffes de soie, avec une suite portant double sabre,
allant, venant, circulant dans tout le bâtiment. Sept
gouverneurs de Yédo viennent à la fois à bord. Mais

la froide politesse de ce beau monde officiel nous fait regretter la franche bonhomie des habitants de Simoda. La volonté bien arrêtée du baron Gros de descendre à terre, d'habiter dans la cité même de Yédo et d'y négocier son traité, excite parmi ces hauts fonctionnaires les récriminations les plus vives, et donne lieu à d'interminables pourparlers. Le deuil où est plongé la cité empêcherait de recevoir convenablement la première ambassade française qui vienne au Japon, et que la cour de Yédo désirerait traiter avec honneur. Si l'on veut des honneurs, il faut attendre quarante jours. Le baron Gros répond qu'il s'en passera. Notre présence dans la ville exciterait du trouble, des rassemblements causés par la curiosité, et dont nous pourrions éprouver quelque préjudice. L'ambassadeur pense que c'est au gouvernement japonais à l'empêcher. Un choléra très-intense ravage Yédo. Il est mort trois mille personnes et il en meurt trois cents par jour : nous ne pouvons exposer nos vies en venant en ville dans un pareil moment. Le baron Gros répond que nous connaissons le choléra, qu'il existe aussi en France, et qu'il ne nous effraye point. Tels sont les principaux arguments des Japonais. L'ambassadeur est obligé de passer par toutes ces misérables arguties, déjà faites à lord Elgin et au comte Poutiatine. Enfin, après trois jours de ces fastidieuses visites, le séjour à terre, dans la cité même de Yédo, est accordé. Le 23, à midi, Contades,

M. Mermet et Flavigny descendent à terre pour voir
la demeure que les autorités japonaises nous desti-
nent, non loin du palais de l'empereur. Ils la trouvent
propre et suffisamment spacieuse, dans un quartier
convenable, pas trop loin de la mer ; et nous fixons
au 26 notre descente à terre. L'enterrement du taïcoun défunt ayant lieu le 24, nous consentons à remettre de deux jours notre établissement dans la
bonzerie.

Le dimanche, 26 septembre, à onze heures du matin, nous nous réunissons à bord du *Laplace*, et nous
partons dans trois embarcations pour fouler enfin le
sol de la capitale du Japon. Au moment où l'ambassadeur de France quitte *le Laplace* et où il passe devant *le
Prégent*, les matelots, debout sur les vergues, font entendre le cri cinq fois répété de : *Vive l'Empereur !* On
ne tire point le canon, par condescendance pour les
Japonais, qui ont encore une fois allégué le deuil du
taïcoun. Il fait lourd et chaud : nous mettons une
heure à gagner la terre. Nous passons devant cinq
forts, construits sur pilotis, entièrement à l'européenne, d'après les plans donnés jadis par les Portugais. Ils sont en fort bon état et couronnés de défenseurs. Nos bagages, partis le matin des bâtiments,
ont été transportés à terre sur des jonques envoyées
par les autorités japonaises. Nous approchons de terre
avec difficulté ; la marée commençant à baisser, nos
canots ne peuvent gagner le débarcadère. L'ambas-

sadeur est obligé de passer sur une barque de pêcheur
pour aborder, et il escalade par une échelle la terre
si longtemps ingrate et inhospitalière du Japon,
comme pour représenter ainsi la civilisation de l'Occident venant enfin battre en brèche l'antique civilisation japonaise. Nous nous trouvons dans une enceinte fortifiée, où sont rangés une centaine d'hommes
à deux sabres, destinés à nous escorter, et à la porte
de laquelle nous rejoignons la chaise historique de
l'ambassadeur et nos chaises à porteurs japonaises,
ou *norimons*. Nous refusons de monter dans ces élégantes boîtes en laque, pour mieux voir, et nous marchons à la suite du baron Gros. Nous traversons durant
quelques instants un quartier assez populeux ; mais les
fameux *canabo mohi*, ou porteurs de tringles, nous
précèdent et nous ouvrent le passage. Ces personnages,
si profondément empreints de couleur locale, se re-
layent à chaque porte, c'est-à-dire tous les cent pas.
Leurs tuniques à raies jaunes, vertes, noires ou
rouges, les font ressembler à des diables. Ils portent
une énorme tringle en fer, couronnée d'anneaux
également en fer, qu'ils font résonner sur le sol, et
terminée par une pointe aiguë qu'ils laissent tomber
sur les pieds du populaire. La foule, à leur approche,
s'écarte et nous laisse passer. Nous arrivons bientôt
dans la ville officielle, dans le quartier réservé aux
sous-bouniô durant leur année de résidence à Yédo, à
leur famille et à leur suite. Tout ce que la vie mo-

nacale peut avoir de plus lugubre, de plus sévère, de
plus sombre, se rencontre ici. Un style d'architecture
plus ornementé, mais analogue à celui d'une prison;
de grandes portes monumentales en chêne, toujours
fermées; de larges serrures en fer; et, derrière des
fenêtres grillées, toute une population d'hommes, de
femmes, de jeunes filles, nous regardant passer avec
curiosité. D'un côté de la rue habitent les sous-bouniô
et leur famille; de l'autre leurs domestiques. Du
reste, tout est bien différent de la Chine : les rues
sont larges, propres, aérées; elles sont même macadamisées et bordées de chaque côté d'un ruisseau
limpide; les maisons ne sont point entassées les unes
sur les autres, comme dans les villes chinoises. Partout on voit les traces d'une édilité active et vigilante.
Au bout d'une demi-heure de marche, nous arrivons
à notre demeure, située au pied d'une colline boisée
où se trouve un temple de Bouddha, qui domine la
baie et toute la ville. A peine arrivés, nous recevons
la visite des six *bouniô*, ou grands fonctionnaires désignés comme plénipotentiaires, qui viennent com-
plimenter l'ambassadeur et s'informer des nouvelles
de sa santé. Puis survient tout un dîner envoyé par
le taïcoun, dîner somptueux et copieux, semblable à
celui de Simoda, et que nous sommes obligés d'avaler
séance tenante. Le taïcoun nous a fait également la
gracieuseté de nous envoyer d'immenses paniers de
fruits, des poires, des marrons, du raisin; et il nous

annonce son intention de nous en envoyer autant
chaque matin, durant notre séjour dans sa capitale.

L'emplacement de la capitale du Japon occupe
cent milles carrés, et sa population est de deux millions et demi d'habitants. Il y a dans Yédo une foule
de petites hauteurs boisées, couvertes de bonzeries,
et d'où l'on a une très-belle vue sur le reste de la
ville. L'on rencontre à chaque instant de grands
jardins, des parcs où se promènent les autorités japonaises avec leur famille, car elles ne sortent jamais
que pour affaires. Au Japon, comme en Chine, les
autorités se montrent rarement au peuple, et toujours en costume de cérémonie et entourées d'un
cortége. Aussi, les Japonais ne pouvaient-ils nous
comprendre, quand nous leur disions que l'empereur Napoléon III sortait chaque jour en phaéton,
seul et sans suite, conduisant lui-même sa voiture,
ou bien à cheval, avec un aide de camp ; et que,
le reste du temps, il s'occupait de l'expédition des
affaires. L'idée d'un prince se montrant familiè-
rement à ses sujets déroutait tous leurs préjugés;
mais le fait d'un souverain s'occupant de l'administration de ses États confondait leur raison. Aussi
nous disaient-ils, avec un ton de conviction profonde, que cela devait être bien ennuyeux d'être
taïcoun des Français.

L'empereur du Japon n'agit point tout à fait de
même. Quand il sort, les rues doivent être vides,

chacun doit s'enfermer chez soi, et la ville doit rentrer dans l'immobilité et le silence: les rares spectateurs de la scène doivent demeurer le front courbé contre terre, et la moindre infraction à cette posture serait punie de mort. Au reste, les habitants de Yédo sont rarement troublés par la présence de leur souverain. Il ne sort plus de l'enceinte de son palais que cinq ou six fois par an, en norimon, pour aller adorer les images de ses ancêtres dans un temple situé à une lieue de la ville. Il est tellement circonscrit par l'étiquette, sa vie est tellement entrelacée dans les rites, qu'il devient de plus en plus un demi-dieu, invisible et trop élevé en dignité pour s'occuper des affaires de ce monde. Aussi, c'est le premier ministre, ou *gotaïro*, et les conseils qui gouvernent. On voit que l'institution a pas mal dévié de son but. Le taïcoun, lieutenant de l'empereur ecclésiastique, souverain absolu du Japon, établi pour décharger le *mikado* du poids des affaires, s'en décharge à son tour sur son premier ministre. De nos jours, le taïcoun devient insensiblement un second mikado.

Le lendemain de notre installation à Yédo, à six heures du matin, nous sommes sortis, M. Mermet, Maubourg et moi, pour faire une longue promenade du côté du palais de l'empereur. Nous n'avons eu pour le trouver qu'à toujours aller du côté opposé à celui que nos conducteurs voulaient nous faire prendre. Nous avons traversé deux vastes enceintes, avec de

larges fossés, pleins d'une eau courante, et des talus
fort élevés, fort bien tenus, couverts de verdure et
d'une sorte d'arbre vert, dont les branches tombaient
sur le gazon. De délicieuses cigognes ou aigrettes
blanches se dessinaient sur la verdure. Nous rencon-
trions à chaque instant des corps de garde, tapissés
en laque dans l'intérieur, et garnis d'hommes à deux
sabres, assis sur leurs talons. Le silence et la solitude
de ces vastes rues officielles n'étaient troublés que par
le passage d'une foule de *daïmio* ou princes japonais,
se rendant à cheval ou en norimon à l'audience
du taïcoun, tous en grand costume, et escortés
d'un nombreux cortége. Devant chacun marchaient
fièrement, au milieu de la rue, une vingtaine
d'hommes à deux sabres; puis venait le daïmio, avec
son grand chapeau en laque de toute couleur, son
costume gris perle, monté sur son cheval de cérémonie. Le harnachement de ces coursiers est encore
féodal et rappelle le moyen âge. Au Japon, l'on ne
ferre point les chevaux; ils ont des chaussures de
paille comme les hommes. Ces chevaux sont beaucoup plus grands, plus vigoureux que ceux de Chine,
nourris exclusivement de paille de riz, et rappellent
beaucoup notre ancienne race limousine, que l'on a
si peu intelligemment laissé perdre. Au reste, ils sont
traités avec honneur et réservés uniquement pour la
selle : les charrettes, à Yédo, sont traînées par des tau-
reaux, et dans tout Nipon il n'y a pas une seule voi-

ture. N'a pas qui veut le droit de se promener à cheval dans la capitale du taïcoun; c'est un privilége
réservé aux grands fonctionnaires. Pour en revenir
aux cortéges des daïmio, ces personnages ont derrière
eux un même nombre d'hommes à deux sabres, et
de simples coolies portant au bout d'un bambou de
larges malles en bois noir. Plus le daïmio est un grand
personnage, plus le nombre des malles est considérable. On m'a dit qu'elles renfermaient des costumes
pour tous les temps, pour toutes les saisons, pour le
froid et pour le chaud, pour la pluie et pour le soleil,
et que les daïmio se faisaient toujours ainsi suivre
d'une partie de leur garde-robe. Quoi qu'il en soit,
ces coolies, porteurs de malles, ajoutaient encore à
l'étrangeté de ces cortéges. Nous les suivions depuis
assez longtemps, et nous étions déjà sur le seuil de la
troisième enceinte, lorsque nos trois officiers à deux
sabres, nous barrant tout à coup la route, nous firent
comprendre qu'on leur couperait la tête si nous
allions plus avant. Nous insistâmes, ils supplièrent.
Malgré toutes leurs protestations, nous ne craignions
point pour leurs têtes; mais nous connaissions toute
la sévérité du gouvernement japonais pour quiconque
contrevient aux rites, et nous ne voulions pas être
pour eux un sujet de réprimande.

La veille, en effet, le baron Gros avait fait son entrée en ville, dans sa somptueuse chaise de Tien-tsin,
porté par huit Japonais habillés en Chinois. Il pa-

raît que s'habiller en Chinois est une chose insolite au Japon ; que c'est une énormité, un violent oubli de toute convenance. A cette occasion, six cents employés japonais, coupables de n'avoir point empêché le mal, ont été punis et condamnés à cent jours d'arrêt!... Total, soixante mille jours d'arrêt pour cette malheureuse chaise. On pense bien que l'ambassadeur s'indigna et fit relâcher, dès qu'il le sut, les prisonniers; mais il n'en resta pas moins dans l'esprit des cent officiers à deux sabres, envoyés par le taïcoun pour nous garder, nous escorter, nous espionner, un respect salutaire peut-être de la législation japonaise, mais une crainte, fâcheuse pour nous, de nous voir manquer, en quoi que ce fût, à ces rites, à l'observation desquels leur gouvernement attachait une si grande importance.

Yédo se divise en deux parties bien distinctes: l'une, tout officielle, autour du souverain, triste, calme et solennelle; l'autre, bruyante et populaire, pleine de mouvement et de cris. On dirait deux villes situées à cent lieues l'une de l'autre. La ville officielle est remplie des familles des *daïmio*, des *bounió*, des gouverneurs, de tous les fonctionnaires en général, retenues en otage par une politique défiante et ombrageuse, et également par ces fonctionnaires, durant l'année qu'ils sont obligés de passer à Yédo. La promenade dans la ville officielle peut être monotone, mais elle est paisible. Au contraire, dès que l'on a mis le pied dans la ville populaire, on doit s'attendre à voir les enfants crier, les hommes et les femmes accourir, toute la population perdre la tête; et l'on poursuit ainsi sa route au milieu d'une grande clameur, et suivi de cinq cents personnes. On comprend qu'une pareille promenade soit peu récréative, et qu'au bout de quelques heures passées de la sorte, l'on ne soit point fâché de rentrer au logis.

Notre établissement n'est point très-confortable; nous ne sommes séparés que par de simples cloisons en papier de riz de l'air extérieur, et, la nuit, il fait froid. Nos Japonais sont très-bonnes gens; ils font ce qu'ils peuvent pour nous procurer l'agréable après le nécessaire, et leur intelligence s'exerce de mille façons. Beaucoup nous disent déjà bonjour et bonsoir en français, d'autres savent compter avec nos chiffres jusqu'à cent. Pour condescendre à leur avide désir de s'instruire, nous nous transformons en maîtres d'école et nous leur apprenons l'alphabet; et, si nous étions restés encore un mois à Yédo, dans toute la bonzerie on n'aurait plus entendu parler que le français.

Les soirées sont un peu longues : à partir de huit ou neuf heures du soir, toutes les portes qui séparent les divers quartiers de Yédo sont fermées, et la circulation est interrompue jusqu'au lendemain matin à six heures. Nous montons sur la terrasse de la bonzerie pour admirer la gigantesque comète, ou

nous nous réunissons pour faire un whist chez les
commandants de Kerjégu et d'Ozery.

Il y a dans Yédo cinq cents lutteurs, aux formes
herculéennes, que l'on peut louer à volonté. Nous
pensons d'abord à les faire venir un soir; mais on
trouve le divertissement trop peu digne, et nous y
renonçons.

Nos conférences se poursuivent avec une grande
activité. Le baron Gros ayant bien voulu me désigner
comme secrétaire, j'y assiste avec Son Excellence et
l'abbé Mermet. L'ambassadeur préside, et les six plénipotentiaires japonais se rangent hiérarchiquement
devant lui, autour de la table. Chacun apporte sa
somme d'arguments dans la discussion, et nous admirons plus d'une fois la finesse et l'habileté de ces hommes d'État de l'extrême Orient. Voici leurs noms,
élégants sans nul doute au Japon, mais un peu durs
peut-être pour des oreilles françaises :

> Midzounó Ikigougonó Kami,
> Nagaï Hguembano Kami,
> Ynouïé Schinanonó Kami,
> Hori Oribenó Kami,
> Iouaché Fingounó Kami,
> Et Kamaï Sakio Kami.

Ce dernier plénipotentiaire est taciturne; il ne
prend jamais la parole, même au milieu des plus
vives discussions. Il écoute, et ne parle point. Nous

nous permettons de porter un jugement peu favorable
sur son esprit. Mais nous sommes tout étonnés un
jour d'apprendre la véritable nature et l'importance
de ses fonctions. Nous voyons sur sa carte de visite
qu'il prend le titre d'*espion impérial*, mot à mot,
homme qui regarde de travers pour rendre compte à
l'empereur.

L'espionnage, au Japon, est passé dans les mœurs,
dans les habitudes; il est légal et officiel, il fait partie
des mœurs administratives, et est élevé à la hauteur
d'un principe de politique intérieure. C'est pour la
cour de Yédo un mode de gouvernement. Aussi peut-
on dire sans exagération que la moitié du Japon
espionne l'autre. Nos cent *iacounin*, ou hommes à deux
sabres, étaient de fort braves gens à la vérité, mais ils
écrivaient néanmoins sur leurs éventails tout ce que
nous faisions dans nos promenades et dans nos chambres, pour en rendre compte sans doute à qui de droit:
or on y ajouta bientôt six nouveaux personnages,
chargés de surveiller ces *iacounin*, et de voir comment ils se comportaient dans leurs rapports avec
nous. C'était de l'espionnage au second degré.

Le samedi, 9 octobre, a lieu la signature du traité;
et, rien ne nous retenant plus à Yédo, l'ambassadeur
fixe au lendemain notre retour à bord. Nous disons
adieu à nos six *bounió*, qui nous donnent rendez-vous
en France, et Nagaï Hguembano Kami, le deuxième
plénipotentiaire, nous dit qu'il est déjà désigné comme

ambassadeur près la cour des Tuileries. Le gouvernement japonais enverra, en outre, d'autres missions
à Londres, à Saint-Pétersbourg et à Washington. Nous
demandons à Nagaï comment il compte se rendre en
France, si ce sera par Suez ou par le Cap, par les
paquebots ou par un bâtiment de guerre français. Il
nous répond que ce sera sur un navire de guerre
japonais, avec un équipage japonais, et qu'il abordera
au port de Toulon, avec son pavillon national au
grand mât, c'est-à-dire un globe rouge sur un fond
blanc. Comme nous faisions allusion à un article
du traité qui prescrit aux interprètes japonais d'apprendre le français dans l'intervalle de cinq ans, Nagaï,
en veine d'amabilité, dit en souriant à M. Mermet
qu'il sait fort bien que le français est la langue la plus
répandue en Europe, et que tous les gens comme il
faut se piquent de la parler.

Nous nous quittons donc dans les meilleurs termes,
et nous acceptons encore un dîner envoyé par le taïcoun : il fallait finir comme nous avions commencé.
Chacun de nous reçoit, en outre, de l'empereur, un
présent de rouleaux de soie de diverses couleurs, en
souvenir de la paix. La soie japonaise est moins fine
que celle de la Chine, mais elle ne le cède en rien à
celle-ci pour le brillant et la vivacité des couleurs.

Le lundi 11 octobre, l'ambassade de France quitte
Yédo pour retourner à bord. Dès le matin, une agitation inaccoutumée règne dans notre bonzerie : on

emballe, on paye les derniers comptes. On déjeune à
la hâte à huit heures, puis le grand déménagement
commence. Cent coolies ont été commandés la veille
avec tous les instruments nécessaires. Nous ne voyons
pas sans inquiétude nos pauvres effets se perdre dans
la foule, confiés à des inconnus. Le sous-bouniô, chef
de la bonzerie, entouré de ses *iacounin*, vient, au départ, faire ses adieux à l'ambassadeur. Nous nous
mettons en marche à la suite du baron Gros, à pied,
dédaignant nos brillants norimons ; et le drapeau
tricolore nous précède dans les rues de Yédo éton-
nées. On a fermé les portes, on a mis des cordes dans
la traversée des rues, de sorte que nous ne sommes
point gênés par la foule. Nous arrivons à notre débarcadère du premier jour, mieux organisé cette fois,
et, à midi, nous sommes à bord de nos bâtiments.
Cinq cris de *Vive l'Empereur !* saluent le retour de
l'ambassadeur sur *le Laplace*.

Le lendemain, dès l'aube du jour, nous levons l'ancre et nous disons adieu à Yédo. En sortant de la
baie, nous sommes accueillis en mer par de très-
grandes brises et par un fort coup de vent qui nous
mènent en quatre jours au détroit de Van-Diémen, et
en cinq jours à Nangasaki.

Nous y retrouvons *le Laplace* et *le Prégent*, arrivés le
matin même ; une grande frégate russe, *l'Askold*, dé-
mâtée par un typhon, et deux frégates à vapeur américaines, *le Powhatan* et *le Mississipi*. Une foule d'em-

barcations japonaises sillonnent la rade, les unes
pour espionner, les autres pour porter des vivres aux
bâtiments. Même après Simoda, nous admirons Nangasaki, et ce port nous paraît à la hauteur de sa grande
réputation. Le paysage est moins pittoresque qu'à
Simoda, mais il est bien plus large comme horizon.
Dans les arbres, sur les hauteurs de l'arrivée, on aperçoit des pièces de canon, et, çà et là, de grandes
bandes de toile destinées à simuler de formidables
batteries.

Il y a dans ce moment, à Nangasaki, deux charmantes petites corvettes à vapeur, *Nipon* et *Yédo*, que
la cour de la Haye cède au gouvernement japonais.
Un capitaine de frégate, aide de camp du roi des
Pays-Bas, les a amenées d'Europe, et est chargé, avec
ses ingénieurs et ses officiers, de l'instruction des
deux équipages indigènes. Sa mission doit durer deux
ans, et il se loue hautement du zèle et de l'intelligence des Japonais confiés à ses soins. Il est facile
d'en faire promptement d'excellents matelots ; mais
on ne peut former, du jour au lendemain, des officiers, et ce sont les officiers qui manqueront encore
longtemps à la marine japonaise.

Outre M. de Kattendycke, nous trouvons à Nangasaki M. Donker Curtius, président de la factorerie
hollandaise et commissaire de S. M. Néerlandaise au
Japon. M. Donker Curtius est depuis vingt et un ans
aux Indes, et depuis cinq ans à Nangasaki. Il n'est pas

retourné une seule fois en Europe. Il est marié et a sa
femme et ses cinq enfants en Hollande, car jusqu'ici
le gouvernement japonais n'avait point permis aux
Hollandais d'avoir leur famille avec eux.

Nous passons notre temps fort agréablement au
milieu de la petite colonie hollandaise. D'après M. Donker Curtius, il fait presque aussi chaud à Nangasaki
qu'à Batavia durant les mois d'été ; mais, en hiver, il
y a de la neige, et souvent de la glace. La table y est
très-fastidieuse par le défaut presque absolu de
viande.

Il n'y a ni mouton, ni chèvre, ni cochon au Japon.
Les Japonais, comme les Chinois, vivent presque
uniquement de riz, de poisson et de volaille. Les
bœufs sont réservés pour l'agriculture, et les tuer serait considéré comme un sacrilége. En hiver, il y a
du gibier, des cailles, du sanglier, du daim ; et, à
cette époque de l'année, un faisan coûte six sous à
Nangasaki.

Les princes japonais chassent sur leurs terres avec
des fusils à mèche et des chiens, mais le plus souvent
avec des flèches : l'exercice de l'arc passe pour le plus
noble, comme demandant le plus d'adresse et d'agi-
lité. Au reste, ils cultivent également les sciences, et
l'un d'eux, le prince de Satsouma, déconcerta un
jour singulièrement les officiers hollandais, en leur
adressant une question à laquelle ils ne purent répondre. Il leur demanda quelle était l'application de

la photographie aux observations barométriques. Les marins hollandais avaient oublié qu'à l'observatoire de Greenwich on se sert d'appareils photographiques pour mieux constater les variations barométriques, thermométriques, hygrométriques. Mais comment ce fait scientifique si nouveau était-il parvenu à la connaissance du prince de Satsouma, à sept mille lieues des bords de la Tamise?

On jouit, à Nangasaki, de la plus grande liberté de circulation. On ne voit partout dans les rues que Français, Américains et Russes. Nous traversons, pour descendre à terre, le fameux îlot de Désima, îlot factice adossé à la mer, si célèbre par la longue captivité à laquelle les négociants hollandais se sont laissé soumettre pendant deux siècles, ne croyant point payer par là trop cher le droit de commercer avec le Japon. Aujourd'hui les corps de garde sont vides, les barrières sont abaissées, et chacun se rend librement en ville.

On a beaucoup exagéré l'importance du commerce de la Chine avec le Japon. Ce commerce est presque nul. Les Japonais méprisent trop les Chinois pour avoir de fréquents rapports avec eux. Il ne vient guère par an, en moyenne, que quatre ou cinq jonques chinoises à Nangasaki. Les sujets de l'Empire du Milieu occupent dans cette ville un assez vaste terrain, à droite de Désima ; mais il est enclos d'une forte palissade, et il ne leur est point permis d'en sortir. La plus grande partie de leurs importations se compose, dit-on, de marchandises européennes, et ils font ainsi concurrence aux Hollandais.

Le vendredi 22 octobre, notre départ est résolu. Le gouverneur de Nangasaki, dans une superbe jonque de plaisance, ornée de banderoles et de bannières, et remorquée par une douzaine de bateaux, vient à bord prendre congé de l'ambassadeur. A onze heures, les trois bâtiments lèvent l'ancre et sortent du port. *Le Prégent* nous quitte pour faire route vers l'archipel des Liou-tchou et Hong-Kong. Il va porter à nos pauvres missionnaires, si séparés du reste du monde, des livres, des lettres et des nouvelles d'Europe. Nous avons hâte d'arriver à Shang-haï, où quatre courriers nous attendent. Nous comptons trouver au large de très-grandes brises vent arrière; nous rencontrons le calme. Néanmoins, à la fin du troisième jour, nous revoyons Woosung et les rives du Whampou, et, après sept semaines d'absence, nous venons mouiller derechef devant la partie du quai de Shang-haï qui borde la concession française.

CHAPITRE XI.

Mœurs, coutumes, gouvernement du Japon.

Durant notre court séjour dans l'empire du Japon, il nous a été donné de faire quelques observations sur les mœurs, les coutumes et le gouvernement de ce lointain pays, et d'entrevoir cette curieuse civilisation qui s'est développée à elle seule en dehors du contact du reste du monde. Ce sont ces observations, bien incomplètes à la vérité, mais présentant néanmoins un certain intérêt, que nous mettons ici, sans suite et par réflexions détachées, sous les yeux de nos lecteurs.

Une poétique légende attribue à une émigration chinoise la première colonisation de l'archipel japonais. Un souverain de l'Empire du Milieu, violent et cruel, faisait trembler toute sa cour. Sentant ses forces faiblir, il aurait ajouté foi à une croyance populaire

qui déclarait possible la composition d'un baume
d'immortalité. L'un de ses médecins, désireux d'assurer sa tête en s'éloignant de son maître, se serait
chargé de ce soin. « L'herbe d'immortalité existe,
aurait-il dit au despote, elle pousse au delà des mers,
dans les vallons de Kiousiou ; mais elle est d'une nature si subtile et si délicate, que, pour conserver sa
valeur et ne rien perdre de sa vertu, elle doit être
cueillie par des mains chastes et pures. Donnez-moi
trois cents jeunes gens et autant de jeunes filles d'une
constitution saine et robuste, choisis dans les premières familles de l'empire. Nous traverserons ensemble la mer, et, au bout de peu de semaines, nous
rapporterons à Votre Majesté la plante si précieuse
qui doit conserver ses jours. » Le rusé médecin partit, mais il ne revint pas, et il s'établit avec ses com-
pagnons dans la verte Kiousiou, formant ainsi la
souche de la belle race d'hommes qui peuple, depuis
des siècles, tout l'archipel japonais.

Malheureusement, l'ensemble des faits s'oppose à
cette gracieuse origine. Les Japonais, aussi blancs
que nous, ne sauraient être les descendants des jaunes
fils de Han ; eux-mêmes, au reste, repoussent toute
communauté d'origine avec les Chinois. Leur civilisation, identique, en certains points, avec la civilisation chinoise, s'en éloigne grandement sur beaucoup
d'autres. Sans doute, les caractères de l'écriture sont
les mêmes ; le culte de Bouddha et celui de Confucius

existent également dans les deux pays ; au Japon
comme en Chine, les mêmes pagodes s'élèvent, des-
servies par les mêmes bonzes, à la tête rasée et à la
longue robe grise ; le système des jonques est analogue ; le riz et le poisson, le thé et l'eau-de-vie de
riz forment la principale nourriture du peuple à
Yédo comme à Canton ; les coolies japonais, portant leurs fardeaux, font retentir les rues de Nangasaki des mêmes cris aigus et cadencés que les coolies
de Shang-haï, portant au bâtiment européen les balles
de thé et de soie ; la littérature de l'archipel n'est
point nationale et est entièrement chinoise ; la coiffure des Japonais rappelle celle des Chinois des anciennes dynasties, antérieure au port de la queue.
Mais là s'arrêtent les ressemblances. La race japonaise, noble et fière, toute militaire et féodale, diffère
essentiellement de la race chinoise, humble et rusée,
dédaignant l'art de la guerre, et n'ayant d'attrait que
pour le commerce. Le Japonais connaît le point
d'honneur ; lui enlever son sabre est une insulte, et,
dans ce cas, il ne peut être remis dans le fourreau
qu'après avoir été trempé dans le sang. Le Chinois
se met à rire quand on lui reproche d'avoir fui devant l'ennemi, ou qu'on lui prouve qu'il a menti : ce
sont pour lui choses indifférentes. La race chinoise
est d'une saleté dégoûtante, la race japonaise est
d'une merveilleuse propreté. Le Japonais est d'un
naturel enjoué, intelligent, avide d'apprendre ; le Chi-

nois méprise tout ce qui n'est point de son pays.
Tout dénote donc dans l'habitant de Nipon une race
supérieure à celle qui peuple la Chine; et l'on peut
raisonnablement admettre que les Japonais appartiennent à la grande famille mongole, et doivent leur
origine à une émigration ancienne venue par la
Corée.

Les Chinois considèrent le Japon comme un pays
tributaire de l'Empire du Milieu. Cependant, à Nangasaki, ils ne peuvent pas sortir de l'enceinte de leur
factorerie, close d'une forte palissade; et, à Yédo,
nous avons été obligés de ne plus laisser nos domestiques chinois descendre à terre, tant, à cause de
leur costume et de leur queue, ils étaient un objet
de plaisanteries de la part des indigènes.

Les Japonais, dans le langage ordinaire, appellent
leur pays *Nipon*, et, dans le langage poétique, *empire
du soleil levant*. Leur archipel se compose de quatre
grandes îles et d'une foule de petites. Les quatre
grandes îles sont Yédo, Nipon, Sikok et Kiousiou.
Nipon, la plus considérable, renferme les trois grandes
capitales politique, religieuse et commerciale du Japon, à savoir Yédo, résidence du taïcoun, Méako,
résidence du mikado, et Oosaka, résidence du haut
commerce. L'empire du taïcoun s'étend, en y comprenant le groupe des Bonin et celui des Liou-tchou,
sur plus de trois mille huit cents îles ou îlots. Cet
archipel est chaque année le théâtre de violents trem-

blements de terre ; aussi, toutes les maisons sont-elles
en bois et à un seul étage. Cependant, à Yédo, les
murs des différentes enceintes et les portes sont de
construction cyclopéenne, et se composent d'énormes
blocs de pierres non taillées, et ajustées les unes dans
les autres. Plusieurs volcans sont encore en ébulli-
tion. Le Fusi-Yama, la plus haute montagne du
Japon, est élevé de trois mille sept cent quatre-vingt-
treize mètres au-dessus du niveau de la mer. Il n'est
pas, quoi qu'on en ait dit, couvert de neiges éter-
nelles : car, quand nous l'avons vu, il n'en restait
plus ; les chaleurs de l'été les avaient fait fondre. De
redoutables typhons viennent, chaque été, boulever-
ser ces mers, qui sont les plus orageuses du globe.
Aussi, saint François-Xavier disait que, de son temps,
sur trois navires allant au Japon, il était rare qu'on
en vît revenir un. Le coup de vent de l'équinoxe
d'automne se fait particulièrement sentir dans ces parages. Il est de règle, parmi les jonques japonaises,
de rester au mouillage, dans toutes les criques de la
côte, du 5 au 25 septembre. Le 26, on les voit toutes
sortir à la fois ; la baie de Yédo et toute la mer en
sont couvertes. Nous avons été témoins de ce spectacle.

Le climat de la Chine, chaud et humide, est malsain ; celui du Japon, froid au nord, chaud au midi,
mais toujours sec, est au contraire très-sain. D'après
les Hollandais, il ferait presque aussi chaud dans l'île

18

de Kiousiou qu'à Java durant les chaleurs; mais, en hiver, il y a de la neige. Le port de Hakodadi, ouvert au commerce, sera salutaire pour nos équipages en station dans les mers de Chine : épuisés par les insupportables chaleurs de la mousson de sud-ouest, ils viendront se retremper et reprendre de nouvelles forces dans les glaces de l'île d'Yéso.

Il ne faut que trois jours, par un beau temps, pour aller de Shang-haï à Nangasaki, et huit jours pour se rendre de la côte de Chine à Yédo. Cependant le commerce actuel du Céleste-Empire avec le Japon est presque nul, l'archipel ayant été jusqu'ici aussi soigneusement fermé aux Chinois qu'aux autres peuples. C'est à peine si quatre ou cinq jonques de commerce viennent mouiller chaque année à Nangasaki. La soie japonaise, très-abondante, est moins fine que celle de la Chine; le thé, au Japon, est bien inférieur comme saveur, il a même un peu d'âcreté; mais l'amour-propre national le fait trouver bien supérieur à celui du continent. Il est donc peu importé. En revanche, les médicaments sont d'un prix énorme dans tout Nipon, et l'on prétend que l'un des principaux et des plus importants articles d'importation des jonques qui viennent ainsi tous les ans, consiste dans l'introduction de médecines chinoises.

Les Japonaises reçoivent une certaine éducation ; elles ont des écoles, et, bien différentes en cela des dames chinoises, elles ne considèrent pas les étrangers comme des *diables*. Les femmes mariées se distinguent des jeunes filles en s'arrachant les sourcils et en se teignant les dents en noir avec une drogue composée de limaille de fer et de saki. Elles se promènent, du reste, en toute liberté dans les rues, et ne sont point reléguées au fond des yamouns, comme les habitantes du Céleste-Empire.

Il ne se publie pas la moindre gazette au Japon, toute publicité y est interdite; c'est encore pire qu'en Chine, où l'on a au moins la *Gazette de Pékin*, journal officiel, aux nombreuses colonnes, qui paraît tous les jours et se répand dans tout l'empire. L'histoire, au Japon, est ce qu'il y a au monde de plus fastidieux; c'est un récit presque jour par jour des faits et gestes du taïcoun : l'empereur est sorti, l'empereur a été malade, l'empereur est allé visiter les fleurs. La véritable histoire du Japon est celle du P. Charlevoix.

Les Japonais de toutes les classes ont la passion du bain chaud; le bain chaud fait partie de leurs mœurs nationales. Ils le disent préférable au sommeil pour rafraîchir le sang et reposer les membres. Aussi nos cent iacounin, dans la bonzerie de Yédo, se livraient chaque soir avec tant d'ardeur à cet exercice, que toute la première partie de notre nuit en était compromise. On dit que, durant l'été, tout cela se passe dans la rue, et que les dames elles-mêmes ne dédaignent pas de se plonger, devant leurs portes, dans l'onde salutaire. La première froidure de l'hiver, qui commençait à se faire sentir, avait mis fin à cette vie en plein air, et privé notre ambassade de ce souvenir de voyage.

Lorsque les Japonais veulent désigner le moi, leur personnalité, ils montrent leur nez : le bout du nez est chez eux le siége de l'individualité. Qu'y a-t-il d'étonnant? Nous autres, par nos gestes, nous désignons dans ce cas notre estomac.

L'unité monétaire au Japon est *l'itchibou*, jolie pièce d'argent en forme de domino. Trois itchibous valent une piastre mexicaine. Le *kobang*, monnaie d'or, vaut quatre itchibous. Les Hollandais de Nangasaki se servent, en outre, de *taëls* en papier, et le peuple de *sapèques*, ou monnaie de cuivre en usage pour les petites transactions.

La Chine est le pays de l'égalité : chacun, sauf les fils des tankadères ou femmes de bateau, peut, grâce aux examens, devenir mandarin et aspirer aux honneurs. Le Japon, au contraire, est un empire féodal gouverné par une aristocratie militaire. Les Japonais se divisent en neuf classes, et, sauf de rares exceptions, nul ne peut sortir de la classe où il est né. Toute tentative de ce genre est mal vue, et l'opinion publique y est contraire. C'est à l'absence de tout luxe et à ce manque d'ambition que l'on peut attribuer cet air de quiétude, de complète satisfaction, et cette gaieté expansive qui forment le fond du caractère japonais. Nulle part ailleurs l'on ne rencontre des

gens si heureux et auxquels toute préoccupation fâcheuse paraît si étrangère. Les princes ou *daïmio*, les
nobles, les prêtres, les militaires, forment les quatre
premières classes de la nation, et ont le droit de porter deux sabres ; les employés subalternes et les médecins forment la cinquième classe, et peuvent porter
un sabre ; les négociants et les marchands en gros,
les marchands en détail et les artisans, les paysans et
les coolies, les tanneurs et les corroyeurs forment
les quatre dernières classes de la population, et ne
peuvent, en aucun cas, porter de sabre. Tous ceux
qui se livrent au commerce des peaux sont déclarés
impurs ; ils n'ont pas le droit de résider dans les
villes, et ils habitent dans des villages à eux réservés
au milieu de la campagne. C'est parmi eux que l'on
choisit les bourreaux, et il est à présumer qu'ils ont
fort à faire, car la loi pénale au Japon est d'une excessive rigueur et applique la peine de mort même
aux simples délits. Quiconque tue son prochain par
imprudence ou recèle un criminel est aussitôt déca-
pité. Il serait à souhaiter que le contact de l'Europe
fit apporter un sage tempérament à la sévérité de la
législation japonaise.

Les seules sciences cultivées dans l'empire sont la
médecine et l'astronomie. Il y a deux observatoires
dans l'île de Nipon, l'un à Yédo, l'autre à Méako.
Nous étions à Yédo durant la grande comète du
commencement d'octobre 1858, et nous n'avons pas

aperçu le moindre signe d'étonnement ou d'inquiétude sur les visages. A Shang-haï, cet été, durant une
éclipse de lune, ce n'était point précisément la même
tranquillité : les mandarins militaires lançaient des
flèches pour tuer le dragon qui dévorait la lune ; de
toutes les jonques, de toutes les pagodes sortait un
bruit assourdissant de gongs, destiné à effrayer le
monstre ; et, en effet, il eut peur, car, au bout d'une
heure et demie, Phébé reparut plus radieuse et plus
belle, sortie intacte d'une si redoutable épreuve. Les
médecins japonais lisent les livres hollandais et s'occupent sérieusement de leur art. Deux d'entre eux
venaient sans cesse dans notre bouzerie de Yédo consulter nos jeunes chirurgiens de marine sur le traitê-
ment du choléra, qui venait de faire son apparition
dans la ville.

Les Japonais ont une grande tolérance, ou plutôt
une grande indifférence en matière de religion. Plusieurs cultes coexistent en paix, depuis des siècles,
dans l'archipel ; et le bouddhisme et la religion de
Confucius, importations étrangères, partagent avec
le Sinto, ou culte des Kamis, religion primitive du
pays, les adorations de la foule. Grâce à cette tolérance, les missionnaires espagnols et portugais étaient
à peine depuis quelques années au Japon, que déjà
deux cent mille indigènes des plus hautes classes
avaient reçu le baptême et s'étaient faits chrétiens. On
n'avait point encore eu d'exemple d'un mouvement

religieux pareil, et saint François-Xavier pouvait dire :
« Je ne saurais finir lorsque je parle des Japonais ;
ce sont véritablement les délices de mon cœur ! » Aujourd'hui les temps sont bien changés ; il ne reste
plus, depuis deux cents ans, un seul chrétien au Japon ; ils ont été exterminés jusqu'au dernier par les
empereurs Taïko et Yéyas, et la fin de l'année 1640
en a vu périr trente-sept mille en un jour, enfermés
dans le château de Simabara, et pris d'assaut après
une résistance opiniâtre. De nos jours, trois ou quatre
missionnaires français, jetés dans les îles Liou-tchou,
archipel tout à fait tributaire du Japon et de la Chine,
et sentinelles avancées du christianisme dans l'extrême Orient, attendent avec une religieuse impatience le moment de marcher sur les traces du grand
apôtre des Indes. Mais leur zèle, jusqu'ici, est bien
infructueux.

Une armée de satellites est, nuit et jour, occupée
à empêcher toute communication de leur part avec
les insulaires. Leurs domestiques sont sans cesse re-
nouvelés. Toutes les maisons qui ouvraient du côté de
leur modeste demeure, ont muré leurs fenêtres et
leurs portes, et ont tourné leurs issues de l'autre côté.
Lorsqu'ils sortent pour se promener dans la campagne, chacun a ordre de s'éloigner sur leur passage ;
et la réponse unique et invariable à toutes leurs
questions est celle-ci : « Je ne comprends pas. » Pour
quiconque n'a point vu à l'œuvre le gouvernement

japonais, et ne s'est point aperçu de l'indicible
frayeur que lui inspirent les puissances européennes,
une telle conduite est inexplicable. Aux yeux du
taïcoun, le missionnaire est un agent de l'étranger,
un espion chargé d'indiquer aux Européens les côtés
faibles du Japon, et de faciliter une invasion. Les
Japonais sont encore aujourd'hui, sous ce rapport,
absolument comme il y a deux cents ans; ils n'ont
pas fait le moindre progrès; ils nous ont encore
rappelé la fameuse réponse du capitaine espagnol à
l'empereur, réponse qui amena la grande persécu-
tion. Comme Taïko, causant un jour avec le commandant d'un navire de guerre espagnol, récemment
arrivé d'Europe, s'étonnait de l'étendue des possessions du roi son maître, et lui demandait comment,
avec un royaume relativement si petit, il avait pu
conquérir tant de couronnes : « Bien simplement, » répondit inconsidérément l'Espagnol; et il expliqua que
des religieux de sa nation avaient d'abord été se fixer
dans le pays, et en avaient converti les habitants encore idolâtres par leurs vertus et par leur éloquence;
qu'ensuite la cour de Madrid, trouvant le terrain tout
préparé et les nouveaux convertis favorablement
disposés à son égard, avait envoyé quelques troupes
dans le pays, et l'avait réuni sous sa domination.

Cette maladroite réflexion n'échappa point à l'esprit pénétrant du monarque japonais. La ruine du
christianisme fut aussitôt résolue dans son esprit, et

il y appliqua son inflexible persévérance. Les religieux
espagnols et portugais furent chassés de ses États;
les Japonais chrétiens durent choisir entre l'abjura-
tion ou la mort, et, en peu d'années, il ne resta rien
du glorieux édifice si rapidement élevé par saint
François-Xavier. La révolution qui détruisit le christianisme au Japon fut, on le voit, purement politique,
et nullement religieuse.

Il n'y a point d'armée permanente au Japon. Tous
les gens à deux sabres, qui forment la suite des princes et des gouverneurs en temps de paix, deviennent
soldats en temps de guerre. Ils sont très-braves in-
dividuellement; mais, avec leurs armes blanches, ils
pourraient difficilement lutter contre la tactique européenne. On dit cependant que, se voyant débor-
dés, ils lisent avec beaucoup d'attention, depuis quelque temps, les livres de stratégie. Le Japon se sent
entamé par l'Europe, et il est dans ce moment en
proie à une certaine anxiété. Il comprend qu'avec ses
arcs et ses flèches il ne pourrait résister aux carabines
Minié et aux obus, et il cherche à se mettre au courant de l'état actuel de la science navale et de l'art
militaire. Pour avoir des soldats, il lui faudra avant
tout renoncer aux sandales, aux pantalons bouffants et
aux longues robes traînantes; mais il est prêt, dans
ce but, à faire tous les sacrifices. Les Japonais n'ont
point, comme les Chinois, le sot préjugé de se croire
et de se proclamer supérieurs à tous les autres peu-

ples. Ils se mettent au-dessus des Chinois et des Coréens, mais ils estiment les puissances de l'Occident
à leur juste valeur.

Au Japon, l'on ne fait plus que mine de s'ouvrir
le ventre ; puis on se tranche l'artère carotide, ou on
se la fait trancher par un ami. Évidemment, c'est un
ancien usage qui passe de mode. De même que nous
avons, en Europe, des maîtres de danse et d'escrime,
il y a néanmoins encore, au Japon, des maîtres dans
l'art de s'ouvrir le ventre. Cette connaissance fait partie d'une belle éducation, et est fort prisée des jeunes
nobles. C'est souvent un moyen de se soustraire, soi
et ses descendants, à l'infamie, en prévenant par une
mort volontaire le dernier supplice. L'anecdote suivante, tant de fois citée, mais si caractéristique, doit
remonter à un temps déjà éloigné. Deux gentils-
hommes de service se rencontrèrent dans l'escalier
du palais ; l'un descendait un plat vide, l'autre en
portait un sur la table de l'empereur. Par hasard,
leurs deux sabres se touchèrent. Celui qui descendait
se regarda comme offensé, tira son sabre et s'ouvrit
le ventre. L'autre monta à la hâte l'escalier, déposa
le plat sur la table du souverain, puis revint, ravi de
trouver son ennemi encore vivant. Il lui fit force ex-
cuses de s'être laissé prévenir, alléguant son service,
et s'ouvrit le ventre à son tour. A notre départ de la
bonzerie, à Yédo, Flavigny fit signe de s'ouvrir le
ventre à un certain Kodamaya que nous n'aimions

point, et que nous accusions de faire enchérir tous
les objets de curiosité ; mais le rusé iacounin ne
tira point son sabre et se mit à rire, ainsi que la
foule. Notre jeune collègue était en retard de vingt
ans.

Le palais de l'empereur, à Yédo, est entouré
d'un large fossé plein d'une magnifique eau courante, avec des talus admirablement soignés, couverts de gazon et de cèdres du Japon qui viennent
y appuyer leurs branches. On croirait voir un parc
anglais. Les deux commandants de Kerjégu et d'O-
zery en ont fait un jour le tour. Ils ont été une
heure quarante minutes dans leur promenade, et
ils estiment la distance à dix kilomètres. Le palais
du taïcoun aurait donc deux lieues et demie de
tour.

Il y a, tant à Yédo qu'à Simoda, des nuées d'aigles
pêcheurs et de noirs corbeaux, auxquels les Japonais
ne font point de mal. L'un de nous ayant tiré sur un
de ces derniers, à Simoda, un vieux bonze est aussitôt sorti avec un calumet allumé pour offrir un sacrifice à l'âme du corbeau, et a été ravi d'apprendre
qu'il n'avait eu aucun mal.

La baie de Yédo est sillonnée en tous sens d'une
foule de petites barques de pêcheurs qui draguent et
rapportent dans leurs filets des monceaux de sar-
dines et de magnifiques poissons. Le gouvernement
japonais, fidèle à sa politique d'exclusion, a rigoureu-

sement déterminé la forme et la grandeur des jonques, et les a rendues incapables de s'éloigner des côtes et de naviguer sûrement en pleine mer. Jadis, les Japonais naufragés sur les côtes de Chine, ou poussés par la tempête jusqu'à Formose et aux Philippines, ne pouvaient être ramenés au Japon que par des bâtiments hollandais, et encore restaient-ils en suspicion toute leur vie, et sous ce que nous appellerions la surveillance de la haute police. Aujourd'hui, la jurisprudence sur cette matière s'est singulièrement radoucie; mais c'est toujours une mauvaise note pour un Japonais d'avoir été recueilli en mer, par un navire européen, et de rentrer de cette manière dans son pays.

Les Japonais savent parfaitement quels affreux ravages l'opium cause parmi les populations chinoises; aussi le gouvernement du taïcoun a-t-il exigé que l'importation de cette drogue au Japon demeurât prohibée et qu'une clause formelle à ce sujet fût insérée dans les quatre traités.

Le gouvernement du Japon, comme celui du royaume de Siam, présente cette singulière particularité de deux souverains régnant à la fois d'une manière normale et en vertu de la constitution du pays. A Siam, il y a un premier et un second roi, qui exercent en même temps le pouvoir suprême; au Japon, il y a l'empereur civil et l'empereur ecclésiastique, le taïcoun et le mikado. Le taïcoun, que les

Européens appellent à tort l'empereur du Japon,
n'est que le délégué, le lieutenant du mikado, qui est
le véritable souverain du Nipon, le représentant des
anciennes dynasties, le descendant des dieux, et qui,
trop élevé pour s'occuper des choses de ce monde et
régler l'administration des affaires, se décharge de ce
soin sur son subordonné. Les taïcouns n'étaient, dans
l'origine, que des maires du palais, les premiers officiers d'une dynastie dégénérée, déchue de sa vigueur
native, et qui, au lieu de jeter dans un cloître le dernier Mérovingien japonais, après lui avoir coupé sa
chevelure, l'ont enfermé dans un temple somptueux
et en ont fait une idole, en persuadant à ce demi-dieu
et à la nation tout entière que cette situation était plus
conforme à sa divine origine. La nouvelle dynastie
s'est donc établie sur le trône, et a usurpé le pouvoir,
tout en protestant de son respect pour ses anciens
maîtres et en continuant à reconnaître en eux les
souverains absolus de l'archipel. C'est sur cette fiction
que repose tout l'édifice de la constitution politique
du Japon. Le mikado continue à résider à Méako,
l'ancienne capitale des Fils du Soleil, environné d'une
cour somptueuse, et l'objet des respects apparents de
son tout-puissant vassal. Son oisive existence s'écoule
dans l'enceinte de son vaste palais, dont une politique
inflexible lui défend de sortir. Sa cour est le rendez-
vous des poëtes, des musiciens, des artistes et des
astronomes. On choisit, grain à grain, le riz qui lui

19

sert de nourriture ; il ne met jamais qu'une fois le
même vêtement, il ne se sert jamais qu'une fois de la
même coupe : elle est aussitôt brisée, de crainte que
quelque téméraire n'ose y porter ses lèvres profanes.
Jadis, il devait rester des heures entières sur son
trône, assurant par son immobilité la stabilité de son
empire ; s'il s'agitait et tournait la tête, la partie du
Japon qui se trouvait de ce côté était menacée des
plus grands malheurs. Mais aucun mikado ne s'étant
trouvé immobile à ce point, et trop de provinces du
Nipon ayant été menacées de grands malheurs, l'on
est convenu d'une transaction ; et aujourd'hui la cou-
ronne posée sur le trône suffit pour assurer la stabilité de l'empire et fixer le calme dans Nipon. En effet,
depuis deux cents ans, le Japon jouit d'une paix profonde, et aucune guerre soit étrangère, soit intérieure,
n'est venue troubler sa tranquillité.

Débarrassée du mikado, la dynastie nouvelle s'est
retournée vers les princes ou *daïmio*, qui, remontant
par leur origine jusqu'aux temps héroïques du Japon,
possédaient le sol de l'empire, avaient chacun une
petite cour dans leurs provinces, et commandaient à
de nombreux vassaux. Leur humeur indépendante
et belliqueuse devint le principal sujet des appréhen-
sions de la cour de Yédo, et la politique la plus ma-
chiavélique et la plus persévérante fut mise en œuvre
pour les abaisser et annuler leur pouvoir. Louis XI fut
dépassé par les hommes d'État de l'extrême Orient,

jet, après quelques siècles d'un travail incessant et
perfide, les princes japonais se trouvèrent l'un après
l'autre asservis; ils ne conservèrent plus que les
apparences et les formes extérieures de la puissance,
et devinrent, ce qu'ils sont aujourd'hui, les sujets
soumis du taïcoun. On plaça auprès de chacun
d'eux un agent de la cour, chargé de l'administration de leur province. On les obligea à passer
une année sur deux à Yédo, et, durant ce temps, il
n'est sorte de moyen qu'on n'invente pour les appau-
vrir. On ne permet point à des princes dont les fiefs
se touchent de demeurer en même temps sur leurs
terres, excepté s'ils sont ennemis, et, dans ce cas,
l'on a soin d'attiser la discorde, et de faire naître sans
cesse de nouvelles causes de mésintelligence. Toute
leur famille, leurs femmes, leurs filles, sont retenues
en otage à Yédo, et répondent de leur obéissance aux
ordres du taïcoun. Une armée d'espions les environne, et rend compte de leurs moindres actions à la
cour. C'est ainsi que, peu à peu, et sans secousse,
par l'effet d'une tradition persévéramment suivie, le
Japon n'a plus conservé qu'une ombre de féodalité,
et que la centralisation politique et administrative
est en train de s'établir dans l'empire.

Mais toute chose en ce monde a une fin, et les dynasties vieillissent comme les empires. Ce fier lieutenant du mikado, ce tout-puissant taïcoun, chef des
armées et modérateur énergique de l'archipel, s'est

laissé circonvenir à son tour dans les filets inextrica-
bles de l'étiquette et de la vanité. A lui aussi on a
persuadé que le gouvernement de l'empire était un
lourd fardeau, et qu'une vie molle et oiseuse conve-
nait mieux à la dignité de sa race. Aujourd'hui, il
s'est déchargé de l'administration de son royaume sur
le *gotaïro*, premier ministre héréditaire, qui depuis
plusieurs générations s'est implanté près du trône.
Son temps s'écoule dans la vaine observation des rites
et dans de nombreuses audiences; il ne sort plus de
l'enceinte de son palais de Yédo que trois ou quatre
fois par année, pour aller adorer les images de ses
ancêtres; et peut-être ne verra-t-il jamais le yacht,
modèle de légèreté et d'élégance, que les Anglais,
ignorants de l'état actuel de la politique japonaise, lui
ont envoyé comme présent. Qui sait si le gotaïro
maire du palais héréditaire, ne réunira point un jour
le titre à l'exercice du pouvoir, et n'est point destiné
à fonder à son tour, à l'exclusion de Méako et de Yédo,
une troisième dynastie à Oosaka?

Le lieutenant du mikado, ou l'empereur civil, est
tout à la fois *taïcoun* et *siogoun : siogoun*, en tant que
chef militaire, commandant les armées; *taïcoun*, en
tant que haut justicier, modérateur de l'empire. Tous
les livres qui parlent du Japon le désignent par le
titre de siogoun; mais, l'élément actif et militaire
ayant été peu à peu annulé en lui, grâce à l'habileté
du premier ministre héréditaire, nous ne l'avons ja-

mais entendu appeler que taïcoun, durant tout notre séjour au Japon. Le terme siogoun est donc désormais un mot vide de sens, répondant à une situation qui n'existe plus aujourd'hui.

Le nom du gotaïro ou premier ministre héréditaire actuel est *Hii-Camonno-Kami*.

Certaines villes, comme Simoda, Oosaka, Nangasaki, Hakodadi, ont été distraites du domaine des princes, et, sous le nom de villes impériales, sont administrées directement par la cour de Yédo, qui y envoie des gouverneurs. Il y a toujours deux gouverneurs pour chacune de ces villes. Ils résident alternativement dans la capitale, et passent à tour de rôle une année à Yédo, une année dans leur gouvernement. Ils sont assujettis, comme les princes, à une surveillance minutieuse, et leurs familles sont également retenues en otage. L'on ne s'étonnera point, après cela, que la ville officielle occupe à Yédo un si vaste espace. La vue de tous ces visages de femmes et de jeunes filles, condamnées par une politique ombrageuse à une perpétuelle captivité, et qui, durant nos promenades, nous regardaient passer avec curiosité, à demi cachées par les barreaux en bois, excitait dans nos âmes un singulier sentiment de tristesse. Nous devons dire cependant, pour être vrais, que, même sur toutes ces figures, on remarquait cet air de quiétude et d'imperturbable gaieté qui paraît inhérent au caractère japonais.

Le détroit de Van-Diémen est situé au sud de la province de Satsouma. Le prince de Satsouma est le plus puissant vassal de la cour de Yédo, le seul qui ait gardé quelque influence, et auquel les taïcouns témoignent encore quelque égard. Ils prennent même souvent leurs épouses dans sa famille. Les îles Liou-tchou sont un fief du prince de Satsouma. Lors de notre séjour à Yédo, le prince actuel passait pour un homme absolu et cruel. *Mieux vaut servir le diable que de servir le prince de Satsouma*, était un dicton populaire ; et à sa cour se conservait, disait-on, dans toute son énergie, la vieille coutume nationale de s'ouvrir le ventre. On exaltait le dernier taïcoun aux dépens de son vassal, et on le représentait comme un homme très-modéré. Les Hollandais de Nangasaki défendent chaudement, au contraire, le prince de Satsouma. Suivant eux, il est calomnié à Yédo, parce qu'il ne souffre aucun espion près de lui, et qu'il fait impitoyablement couper la tête à tous ceux qu'il découvre dans ses États. Il ne veut pas d'espion chez lui : ce n'est point, après tout, un si grand crime ! Plusieurs officiers de la marine hollandaise ont rencontré le prince à Kagosima : il est venu à leur bord, il a tout examiné, a beaucoup causé, et s'est montré affable et plein de prévenance à leur égard. Il était vêtu d'une simple étoffe de coton, et rien ne le distinguait des gens de sa suite, que son exquise politesse et son savoir.

Le gouvernement central au Japon est d'une rare
énergie, et il exerce aujourd'hui une autorité absolue dans toutes les parties de l'empire. Nous n'avons
malheureusement pu recueillir que quelques renseignements fort incomplets à ce sujet, toute investigation de cette nature tendant à inspirer la défiance. A
côté de l'empereur civil, qui règne et ne gouverne
plus, il y a le premier ministre héréditaire ou gotaïro qui gouverne. Il est assisté d'un grand conseil,
qui se compose de six membres, et d'un autre conseil, composé de quinze membres, et chargé de pré-
parer les lois. Il y a, en outre, quatre ministères. Le
ministère de la guerre ou de la défense du pays, le
plus important de tous, comprend plus de cinquante
membres, le soin de son indépendance étant un des
principaux soucis du Japon. Le ministère des domai-
nes impériaux a dans ses attributions les villes impériales, distraites du territoire des princes, et la province de Yédo. Le ministère des affaires étrangères,
composé de six membres, est chargé des rapports,
jusqu'ici si restreints, du Japon avec les étrangers.
Le ministère de la police vient en dernier ; mais ce
doit être le plus occupé, si ses membres sont obligés
de lire les innombrables rapports que leur envoie une
armée d'espions répandue sur toute la surface de
l'empire. Nous-mêmes, nous n'avons point dû leur
donner un médiocre labeur, si on leur a porté tous
les éventails chargés de notes à notre sujet, et relatant

toutes nos actions depuis le lever jusqu'au coucher du soleil.

Dans ces derniers temps, le gouverneur néerlandais s'est efforcé, à deux reprises différentes, de faire sortir la cour de Yédo de son système d'isolement et de lui faire abandonner sa vieille politique d'exclusion envers les étrangers. En 1845, un aide de camp du roi remettait notamment au taïcoun une lettre autographe de S. M. Guillaume II. Cette lettre appelait l'attention du gouvernement japonais sur l'ouverture du Céleste-Empire au commerce étranger. Elle avertissait l'empereur du danger de vouloir maintenir une règle de strict isolement, lorsque la navigation semblait devoir s'étendre des eaux de la Chine à celles de son empire, lorsque la force de la vapeur effaçait de plus en plus les distances, lorsqu'enfin le développement de l'industrie et du commerce en Europe exigeait impérieusement de nouveaux débouchés. Elle lui recommandait de nouer des relations d'amitié et de commerce avec d'autres nations, comme le plus sûr moyen d'éviter des conflits. Mais la cour de Yédo resta sourde à cette amicale invitation. Le bruit du canon de Ta-kou devait avoir plus d'effet et faire taire les derniers scrupules du gouvernement du taïcoun. Toutefois l'on doit reconnaître que, si la crainte entra pour quelque chose dans la conclusion des traités signés alors, ils furent aussi en grande partie le résultat de cette rare intuition que possède le gouvernement japonais et qui le porte à accorder de bonne grâce et spontanément ce qu'il sent pouvoir un jour lui être enlevé par la force.

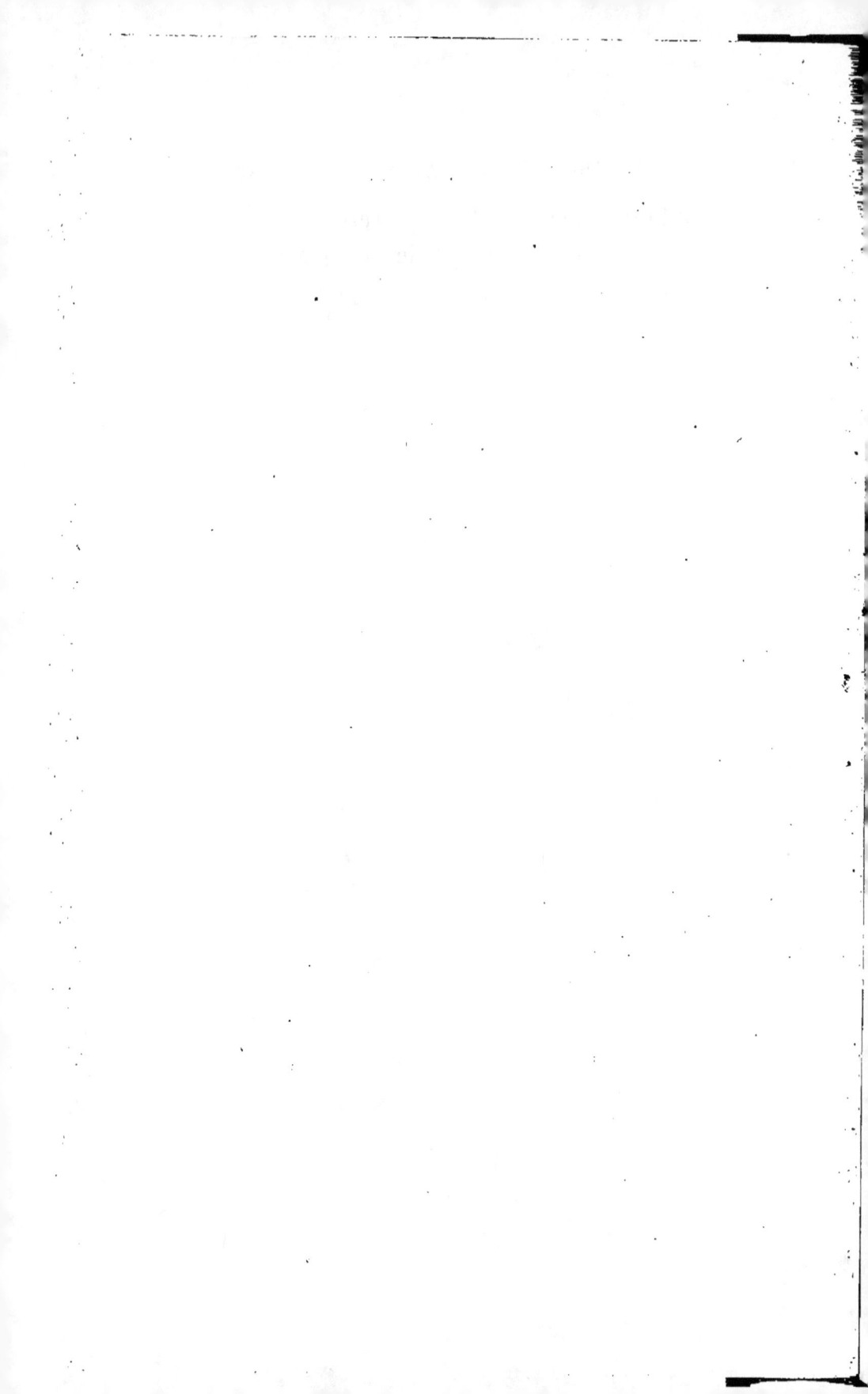

CHAPITRE XII.

Typhon dans les mers de Chine. — Séjour de Kouei-Liang et de Houa-Cha-Na à Shang-haï. — Révision des tarifs commerciaux. — Lord Elgin remonte le Yang-tzé-kiang ou fleuve Bleu. — Naufrage du *Laplace*. — Je rapporte le traité de Yédo en France. — Retour de l'ambassade. — Conclusion.

En arrivant à Shang-haï, nous apprenons de tristes nouvelles. Un violent typhon a promené ses ravages sur toute l'étendue de la mer de Chine. Quatorze bâtiments ont été jetés à la côte, en rade de Swatow. Une foule de jonques ont péri. Plusieurs canonnières anglaises ont été démâtées. La canonnière russe qui portait l'amiral Poutiatine à Hong-Kong, est rentrée désemparée dans le Whampou. Les journaux anglais ont également annoncé que *le Rémi*, enveloppé dans l'ouragan, avait sombré en mer. Heureusement, il n'en était rien, et l'ambassade française avait passé au milieu de toutes les tempêtes sans en éprouver aucun dommage, recevant tous les coups de vent au mouillage. Nous trouvons les hauts commissaires impériaux arrivés à Shang-haï, avec une suite de six cents personnes. Les mandarins de la ville leur ont fait un pompeux accueil, et la population se montre tout émue de posséder dans ses murs de si illustres personnages. Les conférences pour la révision des tarifs commerciaux commencent aussitôt ; et M. de Contades, assisté de M. Edan, le chancelier du consulat, y défend les rares intérêts du commerce français, songeant plus à l'avenir qu'au présent. Nous allons, en grande cérémonie, escortés de la compagnie de débarquement du *Laplace*, rendre visite à Kouei-Liang et à Houa-Cha-Na ; et ceux-ci, accompagnés du vice-roi des deux Kiangs, du fou-taï de Sou-tchou-fou, du tao-taï de Shang-haï, et de plusieurs autres autorités, viennent nous voir à leur tour. L'élite de la société chinoise se presse dans les salons de M. de Montigny ; mais nous entendons, sans admiration, parler le beau langage de la cour, et les belles manières de la capitale nous laissent indifférents. Nous craignons seulement que ces grands personnages, abusant de la proposition que leur a faite M. de Montigny, d'emporter chacun quelque objet européen comme souvenir, ne dévalisent le consulat. La longue suite des licteurs, des bourreaux, des lettrés, des porteurs de palanquins, couvre le quai ; et le bruit du gong annonce au loin l'arrivée et le départ des représentants du Fils du Ciel. Nous trouvons le Tartare Houa-Cha-Na aussi sombre qu'à Tien-tsin ; quant à Kouei-Liang, une certaine aménité est répandue sur tout son visage ; et, entre son verre de champagne et sa tasse de café, deux choses encore un peu étranges pour lui, il trouve quelques paroles gracieuses à dire à ses hôtes. Le tao-taï de Shang-haï brille par sa bonne mine et par son aisance au milieu de l'assemblée ; il se trouve sur son terrain chez M. de Montigny, et il explique aux illustres fonctionnaires le mérite de chaque plat et l'usage de chaque chose. Le vice-roi des deux Kiangs parle avec une rare volubilité, mais il fait au baron Gros des questions assez spirituelles. Le sort me place près de Houa-Cha-Na, et je ne découvre dans le regard impassible de mon voisin aucun étonnement de tant de choses si nouvelles pour lui.

Lord Elgin, ayant terminé la révision de son tarif, nous quitte, dans les premiers jours de novembre, pour remonter le Yang-tze-kiang et reconnaître les trois ports ouverts par son traité dans le haut du fleuve. Sa Seigneurie emmenait avec elle deux frégates à vapeur et trois canonnières anglaises. Les navires européens n'avaient jusqu'ici remonté le fleuve Bleu que jusqu'à Nankin, et l'on ne savait point au juste jusqu'à quelle distance de son embouchure le Yang-tzé-kiang était navigable. Après avoir échangé quelques boulets avec les rebelles de Nankin, après avoir partout constaté les affreux ravages causés par l'insurrection, après avoir visité des villes sans habitants et des campagnes sans culture, lord Elgin revint à Shang-haï, ayant atteint, comme point extrême dans sa course, Wou-tchang-fou dans la province de Houpé. Il laissait trois de ses bâtiments en arrière, échoués dans les sables plus haut que Nankin ; mais il avait résolu le problème de la navigation du Yang-tzé-kiang, et avait, en six semaines, remonté ce fleuve jusqu'à plus de deux cents lieues de son embouchure.

Pendant ce temps, le baron Gros était moins heureux ; et, dans la traversée de Shang-haï à Hong-Kong, le *Laplace*, qui portait l'ambassade française, manquait de se perdre sur l'îlot Taï-shan, non loin des îles Chusan.

Hong-Kong, le 12 décembre.

« Partie de Shang-haï, le 27 novembre, pour se rendre à Hong-Kong, y rejoindre *l'Audacieuse* et continuer ensuite sa route pour Tourane, la corvette française *le Laplace* a échoué tout à coup le dimanche, 28 novembre, à une heure de l'après-midi, sur des bancs qui s'étendent au nord de l'île de Taï-shan. La vitesse acquise par le bâtiment était alors de plus de neuf milles à l'heure. Un temps couvert, et peut-être aussi une erreur de position occasionnée par les courants, ont été la cause de ce malheureux événement. Toutefois, aucun choc n'ayant été ressenti au moment de l'échouage, il fut bientôt évident que le navire était dans la vase, et non sur le sable ou sur des roches ; s'il en eût été autrement, *le Laplace* eût infailliblement péri corps et biens.

« La position n'en était pas moins critique. Le bâtiment, soulevé par la mer qui se brisait dessus, talonnait avec violence ; son gouvernail était démonté, une partie de ses ancres et de ses embarcations perdue, et trois de ses marins, qui s'étaient dévoués pour tenter de porter à terre une amarre de sauvetage, avaient péri sans qu'il eût été possible de leur porter secours.

« A huit heures du soir, le commandant annonça qu'il ne conservait aucun espoir de sauver son navire, et chacun se prépara, en conséquence, à gagner le rivage comme il le pourrait, en emportant sur soi ce qu'il avait le plus à cœur de ne pas perdre. Cependant le vent était devenu moins violent vers le soir, et une embarcation, plus heureuse que la première, put gagner la terre avec un officier et quelques hommes d'équipage. Ils s'empressèrent aussitôt de faire parvenir à Shang-haï et à Ning-po des lettres faisant connaître la position du *Laplace*, et demandant de prompts secours.

« La nuit du 28 au 29, la journée du 29 et la nuit du 29 au 30 n'en furent pas moins des plus cruelles pour les passagers du *Laplace*. Ce bâtiment, soulevé par les vagues, retombait en frappant le fond, et avançait d'une manière sensible vers la côte. Le 1er décembre enfin, le temps se remit au beau, et aussitôt les jonques du pays, que le canon d'alarme avait inutilement appelées jusqu'alors, arrivèrent en grand nombre. Elles reçurent l'artillerie, les munitions, le lest, les vivres de la corvette; une ancre, la seule qui restât à bord, fut mouillée au large et à la marée haute ; le navire ainsi allégé put, sans trop d'efforts, se haler en quelque sorte et se trouver à flot dans huit mètres d'eau, sans que sa machine et sa coque fussent sensiblement avariées.

« Le 2 décembre, *le Nemrod* et la canonnière *l'O- possum*, de la marine britannique, arrivèrent l'un de Ning-po, avec le consul d'Angleterre, l'autre de Shang-haï, ayant à bord le consul de France. Celui-ci apportait la nouvelle que le navire *l'Inflexible* devait arriver le jour même au secours du *Laplace*. Pleinement rassuré sur le sort de ce bâtiment, le baron Gros résolut en conséquence de s'embarquer avec le personnel de son ambassade sur *le Nemrod* pour se rendre à Shang-haï, où il arriva le 6. Il repartit immédiatement pour Hong-Kong, sur le paquebot *l'Aden*.

« En arrivant en vue de ce port, ce navire ayant, pour annoncer la présence de l'ambassadeur de France à son bord, arboré les trois couleurs à son grand mât, l'amiral Seymour y envoya aussitôt son capitaine de pavillon. En même temps, tous les bâtiments en rade hissaient leurs couleurs et saluaient l'ambassadeur de dix-neuf coups de canon. Le baron Gros, après s'être rendu à bord du *Calcutta* pour remercier l'amiral Seymour des secours si empressés de la marine britannique, descendit à terre, où l'accueil le plus cordial lui a été fait. Reçu au débarcadère par le gouverneur par intérim à la tête de la

garnison sous les armes, salué par les canons de
tous les forts, il a été conduit, dans la voiture du gouverneur, au club de Hong-Kong, où un appartement
lui avait été préparé. »   (*Moniteur.*)

Je n'assistais pas à l'événement. Chargé par l'ambassadeur de rapporter en France le traité de Yédo,
j'étais parti de Shang-haï, le 7 novembre, sur le steamer de la Compagnie péninsulaire et orientale *l'Aden*.
A Hong-Kong, je retrouvais *l'Audacieuse*; et, après de
chaleureux adieux aux officiers de la frégate, aux
missionnaires, aux autorités anglaises de la colonie,
je reprenais ma course rapide à travers l'océan Indien
et la mer Rouge. Le 27 décembre j'arrivais à Marseille,
et je recevais à Paris le plus bienveillant accueil de la
part de Leurs Majestés et de celle du comte Wa-
lewski. Quelques mois après, le baron Gros, revenu
par Bombay et par Suez, débarquait à son tour à Marseille avec le reste de l'ambassade, après deux années
d'une rude et laborieuse campagne. Quatorze mille
lieues parcourues, deux bombardements effectués et
deux victoires, deux traités signés, l'un à Tien-tsin,
à vingt lieues de Pékin, l'autre à Yédo, dans la capitale même de l'empire du Japon, avaient signalé ces
deux années. Le baron Gros pouvait être fier de ses
succès. Le magistrat de Si-lin-hien, coupable du
meurtre du P. Chapdelaine, était dégradé et déclaré
incapable d'exercer désormais aucun emploi. Cette

mesure devait être rendue publique et insérée dans
la *Gazette de Pékin*. Une indemnité était accordée aux
Français et aux protégés de la France, dont les propriétés avaient été pillées ou incendiées par la populace de Canton. Le gouvernement chinois s'était engagé
à payer à la France, pour les frais de la guerre, deux
millions de taëls, soit environ seize millions de francs.
Le cours du Yang-tzé-kiang ou fleuve Bleu, le plus
beau fleuve de l'Asie, cessait d'être fermé au commerce étranger. Six nouveaux ports étaient ouverts.
Kiung-tchaou et Tchaou-tchaou (Swatow), dans la province de Kwang-toung; Taï-van et Tan-shwi, dans
l'île de Formose; Tan-tchao, dans la province de
Chan-toung, et Nankin, dans la province de Kiang-
nan, allaient se peupler de colonies européennes.
Les Français pouvaient circuler dans l'intérieur de
l'empire et se rendre en toute liberté dans les lieux
de production pour y faire eux-mêmes leurs achats, à
la seule condition d'être munis d'un passe-port léga-
lement délivré par le consul et visé par l'autorité
locale. Le représentant de la France avait le droit de
se rendre dans la capitale, à certaines époques de
l'année, pour y traiter lui-même les affaires avec les
premiers personnages de l'empire, et ces communications devaient avoir lieu sur le pied de l'égalité la
plus absolue. Tout ce qui avait été précédemment
écrit, proclamé ou publié en Chine par ordre du
gouvernement contre le culte chrétien, était com-

plétement abrogé et demeurait sans valeur dans toutes les provinces de l'empire. L'article 13 du traité de Tien-tsin stipulait que la religion chrétienne ayant pour objet essentiel de porter les hommes à la vertu, les membres de toutes les communions chrétiennes jouiraient d'une entière sécurité pour leurs personnes, leurs propriétés et le libre exercice de leurs pratiques religieuses, et qu'une protection efficace serait donnée aux missionnaires qui se rendraient dans l'intérieur du pays. L'article ajoutait : *Aucune entrave ne sera apportée par les autorités de l'empire chinois au droit qui est reconnu à tout individu en Chine d'embrasser, s'il le veut, le christianisme, et d'en suivre les pratiques, sans être passible d'aucune peine infligée pour ce fait.* C'était la liberté sur la plus vaste échelle, la liberté religieuse, la liberté commerciale, la liberté de circulation. Les vieux errements de la cour de Pékin faisaient place à une politique nouvelle, le temps des tout-puissants vice-rois du Kwang-toung semblait passé, les Européens pouvaient porter leurs griefs auprès du trône, et leurs réclamations, soigneusement reléguées jusque-là au fond d'un yamoun de la cité du Bélier, pouvaient désormais se faire place au soleil.

L'empire du Japon s'ouvrait également à la civilisation européenne, après deux cents ans de l'isolement le plus absolu. Le monopole commercial du gouvernement était supprimé, et la défense faite aux

Japonais de vendre aux étrangers, sous peine de
mort, cessait d'avoir force de loi. La liberté commerciale était proclamée à sa place. Yédo, Oosaka, Hakodadi, Kanagawa, Nangasaki, Hiogo et Ne-e-gata étaient
ouverts. Les Français ne pouvaient s'établir à Yédo que
le 1ᵉʳ janvier 1862, et à Oosaka que le 1ᵉʳ janvier 1863;
mais dans tous les autres ports, ils pouvaient élever
aussitôt des maisons et des magasins, et ils avaient le
droit de circuler dans un rayon de dix *ris* ou dix
lieues. Le consul général de France pouvait voyager
dans toutes les parties de l'empire, et la capitale du
taïcoun était fixée pour sa résidence. L'odieuse pratique de fouler la croix en certaines circonstances
solennelles était abolie. Les sujets français au Japon
avaient le droit d'exercer librement leur religion, et,
à cet effet, ils pouvaient élever dans le terrain destiné
à leur résidence les édifices convenables à leur culte,
comme églises, chapelles et cimetières. Sans doute la
liberté religieuse n'était point accordée aux Japonais,
mais un pas immense était fait dans cette voie, et les
cloches des églises catholiques allaient de nouveau
faire retentir les échos de Nipon. Le gouvernement
japonais enfin apprenait à moins redouter les étrangers, en les voyant de plus près, et il pouvait se convaincre que ce n'était point une soif avide de domination, ni même jusqu'à un certain point l'intérêt
commercial, qui attiraient en ces mers les navires et
les représentants de la France, mais un juste souci de

son influence politique et de l'honneur de son pavillon dans l'extrême Orient.

Telle était la situation, lorsque le baron Gros et lord Elgin, retournant en Europe au milieu de l'année 1859, remirent entre les mains de M. de Bourboulon et de sir Frédéric Bruce la gestion des intérêts français et anglais dans ces contrées lointaines.

FIN.

TABLE DES MATIÈRES.

CHAPITRE I.

Décision prise par le gouvernement de l'Empereur d'envoyer une ambassade en Chine. — Composition de l'ambassade. — Départ de Toulon. — Le détroit de Gibraltar. — Les Canaries. — Relâche à Sainte-Croix de Ténériffe. — L'île de l'Ascension. — Traversée de l'Ascension au Cap......................... Page. 1

CHAPITRE II.

Arrivée de *l'Audacieuse* à Simon's-Bay. — Départ pour Cap-Town. — La ville de Cap-Town ; la rade de Table-Bay. — La montagne de la Table. — Sir George Grey, gouverneur de la colonie. — La colonie anglaise du cap de Bonne-Espérance. — Les Cafres. — Les Boers. — Villages français de l'intérieur. — Petites républiques du fleuve Orange. — Wynberg ou le paradis du Cap. — La montagne de Constance et la famille de M. Cloëte. — La civilisation et la barbarie sans cesse en présence à Cap-Town. — Douceur du climat. — Cherté de toutes choses. — Séjour à Masonic-hotel.......................... Page 23

CHAPITRE III.

Départ de Simon's-Bay. — Le banc des aiguilles. — Traversée du grand océan Austral. — L'îlot Amsterdam. — Nous rentrons dans les vents alizés. — L'île de Java. — Le détroit de la Sonde; le détroit de Banca. — Arrivée à Singapore. — La colonie anglaise de Singapore. — Diversité des races, des religions, des costumes. — Grande liberté commerciale. — La ville européenne, la ville chi-

noise et hindoue. — Arrivée de *l'Audacieuse* dans la rivière de
Canton. — Brillant accueil fait à l'ambassadeur de l'Empereur
par l'escadre française et par les autorités anglaises en Chine. —
Lord Elgin, sir Michaël Seymour, l'amiral Rigault de Genouilly,
M. de Bourboulon, le comte Poutiatine et M. Reed, sir John
Bowring. — L'île de Hong-Kong et le mouillage de Castle-Pea. —
Bay.. Page 43

CHAPITRE IV.

La colonie portugaise de Macao. — Le jardin de Camoëns, la pagode des Rochers, le cimetière des Parsis. — Décadence de
Macao. — Les escadres française et anglaise remontent la rivière de Canton. — Bocca Tigris ou le Bogue. — Mouillage de
Whampoa. — Dernière tentative pacifique des ambassadeurs auprès du vice-roi Yeh. — Remise de l'ultimatum du baron Gros.
Refus absolu de Yeh sur tous les points. — Les ambassadeurs délèguent leurs pouvoirs aux amiraux. — Commencement des opérations militaires.. Page 87

CHAPITRE V.

Bombardement et prise de la cité provinciale de Canton par les
alliés. — Visite des deux ambassadeurs au quartier général, le
1er janvier. — Lettre insolente des mandarins. — Descente en
ville, et capture de Yeh, Muh et Pih-Kwé. — Yeh, envoyé prisonnier à bord de *l'Inflexible*. — Pih-Kwé, maintenu dans son
poste de gouverneur de Canton par les alliés. — Cérémonie du
9 janvier. — La commission européenne. — Le camp anglo-
français. — La ville de Canton, ses yamouns et ses pagodes. —
Le faubourg de l'ouest. — Le quartier tartare. — Départ de Yeh
pour Calcutta.. Page 103

CHAPITRE VI.

Curieux document trouvé dans les archives de Yeh. — Le jour de
l'an chinois. — Attaque de trois attachés de l'ambassade par des
pirates dans la rivière. — Arrivée de deux régiments de Cipayes
à Canton. — Levée du blocus. — Installation des consuls européens à Whampoa. — Visite de MM. Reed et Poutiatine aux am-

bassadeurs. — Entente des quatre plénipotentiaires, et envoi d'une note collective à la cour de Pékin. — Mission confiée à M. de Contades.— Retour du baron Gros à bord de *l'Audacieuse* — Faible garnison laissée à Canton. — Les compagnies de débarquement rentrent à bord, et les bâtiments redescendent la rivière. — L'ambassade française quitte Hong-Kong pour se rendre à Shang-haï — Espérances de paix bientôt démenties. — Navigation de la mer de Chine à contre-mousson. — Amoy, le canal de Formose, les îles Saddle, le Yang-tzé-kiang ou fleuve Bleu. — Arrivée du baron Gros à Shang-haï........ Page 135

CHAPITRE VII.

Shang-haï; la ville européenne, la ville chinoise. — Le jardin de thé. — M. de Montigny et la concession française.— Le dîner du tao-taï. — Les tigres du colonel tartare. — La campagne chinoise. — Mission du Kiang-nan. — Le collège de Zi-ka-wei. — La cathédrale de Tong-ka-tou. — L'œuvre de la Sainte-Enfance dans le Kiang-nan. — Mouvement commercial de Shang-haï. — Réponse de la cour de Pékin à la note collective des ambassadeurs... Page 169

CHAPITRE VIII.

Départ de *l'Audacieuse* pour le golfe de Péchéli. — Le cap Chantoung. — Les forts de Takou, et l'embouchure du Peï-ho. — Pourparlers avec trois commissaires impériaux envoyés par la cour de Pékin. — Le Fils du Ciel refuse d'ouvrir sa capitale aux ministres étrangers. — Bombardement et prise des forts de Takou. — Pointe hardie des amiraux sur Tien-tsin. — Établissement des quatre ambassades dans cette ville.— Arrivée de Kouei-Liang et de Houa-Cha-Na, nouveaux commissaires impériaux. — Leur entrevue avec l'ambassadeur de France. — Ouverture des conférences. M. de Contades délégué par le baron Gros pour y prendre part. — Signature du traité de Tien-tsin. — Évacuation de la ville par les flottes alliées. — Excursion à la Grande-Muraille de la Chine. — Retour à Shang-haï. — Voie d'eau survenue à *l'Audacieuse*. — Six semaines à Sang-haï durant les chaleurs...................................... Page 187

CHAPITRE IX.

Mœurs, coutumes. gouvernement de la Chine........ Page 245

CHAPITRE X.

Départ pour le Japon. — Le détroit de Van-Diémen. — Relâche à Simoda. — Le bazar. — Le dîner de Namorano-Nedanwano-Kami. — La baie de Yédo. — Mort de l'empereur civil. — L'ambassade s'établit à terre dans une bonzerie. — La ville officielle, la ville marchande. — Le palais du taïcoun. — Promenades dans les rues de Yédo. — Nos cent iacounin. — Conférences de Yédo. — Signature du traité. — La ville de Nangasaki. — Factorerie hollandaise de Désima. — Tentatives du gouvernement japonais pour se créer une marine de guerre. — Factorerie chinoise. — Retour à Sang-haï............................. Page 281

CHAPITRE XI.

Mœurs, coutumes, gouvernement du Japon.......... Page 309

CHAPITRE XII.

Typhon dans les mers de Chine. — Séjour de Koui-Liang et de Houa-Cha-Na à Shang-haï. — Révision des tarifs commerciaux. — Lord Elgin remonte le Yang-tzé-kiang ou fleuve Bleu. — Naufrage du *Laplace.* — Je rapporte le traité de Yédo en France. — Retour de l'ambassade. — Conclusion............ Page 335

FIN DE LA TABLE DES MATIÈRES.

PARIS. — IMPRIMERIE DE CH. LAHURE ET Cie

Rues de Fleurus, 9, et de l'Ouest, 21

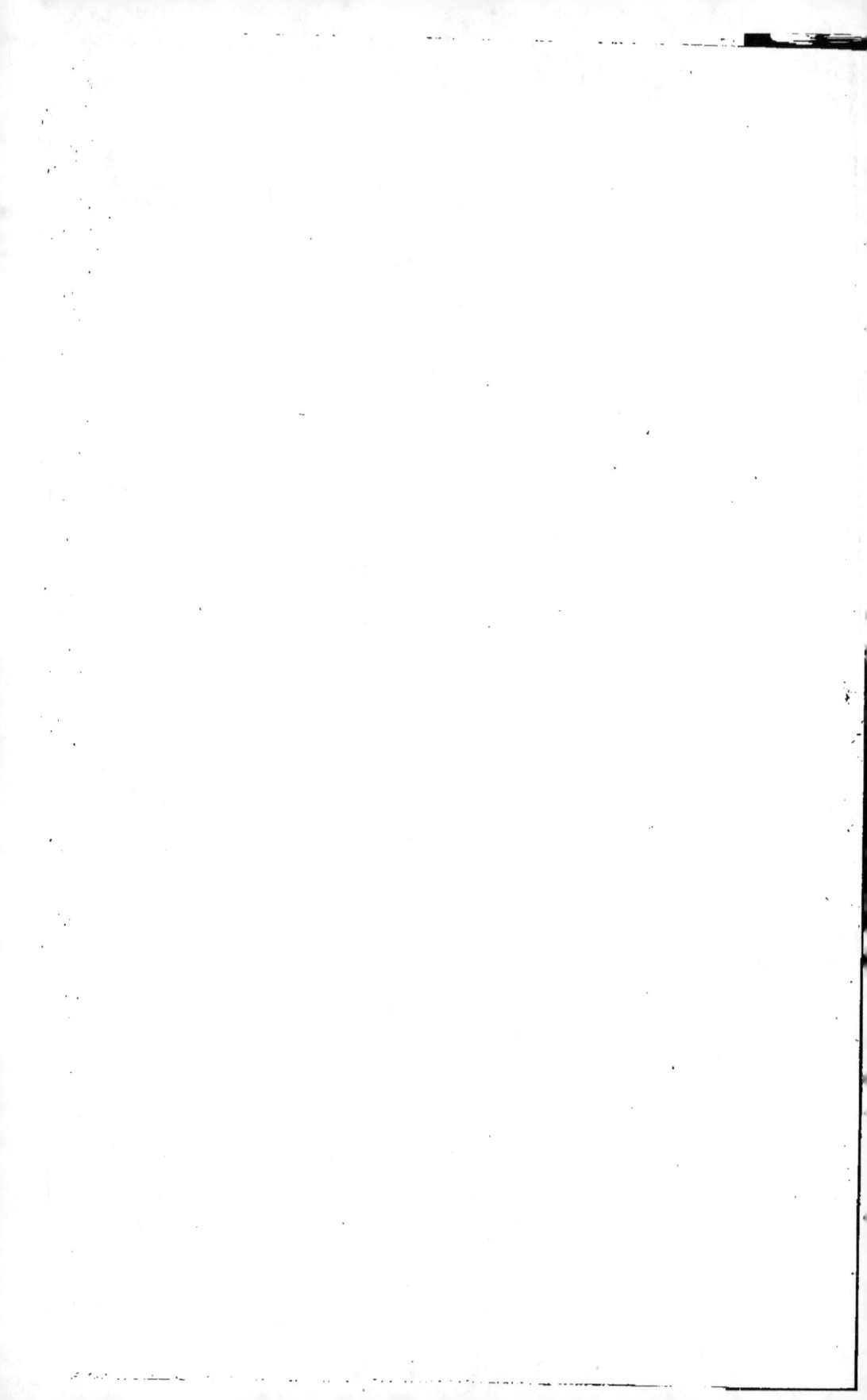

Librairie de **L. Hachette et C**ie, rue Pierre-Sarrazin, **14**, à Paris.

BIBLIOTHÈQUE
DES CHEMINS DE FER.

FORMATS GRAND IN-16 OU IN-18 JÉSUS.

About (Edm.) : *Germaine*. 4e édition.
1 vol. 2 fr.
— *Le roi des montagnes*. 4e édition.
1 vol. 2 fr.
— *Les mariages de Paris*. 8e édition.
1 vol. 2 fr.
— *Maître Pierre*. 3e édition. 1 vol. 2 fr.
— *Tolla*. 6e édition. 1 vol. 2 fr.
— *Trente et quarante*. 2e éd. 1 v. 2 fr.
— *Voyage à travers l'Exposition universelle des Beaux-Arts*. 1 vol. 2 fr.
Achard (Am.) : *La Sabotière*. 1 v. 1 fr.
— *Le clos Pommier*. 1 vol. 1 fr.
— *Les vocations*. 1 vol. 2 fr.
— *L'ombre de Ludovic*. 1 vol. 1 fr.
— *Madame Rose; — Pierre de Villerglé*.
2e édition. 1 vol. 1 fr.
— *Maurice de Treuil*. 2e édit. 1 v. 2 fr.
— *Montebello , Magenta , Marignan*, lettres d'Italie. 1 vol. 2 fr.
Andersen : *Le livre d'images sans images*. 1 vol. 1 fr.
Anonymes : *Aladdin* ou la Lampe merveilleuse. 1 vol. 50 c.
— *Anecdotes du règne de Louis XVI*.
1 vol. 1 fr.
— *Anecdotes du temps de la Terreur*.
1 vol. 1 fr.
— *Anecdotes historiques et littéraires*, racontées par Brantôme, L'Estoile, Tallemant des Réaux, Saint-Simon, Grimm , etc. 1 vol. 1 fr.
— *Assassinat du maréchal d'Ancre* (relation attribuée au garde des sceaux Marillac), avec un Appendice extrait des *Mémoires* de Richelieu. 1 v. 50 c.
— *Djouder le Pécheur*, conte traduit de l'arabe par MM. *Cherbonneau et Thierry*. 1 vol. 50 c.
— *La conjuration de Cinq-Mars*, récit extrait de Montglat, Fontrailles, Tallemant des Réaux, Mme de Motteville, etc. 1 vol. 50 c.
— *La jacquerie* , précédée des insurrections des Bagaudes et des Pastoureaux, d'après Mathieu Paris, Froissart, etc. 1 vol. 50 c.
— *La mine d'ivoire*, voyage dans les glaces de la mer du Nord, traduit de l'anglais. 50 c.
— *La vie et la mort de Socrate*, récit extrait de Xénophon et de Platon. 1 v. 50 c.
— *Le mariage de mon grand-père et le testament du juif*, traduits de l'anglais par *A. Pichot*. 1 vol. 1 fr.
— *Les émigrés français* dans la Louisiane. 1 vol. 1 fr.
— *Le véritable Sancho-Pansa* ou Choix de proverbes, dictons, etc. 1 vol. 1 fr.
— *Pitcairn*, ou la nouvelle île fortunée.
1 vol. 50 c.
Assollant : *Scènes de la vie des États-Unis*. 1 vol. 2 fr.
— *Deux amis en* 1792. 1 vol. 2 fr.
Auerbach : *Contes* , traduits de l'allemand par M. *Boutteville*. 1 vol. 1 fr.
Auger (Ed.) : *Voyage en Californie en* 1852 et 1853. 1 vol. 1 fr.
Aunet (Mme Léonie d') : *Étiennette; — Sylvère; — Le secret*. 1 vol. 1 fr.
— *Une vengeance*. 1 vol. 2 fr.
— *Un mariage en province*. 1 vol. 1 fr.
— *Voyage d'une femme au Spitzberg*.
2e édition. 1 vol. 2 fr.
Balzac (de) : *Eugénie Grandet*. 1 vol. 1 fr.
— *Scènes de la vie politique*. 1 vol. 50 c.
— *Ursule Mirouët*. 1 vol. 1 fr.
Barbara (Charles) : *L'assassinat du Pont-Rouge*. 1 vol. 2 fr.
— *Les orages de la vie*. 1 vol. 2 fr.
Bast (Amédée de) : *Les Fresques*, contes et anecdotes. 1 vol. 1 fr.
Belot (Ad.) : *Marthe ; — Un cas de conscience*. 1 vol. 1 fr.
Bernardin de Saint-Pierre : *Paul et Virginie*. 1 vol. 1 fr.
Bersot : *Mesmer*, ou le Magnétisme animal, avec un chapitre sur les tables tournantes. 1 volume. 1 fr.
Boiteau (P.) : *Les cartes à jouer et la cartomancie*. Ouvrage illustré de 40 vignettes sur bois. 1 fr.
Brainne (Ch.) : *La Nouvelle-Calédonie*, voyages, missions, colonisation. 1 volume. 1 fr.

Bréhat (Alfred de) : *Les Filles du Boër.*
1 vol.   2 fr.
— *René de Gavery.* 1 vol.   2 fr.
Brueys et Palaprat: *L'avocat Patelin.*
1 vol.   50 c.
Camus (évêque de Belley): *Palombe, ou
la femme honorable*, précédée d'une
étude sur Camus et le roman au
xviiᵉ siècle, par *H. Rigault.* 1 vol. 50 c.
Caro (E.) : *Saint Dominique et les Do-
minicains.* 1 vol.   1 fr.
Castellane (comte de) : *Nouvelles et
récits.* 1 vol.   1 fr.
Cervantès : *Costanza*, traduit par *L.
Viardot.* 1 vol.   50 c.
Champfleury : *Les oies de Noël.* 1 vo-
lume.   1 fr.
Chapus (E.): *Les chasses princières en
France*, de 1589 à 1832. 1 vol.   1 fr.
— *Le sport à Paris.* 1 vol.   1 fr.
— *Le turf, ou les Courses de chevaux
en France et en Angleterre.* 1 vol. 1 fr.
Chateaubriand (vicomte de) : *Atala,
René, les Natchez.* 1 vol.   3 fr.
— *Le génie du christianisme.* 1 v. 3 fr.
— *Les martyrs et le dernier des Aben-
cérages.* 1 vol.   3 fr.
Cochut (A.) : *Law*, son système et son
époque. 1 vol.   2 fr.
Colet (Mme) : *Promenade en Hollande.*
1 vol.   2 fr.
Corne (H.): *Le cardinal Mazarin.* 1 vo-
lume.   1 fr.
— *Le cardinal de Richelieu.* 1 vol. 1 fr.
Delessert (B.) : *Le guide du bonheur.*
1 vol.   1 fr.
Demogeot (J.). *Les lettres et l'homme
de lettres au XIXᵉ siècle.* 1 vol.   1 fr.
— *La critique et les critiques en France
au XIXᵉ siècle.* 1 vol.   1 fr.
Des Essarts : *François de Médicis.*
1 vol.   2 fr.
Didier (Ch.): *50 jours au désert.* 1 vo-
lume.   2 fr.
— *500 lieues sur le Nil.* 1 vol.   2 fr.
— *Séjour chez le grand-chérif de la
Mekke.* 1 vol   2 fr.
Du Bois (Ch.) : *Nouvelles d'atelier.*
1 vol.   2 fr.
Énault (L.): *Christine.* 1 vol.   1 fr.
— *La rose blanche.* 1 vol.   1 fr.
— *La vierge du Liban.* 1 vol.   2 fr.
— *Nadèje.* 1 vol.   2 fr.
Ferry (Gabriel): *Costal l'Indien*, scè-
nes de l'indépendance du Mexique.
1 vol.   3 fr.
— *Le coureur des bois, ou les chercheurs
d'or :*
Première partie. 1 vol.   3 fr.
Deuxième partie. 1 vol.   3 fr.

— *Les Squatters; — La clairière du
bois des Hogues.* 1 vol.   1 fr.
— *Scènes de la vie mexicaine.* 1 v. 3 fr.
— *Scènes de la vie militaire au Mexique.* 1 vol.   1 fr.
Figuier (Louis) : *La photographie au
salon de 1859.* 1 vol.   50 c.
Figuier (Mme Louis): *Mos de Lavène.*
1 vol.   1 fr.
Florian : *Les arlequinades.* 1 vol. 50 c.
Forbin (comte de) : *Voyage à Siam.*
1 vol.   50 c.
Fortune (Robert) : *Aventures en Chine,
dans ses voyages à la recherche du
thé et des fleurs*; traduit de l'anglais.
1 vol.   1 fr.
Fraissinet (J. L.) : *Le Japon contempo-
rain.* 1 vol.   2 fr.
Galbert (de Bruges) : *Légende du bien-
heureux Charles le Bon.* 1 vol.   50 c.
Gaskell (Mme) : *Cranford*, traduit de
l'anglais par Mme Louise Sw.-Belloc.
1 vol.   1 fr.
Gautier (Théophile) : *Caprices et zig-
zags.* 1 vol.   2 fr.
— *Italia.* 1 vol.   2 fr.
— *Le roman de la momie.* 1 vol.   2 fr.
— *Militona.* 1 vol.   1 fr.
Gérard (J.) : *Le tueur de lions.* 3ᵉ édition. 1 vol.   2 fr.
Gerstäcker : *Aventures d'une colonie
d'émigrants en Amérique*, trad. de
l'allemand par X. Marmier. 1 vol. 1 fr.
Giguet (P.): *Campagne d'Italie*, avec
une carte gravée sur acier. 1 vol.
Goethe : *Werther*, traduit de l'allemand
par L. Enault. 1 vol.   1 fr.
Gogol : *Nouvelles choisies (1° Mémoires d'un fou ; 2° Un ménage
d'autrefois ; 3° Le roi des gnomes)*,
trad. du russe par L. Viardot.
1 vol.   1 fr.
— *Tarass Boulba*, traduit du russe par
L. Viardot. 1 vol.   1 fr.
Goudall (Louis) : *Le martyr des Chau-
melles.* 1 vol.   1 fr.
Guillemard : *La pêche en France.* 1 volume illustré de 50 vignettes.   2 fr.
Guizot (F.) : *L'amour dans le mariage*,
étude historique. 6ᵉ édit. 1 vol.   1 fr.
Les ouvrages suivants ont été revus
par M. Guizot :
*Édouard III et les bourgeois de Ca-
lais, ou les Anglais en France.* 1 vo-
lume.   1 fr.
*Guillaume le Conquérant, ou l'Angle-
terre sous les Normands.* 1 vol. 1 fr.
*La grande Charte, ou l'établissement
du gouvernement constitutionnel en
Angleterre*, par C. Rousset. 1 v. 2 fr.

— *Origine et fondation des États-Unis d'Amérique*, par P. *Lorain*. 1 volume. 2 fr.

Guizot (G.) : *Alfred le Grand*, ou l'Angleterre sous les Anglo-Saxons. 1 volume. 2 fr.

Hall (capitaine Basil) : *Scènes de la vie maritime*, traduites de l'anglais par Am. *Pichot*. 1 vol. 1 fr.
— *Scènes du bord et de la terre ferme*, traduites par le même. 1 vol. 1 fr.

Haureau (B.) : *Charlemagne et sa cour*, portraits, jugements et anecdotes. 1 vol. 1 fr.
— *François Ier et sa cour*, portraits, jugements et anecdotes. 2e édit. 1 v. 1 fr.

Hawthorne : I. *Catastrophe de M. Higginbotham*. II. *La fille de Rapaccini*. III. *David Swan*, contes trad. de l'anglais par *Leroy* et *Scheffter*. 1 vol. 50 c.

Heiberg · *Nouvelles danoises*, traduites du danois par X *Marmier*. 1 vol. 1 fr.

Héquet (G.) : *Madame de Maintenon*. 1 vol. 2 fr.

Hervé et de **Lanoye** : *Voyages dans les glaces du pôle arctique*, à la recherche du passage nord-ouest, extraits des relations de sir John Ross, Edward Parry, John Franklin, Beechey, Back, Mac Clure et autres navigateurs célèbres. 1 vol. 2 fr.

Karr (Alph.) : *Clovis Gosselin*. 1 v. 1 fr.
— *Contes et Nouvelles*. 1 vol. 2 fr.
— *Geneviève*. 1 vol. 1 fr.
— *Hortense; — Feu Bressier*. 1 v. 1 fr.
— *La famille Alain*. 1 vol. 1 fr.
— *Le chemin le plus court*. 1 vol. 1 fr.

Laboulaye (Ed.) : *Abdallah*, ou le trèfle à quatre feuilles. 1 vol. 2 fr.
— *Souvenirs d'un voyageur* (Marina, le Jasmin de Figline, le Château de la vie, Jodocus, don Ottavio). 1 vol. 1 fr.

La Fayette (Mme) : *Henriette d'Angleterre*, duchesse d'Orléans. 1 vol. 1 fr.

Lamartine (A. de) : *Christophe Colomb*. 1 vol. 1 fr.
— *Fénelon*. 1 vol. 1 fr.
— *Graziella*. 1 vol. 1 fr.
— *Gutenberg*. 1 vol. 50 c.
— *Héloïse et Abélard*. 1 vol. 50 c.
— *Le tailleur de pierres de Saint-Point*. 1 vol. 2 fr.
— *Nelson*. 1 vol. 1 fr.

Lanoye (de). Voyez *Hervé et de Lanoye*.

Las Cases (comte de) : *Souvenirs de l'empereur Napoléon Ier*, extraits du *Mémorial de Sainte-Hélène*. 1 v. 2 fr.

La Vallée (J.) : *La chasse à tir en France*, illustrée de 30 vignettes par F. Grenier. 3e édition. 1 vol. 3 fr.

— *La chasse à courre en France*, illustrée de 40 vignettes par Grenier fils. 2e édition. 1 vol. 3 fr.
— *Les récits d'un vieux chasseur*. 1 volume. 2 fr.

Le Fèvre-Deumier (J.) : *Études biographiques et littéraires* sur quelques célébrités étrangères : I. Le Cavalier Marino ; II. Anne Radcliffe ; III. Paracelse ; IV. Jérôme Vida. 1 vol. 1 fr.
— *OEhlenschlager*, le poète national du Danemark. 1 vol. 1 fr.
— *Vittoria Colonna*. 1 vol. 1 fr.

Léouzon-Leduc : *La Baltique*. 1 v. 2 fr.
— *La Russie contemporaine*. 1 vol. 2 fr.
— *Les îles d'Aland*, avec carte et grav. 1 vol. 50 c.

Lesage : *Théâtre choisi* contenant : *Turcaret* et *Crispin rival de son maître*. 1 vol. 1 fr.

Levaillant : *Voyage dans l'intérieur de l'Afrique* (abrégé). 1 vol. 1 fr.

Lorain (P.). Voyez *Guizot* (F.).

Louandre (Ch.) : *La sorcellerie*. 1 v. 1 fr.

Marco de Saint-Hilaire (E.) : *Anecdotes du temps de Napoléon Ier*. 1 vol. 1 fr.

Martin (Henri) : *Tancrède de Rohan*. 1 vol. 1 fr.

Mercey (F. de) : *Burk l'étouffeur ; — les Frères de Stirling*. 1 vol. 1 fr.

Merruau (P.) : *Les convicts en Australie*, voyage dans la Nouvelle-Hollande. 1 vol. 1 fr.

Méry : *Contes et nouvelles*. 1 vol. 1 fr.
— *Héva*. 1 vol. 1 fr.
— *La Floride*. 1 vol. 2 fr.
— *La guerre du Nizam*. 1 vol. 2 fr.
— *Les matinées du Louvre ; — Paradoxes et rêveries*. 1 vol. 1 fr.
— *Nouvelles nouvelles*. 1 vol. 1 fr.

Michelet : *Jeanne d'Arc*. 1 vol. 1 fr.
— *Louis XI et Charles le Téméraire*. 1 vol. 1 fr.

Michiels (Alfred) : *Les chasseurs de chamois*. 1 vol. 2 fr.

Monseignat (C. de) : *Le Cid Campéador*, chronique extraite des anciens poëmes espagnols, des historiens arabes et des biographies modernes. 1 vol. 50 c.
— *Un chapitre de la Révolution française*, ou Histoire des journaux en France de 1789 à 1799, précédée d'une introduction historique sur les journaux chez les Romains et dans les temps modernes. 1 vol. 1 fr.

Montague (lady) : *Lettres choisies*, traduites de l'angl. par P. *Boiteau*. 1 v. 1 fr.

Morin (Fréd.) : *Saint François d'Assise et les Franciscains*. 1 vol. 1 fr.

Mornand (F.) : *Un peu partout.* 1 volume. 1 fr.

Newil (Ch.) : *Contes excentriques.* 2ᵉ édition. 1 vol. 1 fr.

— *Nouveaux contes excentriques.* 1 volume. 2 fr.

Pichot (A.) : *Les Mormons.* 1 vol. 1 fr.

Piron : *La métromanie.* 1 vol. 50 c.

Poë : *Nouvelles choisies* (1° le Scarabée d'or ; 2° l'Aéronaute hollandais); trad. de l'anglais par *A. Pichot.* 1 vol. 1 fr.

Pouschkine (A.) : *La fille du capitaine,* trad. du russe par *Viardot.* 1 vol. 1 fr.

Prevost (l'abbé) : *La colonie rocheloise,* nouvelle extraite de l'Histoire de Cléveland. 1 vol. 1 fr.

Quicherat (Jules) : *Histoire du siége d'Orléans et des honneurs rendus à la Pucelle.* 1 vol. 50 c.

Regnard : *Le joueur.* 1 vol. 50 c.

Reybaud (Mme Ch.) : *Hélène.* 1 vol. 1 fr.

— *Faustine.* 1 vol. 1 fr.

— *La dernière Bohémienne.* 1 vol. 1 fr.

— *Le cadet de Colobrières.* 1 vol. 2 fr.

— *Le moine de Châlis.* 1 vol. 2 fr.

— *Mlle de Malepeire.* 1 vol. 1 fr.

— *Misé Brun.* 1 vol. 1 fr.

— *Sydonie.* 1 vol. 1 fr.

Rousset (Ch.) : *Voyez Guizot (F.).*

Saint-Félix (J. de) : *Aventures de Cagliostro.* 2ᵉ édition. 1 vol. 1 fr.

Saint-Hermel (de) : *Pie IX.* 1 vol. 50 c.

Saintine (X.-B.) : *Un rossignol pris au trébuchet ; le château de Génappe ; le roi des Canaries.* 1 vol. 1 fr.

— *Les trois reines.* 1 vol. 1 fr.

— *Antoine, l'ami de Robespierre.* 1 vol. 1 fr.

— *Le mutilé.* 1 vol. 1 fr.

Les métamorphoses de la femme. 1 volume. 2 fr.

— *Une maitresse de Louis XIII.* 1 volume. 2 fr.

— *Chrisna.* 1 vol. 2 fr.

Saint-Simon (le duc de) : *Le Régent et la cour de France sous la minorité de Louis XV,* portraits, jugements et anecdotes extraits littéralement des *Mémoires* authentiques du duc de Saint-Simon. 2ᵉ édition. 2 fr.

— *Louis XIV et sa cour,* portraits, jugements et anecdotes extraits littéralement des *Mémoires* authentiques du duc de Saint-Simon. 3ᵉ édit. 1 v. 2 fr.

Sand (George) : *André.* 1 vol. 1 fr.

— *François le Champi.* 1 vol. 1 fr.

— *La mare au Diable.* 1 vol. 1 fr.

— *La petite Fadette.* 1 vol. 1 fr.

— *Narcisse.* 1 vol. 2 fr.

Sarasin : *La Conspiration de Walstein.* épisode de la guerre de Trente ans, avec un Appendice extrait des *Mémoires* de Richelieu. 1 vol. 50 c.

Scott (Walter) : *La fille du chirurgien,* traduite de l'anglais par *L. Michelant,* 1 vol. 1 fr.

Sedaine : *Le Philosophe sans le savoir* 1 vol. 50 c.

Serret (Ern.) : *Élisa Méraut.* 1 vol. 1 fr.

— *Francis et Léon.* 1 vol. 2 fr.

Sollohoub (comte) : *Nouvelles choisies* (1° Une aventure en chemin de fer; 2° les deux Étudiants; 3° la Nouvelle inachevée; 4° l'Ours; 5° Serge), trad. du russe par *E. de Lonlay.* 1 vol. 1 fr.

Soulié (Frédéric) : *Le lion amoureux.* 1 volume. 1 fr.

Staal (Mme de) : *Deux années à la Bastille.* 1 vol. 1 fr.

Sterne : *Voyage en France à la recherche de la santé,* traduit de l'anglais par *A. Tasset.* 1 vol. 50 c.

Thackeray : *Le diamant de famille* et *la Jeunesse de Pendennis,* traduits de l'anglais par *A. Pichot.* 1 vol. 1 fr.

Töpffer : *Le presbytère.* 1 vol. 3 fr.

— *Rosa et Gertrude.* 1 vol. 3 fr.

Tresca : *Visite à l'Exposition universelle de Paris en 1855,* publiée avec la collaboration de MM. Alcan, Baudement, Boquillon, Delbrouck aîné, Deherain, Fortin Hermann, J. Gaudry, Molinos, G. Nepveu, H. Péligot, Prosnier, Silbermann, E. Trélat, U. Trélat, Tresca, etc., etc., sous la direction de M. Tresca, inspecteur principal de l'Exposition française à Londres, ancien commissaire du classement à l'Exposition de 1855, sous-directeur du Conservatoire des arts et métiers. 1 fort volume in-16 de 800 pages, contenant des plans et des grav. 1 fr.

Ubicini : *La Turquie actuelle.* 1 v. 2 fr.

Ulbach (Louis) : *Les roués sans le savoir.* 1 vol. 2 fr.

Viardot (L.) : *Souvenirs de chasse.* 6ᵉ édition. 1 vol. 2 fr.

Viennet : *Fables complètes.* 1 vol. 2 fr.

Voltaire : *Zadig.* 1 vol. 50 c.

Wailly (Léon de) : *Stella et Vanessa.* 1 vol. 1 fr.

— *Angelica Kauffmann.* 2 vol. 4 fr.

Yvan (Dr) : *De France en Chine.* 1 volume. 1 fr.

Zschokke (H.) : *Alamontade,* ou le Galérien, traduit de l'allemand par *E. de Suckau.* 1 vol. 50 c.

— *Jonathan Frock,* traduit par le même. 1 vol. 50 c.

Typographie de Ch. Lahure et Cie, rue de Fleurus, 9.

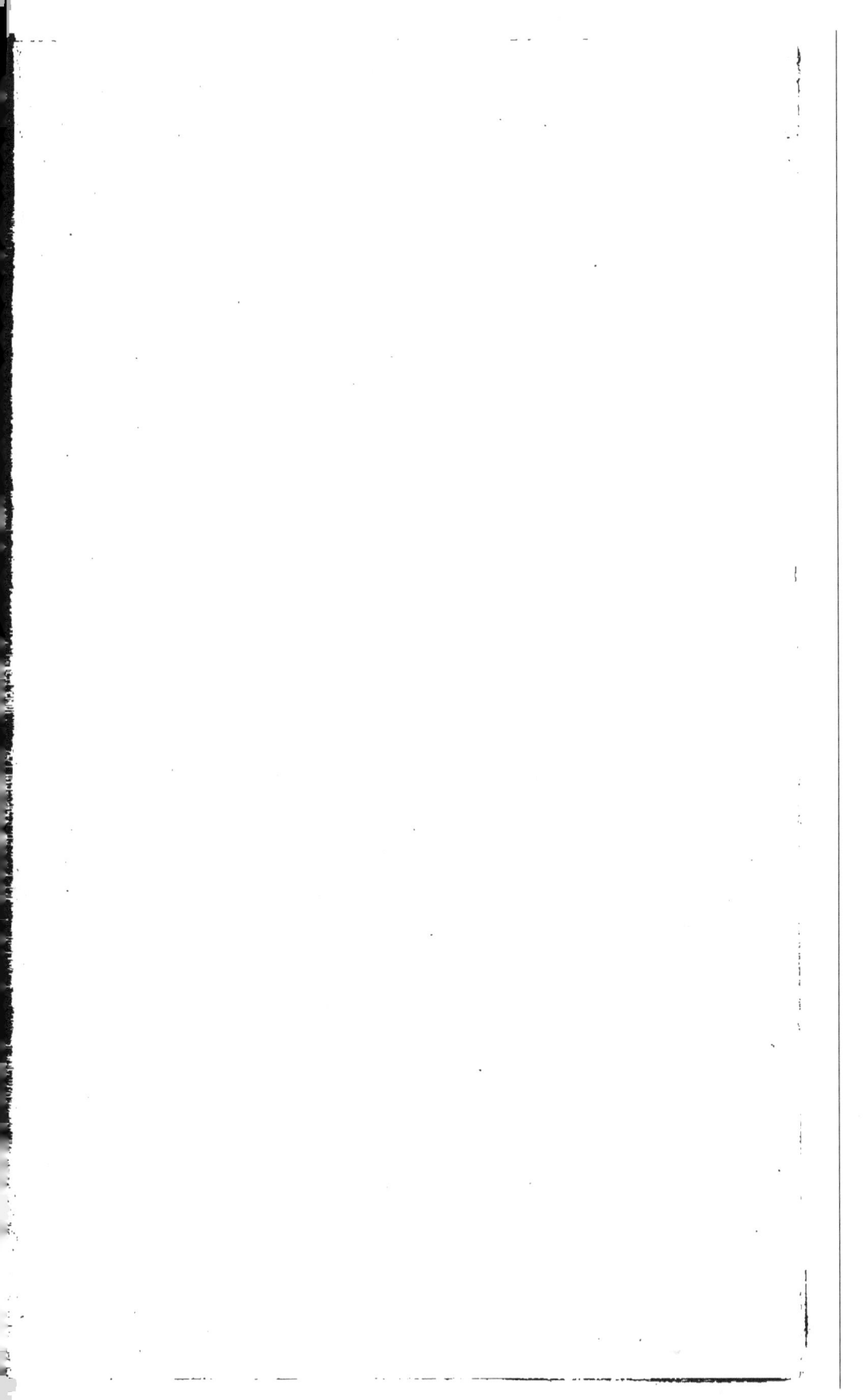

Librairie de **L. HACHETTE** et Cⁱᵉ, rue Pierre-Sarrazin, 14, à Paris.

BIBLIOTHÈQUE VARIÉE, FORMAT IN-18 JÉSUS.

Volumes à 3 francs 50 centimes.

About (Edm.). La Grèce contemporaine. 1 vol. — Nos Artistes au salon de 1857. 1 vol.
Aristophane. Œuvres complètes, trad. de M. Poyard. 1 vol.
Balzac (H. de). Théâtre. 1 vol.
Barrau. Révolution française. 1 vol.
Bautain (l'abbé). La belle saison à la campagne. 1 v. — La Chrétienne de nos jours. 2 vol.
Bayard. Théâtre. 12 vol.
Belloy (de). Le Chevalier d'Al. 1 vol. — Poésies. 1 v.
Brizeux. Histoires poétiques. 1 vol.
Busquet. Poème des heures. 1 vol.
Byron. Œuvres complètes, trad. de Laroche. 4 vol.
Caro (E.). Études morales. 1 vol.
Castellane (de). Souvenirs de la vie militaire. 4 v.
Charpentier. Les Écrivains latins de l'empire. 1 v.
Dante. La Divine comédie, trad. par Fiorentino. 1 vol.
Dargaud (J.). Histoire de Marie Stuart. 1 vol. — Voyage aux Alpes. 1 vol.
Daumas (Général E.). Mœurs et coutumes de l'Algérie. 1 vol.
Enault (L.). La Terre-Sainte. 1 vol. — Constantinople et la Turquie. 1 vol. — La Norvège. 1 vol.
Eyma (Xavier). Femmes du Nouveau-Monde. 1 vol. — Les Deux Amériques. 1 v. — Les Peaux rouges. 1 v.
Figuier (Louis). L'Alchimie et les Alchimistes. 1 vol. — Histoire du Merveilleux. 4 vol. — L'Année scientifique, 1ʳᵉ année (1856). 1 vol. — 2ᵉ année (1857). 1 vol. — 3ᵉ année (1858). 2 vol. — 4ᵉ année (1859). 1 vol.
Gautier (Th.). Un trio de romans. 1 vol.
Gérard de Nerval. Les Illuminés. 1 vol. — Le Rêve et la Vie. 1 vol.
Hérodote. Œuvres complètes. 1 vol.
Homère. L'Iliade et l'Odyssée, trad. de Giguet. 1 vol.
Houssaye. Poésies complètes. 1 vol. — Philosophes et comédiennes. 1 vol. — Le Violon de Franjole. 1 vol. — Histoire du quarante et unième fauteuil. 1 vol. — Voyages humoristiques. 1 vol. — Les filles d'Ève. 1 vol.
Hugo (Victor). Notre-Dame de Paris. 1 vol. — Théâtre. 3 vol. — Han d'Islande. 1 vol. — Les Orientales; les Voix intérieures; les Rayons et les Ombres. 1 vol. — Odes et Ballades; les Feuilles d'automne; les Chants du crépuscule. 1 vol. — Les Contemplations. 2 vol. — Bug Jargal; le Dernier jour d'un condamné. 1 vol. — Le Rhin. 2 vol. — Les Enfants. 1 vol.
Jouffroy. Cours de droit naturel. 2 vol.
Jourdan (L.). Contes industriels. 1 vol.
Lamartine (A. de). Méditations poétiques. 2 vol. — Harmonies poétiques. 1 vol. — Recueillements poétiques. 1 vol. — Jocelyn. 1 vol. — La Chute d'un ange. 1 vol. — Voyage en Orient. 1 vol. — Histoire de la Restauration. 8 vol.
Lanoye (F. de). Le Niger. 1 vol. — L'Inde contemporaine. 1 vol.
Laugel. Études scientifiques. 1 vol.

Lenient (C.). La Satire en France. 1 vol.
Libert. Histoire de la Chevalerie. 1 vol.
Limayrac (Paulin). Coups de plume sincères. 1 vol.
Lucien. Œuvres complètes, trad. de M. Talbot. 2 vol.
Lutfullah. Mémoires d'un gentilhomme mahométan. 1 vol.
Marmier. En Amérique et en Europe. 1 vol. — A u été au bord de la Baltique. 1 vol. — Les Fiancés du Spitzberg. 1 vol. — Lettres sur le Nord. 1 v.
Méry. Mélodies poétiques. 1 vol.
Michelet. L'Amour. 1 vol. — L'Oiseau. 1 vol. L'Insecte. 1 vol. — La Femme. 1 vol.
Milne. La Vie réelle en Chine. 1 vol.
Monnier (Marc). L'Italie est-elle la terre des morts? 1 vol.
Montaigne. Essais. 1 vol.
Montfort (Cap.). Voyage en Chine. 1 vol.
Mornand. La Vie des eaux. 1 vol.
Mortemart-Boisse (baron de). La Vie élégante. 1 vol.
Nodier (Ch.). Histoire du roi de Bohême. 1 vol.
Neurisson. Les Pères de l'Église latine. 1 vol.
Orsay (comtesse d'). L'Ombre du bonheur. 1 vol.
Ossian. Poëmes gaëliques. 1 vol.
Patin. Études sur les tragiques grecs. 4 vol.
Perrens (F. T.). Jérôme Savonarole. 1 vol. — Deux ans de révolution en Italie. 1 vol.
Pfeiffer (Mme Ida). Voyage d'une femme autour du monde. 1 vol. — Mon second voyage autour du monde. 1 vol.
Rougebief. Un Fleuron de la France. 1 vol.
Saintine (X.-B.). Picciola. 1 vol. — Seul! 1 vol.
Sand (George). L'Homme de neige. 2 vol. — Elle et lui. 1 vol.
Scudo. Critique et littérature musicales. 2 vol. — Chevalier Sarti, roman musical. 1 vol. — L'Année musicale, 1ʳᵉ année (1859). 1 vol.
Simon (Jules). Le Devoir. 1 vol. — La Religion naturelle. 1 vol. — La Liberté. 2 vol. — La Liberté de conscience. 1 vol.
Tacite. Œuvres complètes, trad. de Burnouf. 1 vol.
Taine (H.). Voyage aux Pyrénées. 1 vol. — Essai sur Tite-Live. 1 vol. — Essais de critique et d'histoire. 1 vol. — Les Philosophes français du XIXᵉ siècle. 1 vol.
Thiery. Conseils aux mères. 2 vol.
Töpffer (Rod.). Le Presbytère. 1 vol. — Nouvelles genevoises. 1 vol. — Rosa et Gertrude. 1 vol. — Réflexions et menus propos. 1 vol.
Troplong. Influence du christianisme. 1 vol.
Ulliac-Trémadeure (Mlle). La Maîtresse de maison. 1 vol.
Vapereau (G.). L'Année littéraire, 1ʳᵉ année (1858). 1 vol. — 2ᵉ année (1859). 1 vol.
Viardot (L.). Les musées d'Italie. 1 vol. — Les musées d'Espagne. 1 vol.
Warren (le comte de). L'Inde anglaise. 2 vol.
Xénophon. Œuvres complètes, trad. de Talbot. 2 vol.
Zeller. Épisodes dramat. de l'Hist. d'Italie. 1 vol.

ŒUVRES COMPLÈTES DES PRINCIPAUX ÉCRIVAINS FRANÇAIS.

Volumes à 2 francs.

Boileau. Œuvres complètes. 1 vol.
Corneille (P.). Œuvres complètes. 5 vol.
La Fontaine. Œuvres complètes. 2 vol.
Molière. Œuvres complètes. 3 vol.
Montesquieu. Œuvres complètes. 2 vol.
Pascal. Œuvres complètes. 2 vol.

Racine. Œuvres complètes. 2 vol.
Rousseau (J. J.). Œuvres complètes. 4 vol.
Saint François de Sales. Œuvres. 2 vol.
Saint-Simon. Mémoires complets. 13 vol.
Voltaire. Œuvres complètes. (Les premiers sont en vente; les autres paraîtront successivement.)

Paris. — Imprimerie de Ch. Lahure et Cⁱᵉ, rue de Fleurus, 9.

www.ingramcontent.com/pod-product-compliance
Lightning Source LLC
Chambersburg PA
CBHW071630270326
41928CB00010B/1855